高等院校交通运输工程专业教材

城市公共交通

CHENGSHI GONGGONG JIAOTONG

冯树民 白仕砚 慈玉生 编著

知识产权出版社
全国百佳图书出版单位

内容提要

城市公共交通是城市交通不可缺少的部分,是保证城市生产、生活正常运转的动脉,它对城市各产业的发展,经济与文化事业的繁荣等起着重要的纽带和促进作用。本书跨越了城市公共交通系统的规划、设计与管理三个层次,对常规地面公共交通、城市轨道交通、快速公交系统、出租车交通等多种公共交通方式进行了详细介绍,同时对公共系统的协调与客运枢纽、公交系统发展战略进行了研究。

本书可作为交通工程、交通运输、城市规划等专业本科生、研究生的教材,也可作为相关领域管理者和专业技术人员在城市公共交通规则、设计与管理时的参考书。

责任编辑: 陆彩云　张　冰

装帧设计: 智兴设计室　　**责任出版:** 卢运霞

图书在版书目(CIP)数据

城市公共交通/冯树民,白仕砚,慈玉生编著.—

北京:知识产权出版社,2011.11(2019.12重印)

高等院校交通运输工程专业教材

ISBN 978-5-5130-0890-7

Ⅰ.①城…　Ⅱ.①冯…②白…③慈…　Ⅲ.①城市交通 – 公共交通系统 – 高等院校 –　Ⅳ.①F570

中国版本图书馆 CIP 数据核字(2011)第 211984 号

高等院校交通运输工程专业教材

城市公共交通

冯树民　白仕砚　慈玉生　编著

出版发行:	知识产权出版社有限责任公司	网　址:	http://www.ipph.cn
电　话:	010-82004826		http://www.laichushu.com
社　址:	北京市海淀区气象路50号院	邮　编:	100081
责编电话:	010-82000860转8594	责编邮箱:	lcy@cnipr.com
发行电话:	010-82000860转8110	发行传真:	010-82000893
印　刷:	北京中献拓方科技发展有限公司	经　销:	各大网上书店、新华书店及相关专业书店
开　本:	787mm×1092mm 1/16	印　张:	14.5
版　次:	2012年1月第1版	印　次:	2019年12月第2次印刷
字　数:	343千字	定　价:	30.00元

ISBN 978-7-5130-0890-7/F·467(3775)

出版权专有　侵权必究

如有印装质量问题,本社负责调换。

前　言

　　城市公共交通是城市生产和生活所必需的公共基础设施，是繁荣城市经济和改善居民生活的重要环节，是城市精神文明的窗口。随着经济社会的发展，人们出行需求的多样性更加明显，常规公共交通系统的发展已经不能满足城市公交出行的需求，必须发展包括轨道交通、快速公交等多样的公共交通系统来满足多样性的出行需求。

　　本书是为适应各高校开设的课程而编写，在内容上跨越了城市公共交通系统的规划、设计与管理三个层次，涉及面宽。全书共分为七章，第一章介绍城市公共交通系统的特征、客流变化规律和公共交通模式。第二章至第五章分别介绍了常规地面公共交通、城市轨道交通、快速公交系统（BRT）和出租车交通四种常见城市公共交通方式的特点、规划方法、设计要点和运营管理对策。第六章介绍了城市各公交系统的组织协调、各层次公交体系整合以及城市客运枢纽的规划建设。第七章介绍了公交系统的发展战略，包括公交优先发展、城市公共交通与土地利用、公交系统的可持续发展和城乡公交一体化。

　　本书撰写分工如下：第一章、第二章、第五章、第六章由冯树民撰写，第三章、第四章、第七章由慈玉生、白仕砚撰写。全书由冯树民拟定写作大纲和统筹定稿，殷国强、丁宁、张凤霖对本书图文进行了整理工作。

　　感谢交通运输部科技项目"西部地区城乡客运一体化规划关键技术研究"和哈尔滨工业大学研究生主干课程建设项目"交通规划理论"对本书的资助。在编写过程中参阅了大量的国内外资料、著作，吸收了同行们的辛勤劳动成果，在此向他们谨表谢意。衷心地感谢参与和支持本书出版的所有同志。

　　由于本书内容涉及多个专业，尽管作者阅读了大量的研究文献和成果报告，但科技的发展是没有止境的，加上学识所限，书中的一些内容难免会有不妥之处，敬请读者批评指正。

作者

2011 年 11 月

目 录

第一章 城市公共交通概述 ··· (1)
  第一节 城市公共交通系统 ··· (1)
    一、城市公共交通 ··· (1)
    二、城市公共交通系统组成 ··· (2)
    三、城市公共交通特征 ··· (3)
  第二节 公共交通客流特征 ··· (3)
    一、客流动态 ··· (3)
    二、客流变化规律 ··· (5)
  第三节 公共交通模式 ··· (7)
    一、城市公共交通的发展阶段 ··· (7)
    二、公共交通主要形式 ··· (9)
    三、公共交通模式选择 ·· (10)

第二章 常规地面公共交通 ·· (12)
  第一节 常规地面公共交通系统组成 ·· (12)
    一、公共交通车辆 ·· (12)
    二、线路与线网 ·· (12)
    三、公交场站 ·· (13)
    四、运营管理系统 ·· (14)
  第二节 公交客流需求预测 ·· (14)
    一、传统四阶段预测法 ·· (14)
    二、公交出行生成与分布预测 ·· (15)
    三、公交客流分配方法研究 ·· (16)
    四、公交车辆配置研究 ·· (20)
  第三节 公共交通线网规划 ·· (22)
    一、公交线路布设方法 ·· (22)
    二、线网规划目标与约束 ·· (25)
    三、线网优化模型 ·· (26)
    四、线网优化方法 ·· (30)
  第四节 公交场站规划 ·· (32)
    一、首末站规划 ·· (32)
    二、中途站点规划 ·· (33)
    三、枢纽站规划 ·· (33)
    四、停车场规划 ·· (34)

五、保养场规划 ··· (34)
　　六、修理厂规划 ··· (35)
第五节　公共汽车停靠站设计 ··· (36)
　　一、公交停靠站点的分类 ··· (36)
　　二、公交停靠站处基本特征分析 ··· (37)
　　三、公交停靠站点的间距布局优化 ··· (39)
　　四、公交停靠站的选址优化 ··· (41)
　　五、公交停靠站的选型优化 ··· (43)
　　六、公交站点微观优化设计 ··· (47)
第六节　公交专用道设置 ··· (53)
　　一、公交专用道系统构成 ··· (53)
　　二、公交专用道设置条件 ··· (55)
　　三、公交专用道规划设计 ··· (57)
第七节　公交运营管理与调度 ··· (66)
　　一、行车作业计划 ··· (66)
　　二、运营调度管理 ··· (67)
　　三、服务质量管理 ··· (68)
　　四、行车安全管理 ··· (68)

第三章　城市轨道交通 ··· (70)

第一节　城市轨道交通的基本特征 ··· (70)
　　一、城市轨道交通的分类 ··· (70)
　　二、城市轨道交通系统的构成 ··· (71)
　　三、城市轨道交通的特点 ··· (72)
　　四、各轨道交通系统的技术经济特征 ··· (72)
第二节　轨道交通客流预测 ··· (74)
　　一、预测的必要性和预测内容 ··· (74)
　　二、预测模式 ··· (75)
　　三、土地利用法流量预测 ··· (76)
第三节　轨道交通线网规划 ··· (77)
　　一、轨道交通规划 ··· (77)
　　二、线网规模与架构研究 ··· (78)
　　三、线路规划 ··· (81)
　　四、线网建设顺序规划 ··· (84)
第四节　轨道交通站点规划 ··· (85)
　　一、轨道交通站点的分类 ··· (85)
　　二、影响轨道站点布设因素的分析 ··· (86)
　　三、轨道站点间距的影响分析 ··· (87)
　　四、给定轨道线路上站点布设方法 ··· (88)

第五节　轨道交通线路与车站的设计 ………………………………………… (90)
　　　一、线路设计 ……………………………………………………………… (90)
　　　二、车站设计 ……………………………………………………………… (93)
　　　三、城市轨道交通换乘站设计 …………………………………………… (95)
　　　四、出入口设计 …………………………………………………………… (101)
　　第六节　轨道交通的运营管理 …………………………………………………… (108)
　　　一、运输计划 ……………………………………………………………… (108)
　　　二、行车调度管理 ………………………………………………………… (109)
　　　三、客运管理 ……………………………………………………………… (110)
　　　四、城市轨道交通的效益 ………………………………………………… (111)

第四章　快速公交系统 ……………………………………………………………… (115)
　　第一节　概述 ……………………………………………………………………… (115)
　　　一、BRT系统核心 ………………………………………………………… (115)
　　　二、BRT系统组成 ………………………………………………………… (116)
　　　三、BRT系统特点 ………………………………………………………… (118)
　　　四、BRT系统与其他公交系统比较 ……………………………………… (119)
　　第二节　BRT系统的适用条件分析 …………………………………………… (120)
　　　一、BRT系统的基础适用条件 …………………………………………… (120)
　　　二、BRT系统的应用形式 ………………………………………………… (124)
　　　三、不同类型城市BRT发展形式 ………………………………………… (125)
　　第三节　BRT系统规划 ………………………………………………………… (127)
　　　一、规划的层次与程序 …………………………………………………… (127)
　　　二、线网布局规划 ………………………………………………………… (128)
　　　三、线路规划 ……………………………………………………………… (131)
　　　四、站场规划 ……………………………………………………………… (135)
　　第四节　BRT专用道（路）设置与设计 ……………………………………… (141)
　　　一、BRT专用道设置形式 ………………………………………………… (141)
　　　二、交叉口的设计 ………………………………………………………… (145)
　　　三、站点设计 ……………………………………………………………… (146)
　　　四、路中式BRT专用道乘客过街问题 …………………………………… (153)
　　第五节　BRT系统运营管理与控制 …………………………………………… (154)
　　　一、BRT营运调度 ………………………………………………………… (154)
　　　二、BRT与常规公交的调整整合 ………………………………………… (155)
　　　三、交叉口优先通行技术 ………………………………………………… (156)

第五章　出租车交通 ………………………………………………………………… (160)
　　第一节　出租车系统特征 ………………………………………………………… (160)
　　　一、出租车的作用 ………………………………………………………… (160)
　　　二、出租车的行业特征 …………………………………………………… (160)

  三、出租车的交通特性…………………………………………………(161)
  四、出租车的营运特征…………………………………………………(161)
 第二节 出租车需求量预测………………………………………………(162)
  一、影响城市出租车总量的因素………………………………………(162)
  二、出租车需求量供需平衡预测法……………………………………(163)
 第三节 出租车运营管理…………………………………………………(164)
  一、路内停靠站点设置…………………………………………………(164)
  二、数量管制……………………………………………………………(165)
  三、经营模式……………………………………………………………(166)
  四、车型结构……………………………………………………………(167)
  五、运价管理……………………………………………………………(168)

第六章 公交系统的协调与客运枢纽……………………………………(170)
 第一节 公共交通系统的组织协调分析…………………………………(170)
  一、公交系统的选择……………………………………………………(170)
  二、公共交通系统规划…………………………………………………(171)
  三、公交系统协调分析…………………………………………………(173)
 第二节 各层次公交体系整合研究………………………………………(174)
  一、不同层次线网整合…………………………………………………(174)
  二、公共交通与城市其他交通方式的整合……………………………(177)
  三、各交通方式的换乘…………………………………………………(179)
 第三节 城市客运枢纽……………………………………………………(181)
  一、城市客运枢纽………………………………………………………(181)
  二、公交枢纽的规划与设计……………………………………………(184)
  三、公交枢纽的协调管理………………………………………………(186)
  四、城市公交枢纽换乘衔接组织优化…………………………………(187)

第七章 公交系统发展战略…………………………………………………(190)
 第一节 公交优先发展……………………………………………………(190)
  一、公交优先政策………………………………………………………(190)
  二、公交优先发展的战略实施…………………………………………(191)
  三、公交优先技术措施…………………………………………………(194)
 第二节 城市公共交通与土地利用……………………………………(197)
  一、公共交通与土地利用的关系………………………………………(197)
  二、公交导向发展模式…………………………………………………(198)
  三、轨道交通与土地利用的协调发展…………………………………(203)
 第三节 公交系统可持续发展………………………………………………(206)
  一、公共交通可持续发展系统组成……………………………………(206)
  二、城市公共交通系统可持续发展模式研究…………………………(207)
  三、城市公共交通系统可持续发展规划………………………………(208)

  第四节 城乡公交一体化……………………………………………………（209）
   一、城乡公交一体化的内涵与实施内容………………………………………（209）
   二、线路布设………………………………………………………………………（211）
   三、场站布局………………………………………………………………………（215）
   四、车辆配置………………………………………………………………………（218）
   五、运营管理………………………………………………………………………（218）
参考文献……………………………………………………………………………………（221）

第一章 城市公共交通概述

第一节 城市公共交通系统

一、城市公共交通

城市交通是实现人流、物流、车流空间位移到达一定目的地的基本手段,是整个城市生活从静态转入动态,完成城市生存发展所必需多种活动的主要保证。城市交通系统把组成城市生活的各种活动连接起来,是重要的城市基础设施,城市的结构、大小及其扩展、城市生活方式及特点都是由城市交通系统的性质和服务质量决定的。

城市交通可分为城市客运交通和城市货运交通两大部分(见图 1-1)。

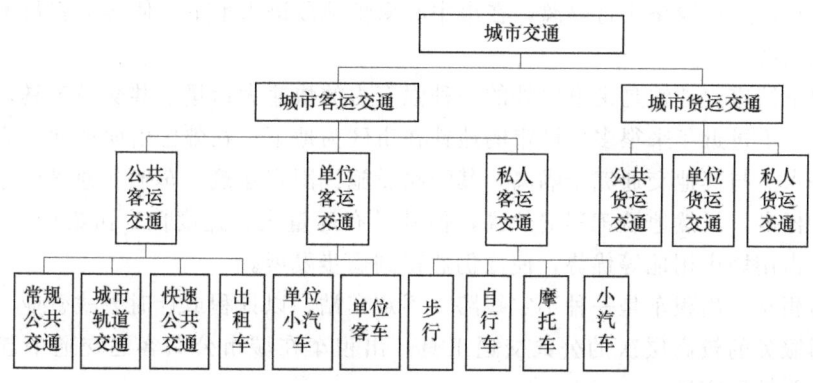

图 1-1 城市交通分类

城市客运交通主要包括公共交通和私人交通,它们在客运交通中发挥各自的功能,并相互竞争,争夺市场。城市的正常运转需要公共交通的支持,但是当公共交通不能达到应有的服务水平时,私人交通就会过量发展而损害城市的整体效益。

城市公共交通是指在城市及其所辖范围内供公众出行乘运、经济方便的各种客运交通方式的总称,是为居民生产、工作、学习、生活等需要服务的。公共交通系统具有私人交通不可替代的优势,从城市的整体效益看,是一种耗费少、效能高的交通方式。

城市公共交通体系由公共汽电车、城市轨道交通(主要包括地铁和轻轨)、快速公共交通、出租车组成。公共汽电车造价低,对道路条件要求不高,票价低廉,是许多城市尤其是中小城市的主要公共交通方式,但它载客量较小,发车间隔和站点通过能力有限,无法完全满足大城市对交通运输的要求。地铁容量大、速度快,与其他车辆无交叉干扰,能最大限度地缓解交通需求紧张,但地铁运行在地下隧道,造价极高。轻轨运输是由轨道电车发展而来,是一种小于地铁而大于有轨电车的中等运量的电动小火车,能够在专用的车行轨道上运行单节电动车辆或由数节电动车辆组成的短列车。快速公共交通介于常规公共交通与轨道交通之间，既具有轨道交通快速、大容量的特点，同时又具有常规公共交通的灵活性、便利性和经济性。出租车载客量小，难以成为城市公共交通的主流。

二、城市公共交通系统组成

1. 公共交通工具

（1）公共汽车。公共汽车是使用最广泛的公共交通工具，它机动灵活，只要有相宜的道路，就可以通行，公共汽车组织运行所需附属设施的投资较其他现代化交通工具少。

（2）无轨电车。无轨电车是以直流电为动力，除了用公共汽车的设备外，还要有架空的触线网、整流站等设备，初期投资较大，且行驶时因受架空触线的限制，机动性不如公共汽车。无轨电车行驶时能偏移两侧各 4.5m 左右，可以靠人行道边停站，可以超越其他车辆。无轨电车的特点是噪声低、不排废气、启动加速度快、变速方便。

（3）有轨电车。有轨电车具有运载能力大、客运成本低的优点，其设备与无轨电车相同，但它还有轨道和专设的停靠站台。有轨电车具有机动性差、车速低、制动性能差以及行驶时噪声大等缺点。近年来，通过技术改进，出现了新型有轨电车，也称为轻轨交通，经过车辆更新，并对线路实行隔离，在市中心繁忙地段进入地下，使客运容量增大、乘坐舒适、运行经济。

（4）地下铁道。地铁是街道以外的一种强有力的快速大运量公共交通工具，其轨道基本建在地下，不过近年来很多大城市的地铁在市区为地下，在郊区引向地面或高架。地铁最基本的特点是与其他交通完全隔离，其线路设施、固定建筑、车辆和通讯信号系统均有较高的设计标准。虽然地铁工程造价高，但其具有运量大、速度快、污染少、安全可靠、不占用或少占用城市用地等优势，使之仍然得到稳步发展。

（5）出租车。出租车是一种不定线路、不定车站、以计程或计时方式营业、为乘用者提供门到门服务的较高层次的公共交通工具。出租车在城市公共客运交通中起着辅助作用，因而称为辅助交通。

（6）轮渡。轮渡是在城市被江、河分割的特定条件下的城市公共客运交通工具，一般起联结两岸摆渡交通的作用，使陆上交通不能直接相通的区域得以沟通。轮渡在没有桥梁、隧道或过江通道能力短缺的城市显得十分重要。

2. 城市公共交通线路网

线路是由几个或十几个以至数十个站点串联而成的一段固定的营运路径，是从小的方面解决线路沿途的居民乘车要求。是由若干条、几十条以至数百条线路组成的一个覆盖面广的线路网络，是从大的方面解决一个区域乃至城市的居民乘车要求。

3. 城市公共交通车站与场站设施

城市公共交通车站分为终点站、枢纽站和中间停靠站，公共交通的站距受交叉口间距和沿线客流集散点分布的影响，在整条线路上是不等的。

公共交通停车场、车辆保养场、公共交通车辆调度中心等场站设施是城市公共交通系统的重要组成部分，应与城市公共交通发展规模相匹配。公共交通站场布局，主要根据公共交通的车种、车辆数、服务半径和所在地区的用地条件设置。

4. 城市公共交通运营管理系统

公交系统服务示意如图 1-2 所示。

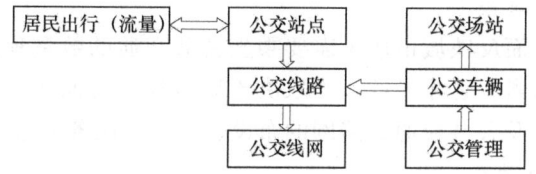

图 1-2 公交系统服务示意图

城市公共交通能否正常和有效地运行,不仅取决于道路和车辆、场站等物质技术设施条件,而且有赖于科学有效的运营管理系统。公交运营调度管理主要包括两项内容,一项是运营调度计划的制订,另一项是运营调度计划的执行和监控。近年来,公交运营管理引进或自主开发了调度通信手段和车辆自动监控、运营管理信息系统,显示出公共交通运营管理手段现代化的重要作用。

三、城市公共交通特征

城市公共交通特征如下:

(1) 城市公共交通为公众提供大众化的、共享的出行方式,这是城市公共交通存在和发展的首要目的。城市公共交通必须具有足够吸引力的客运服务能力及服务水平,促使尽可能多的居民选择这种共享的大众化的出行方式,并为其提供良好的服务,以便有效地利用现有的城市交通资源。

(2) 城市公共交通是受多种因素影响的动态复杂系统。城市的人口数量和人口密度、工作岗位的数量和分布、城市用地性质和形态以及社会经济状况和发展速度都对城市公共交通产生直接或者间接的影响。

(3) 城市公共交通具有社会化、半福利性的经济属性。优先发展公共交通的目的,是利用社会化、半福利性的公共客运交通方式来调控、替代非社会化的个体客运方式和企事业单位自备通勤车辆的盲目发展和自发性膨胀,从而在车辆购置、交通资源利用、节约能源和减少环境污染方面获得可观的经济效益和明显的社会效益。

(4) 城市公共交通大多采用定点定线运营方式。公共交通方式除出租车外,大多定线、定点运营,对于交通组织和交通管理更便利,有利于提高交通安全性。同时,利用先进技术更新设备,提高公交的准点率,将更有利于乘客掌控出行时间。

第二节 公共交通客流特征

一、客流动态

公共交通客流是指需要乘坐公共交通以实现其位置移动而达到出行目的的乘客群。客流按出行目的一般可分为工作性客流和生活性客流,工作性客流是由职工上下班和学生上下学乘车而构成的,乘车时间相对集中,乘车高峰时间短,规律性强,比较稳定,是客流高峰时的主要来源,是全日客流量的主要部分。生活性客流是由人们的多种生活需要构成的,如购物、探亲访友、就医、参加娱乐活动、体育活动等,在一天中持续的时间长,受气候变化和季节变化影响较大。

客流量是从总的方面反映城市居民需要乘坐公共交通的数量程度,包含时间、方向、地点、距离、数量等因素。客流量的大小取决于城市性质与面积、人口密度、经济水平、就业人口、出行距离以及公共交通线路网的布设、票价、服务质量等诸多因素。

1. 线路网上的客流动态

线路网上的客流动态是指全市性的客流动态。反映全市公共交通线路网上客流量的多少及分布特点,一般的中心区客流量总是最集中、最稠密的,边缘地区则相对稀疏,由中心区的集散点逐渐向外围延伸。

客流的动态分布与城市的总体布局有很大关系,并受道路格局的制约。根据线路网上客流量动态变化的方向和数值以及波动的幅度,可以调整运营车辆的选型及配备各时段的车辆数,以及修改行车时刻表等。

2. 方向上的客流动态

一般线路都有上下行两个方向,两个方向的客流量在同一时间分组内是不相等的,有的线路双向的客流量几乎相等,有的线路则差异很大。由于方向上的客流动态不同,可计算出两个方向的运量数值,为确定相应的调度措施、合理地组织车辆运行提供依据,方向上的客流动态类型可分双向型和单向型。

(1) 双向型。上下行的运量数值比较接近。市区线路属于双向型的较多。这种线路在车辆调度上比较容易,同时每辆车的利用率较高,如图1-3所示。

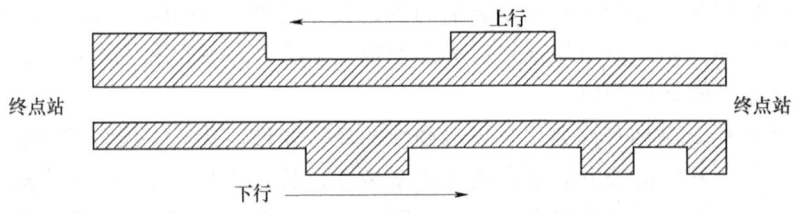

图1-3 双向型客流示意图

(2) 单向型。上下行的运量数值差异很大。这样的线路在车辆调度上较为复杂,每辆车的有效利用率较双向型线路低,如图1-4所示。

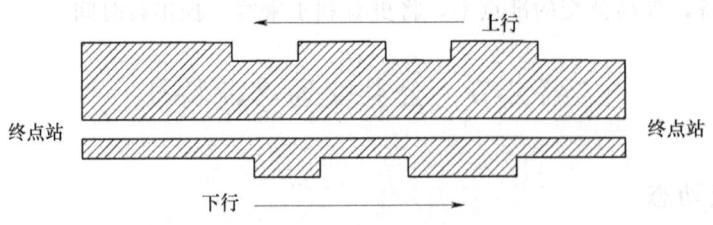

图1-4 单向型客流示意图

3. 断面上的客流动态

线路上各停靠站的上下车人数是不相等的,车辆经过各断面时的通过量也是不相等的,从客流动态可以看出客流在不同时间内在断面上的分布特点与演变规律。客流在线路各断面上的动态分布是有一定特点的,但从整条线路归纳起来,有以下几种主要类型。

(1)"凸"型。各断面的通过量以中间几个断面数值为最高,断面上的客流量成凸出形状,如图 1-5 所示。

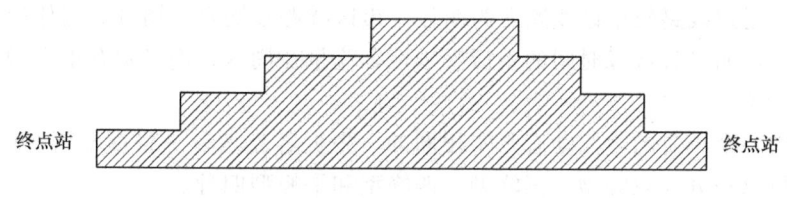

图 1-5　"凸"型示意图

(2)"平"型。各断面的通过量很接近,客流强度近乎在一个水平。有些线路在接近起、终点站前的 1~2 站断面通过量较低,但其余断面的通过量很接近,也属于此类型,如图 1-6 所示。

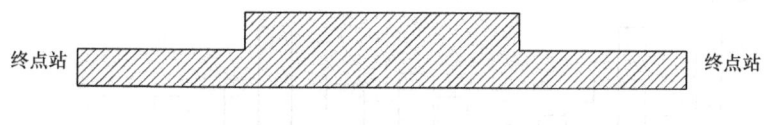

图 1-6　"平"型示意图

(3)"斜"型。线路上每个断面的通过量由小至大逐渐递增,或者由大至小逐渐递减。在断面上显现梯形分布,整体构成斜形,如图 1-7 所示。

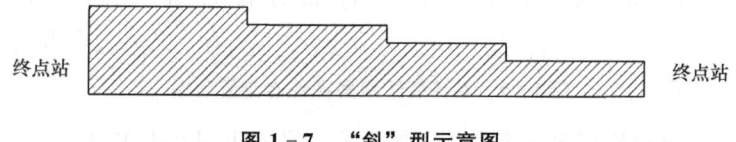

图 1-7　"斜"型示意图

(4)"凹"型。与"凸"型断面的通过量动态特点正好相反,中间几个断面的通过量低于接近两端断面的通过量。全线路断面的通过量分布呈凹形,如图 1-8 所示。

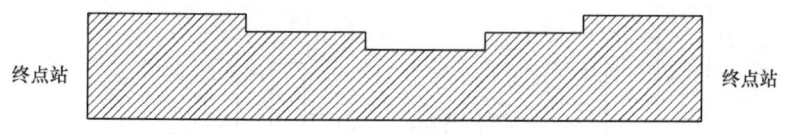

图 1-8　"凹"型示意图

(5)不规则型。线路上各断面的通过量分布高低不能明显地表示为某种类似的形状。

二、客流变化规律

1. 季节性变化

一年中每月的客流量互有差距而不平衡,有一定的起伏变化。在一般情况下,冬季每月的客流量比较高,夏季则比较低。这是因为冬季寒冷,部分骑车人和步行者往往改乘公交车辆,岁尾年初人们的生活出行增多,客流量有较大幅度的上升,夏季城市居民的社会活动量减少,导致客流量普遍下降。

2. 一周间变化

在一星期的 7 天中,由于受到工作日和休假日的影响,每天的客流量是不等的,但变化较为稳定,每周的客流量将会有重复出现的规律。其特点是每周一早高峰、周五晚高峰客流量较高,近郊线路较市区线路尤为明显。市区线路在周六、周日,因休假集中,通勤客流大幅下降,而平日低峰时间的生活娱乐性客流量在周六、周日则有很大增加。

3. 昼夜变化

一昼夜内各个小时的客流动态是不相同的。根据客流量在一昼夜不同时间内的分布,其动态演变可以划分为双峰型、三峰型、四峰型和平峰型四种。

(1) 双峰型。在一昼夜有两个显著的高峰,一个高峰发生在上午(6 时~8 时),称为早高峰;另一个高峰发生在下午(16 时~18 时),称为晚高峰,如图 1-9 所示。这种类型是比较典型的,在工业性城市有一定的代表性。

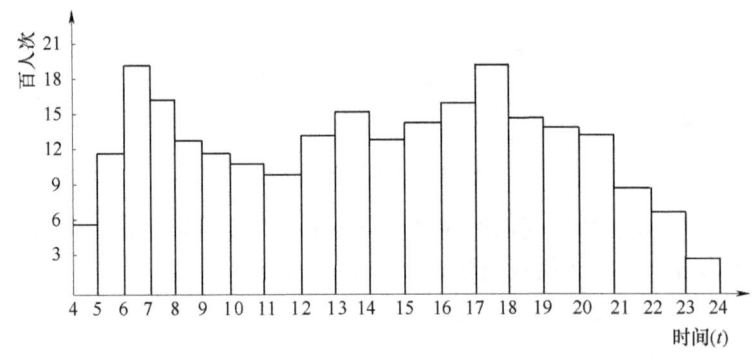

图 1-9 双峰型线路昼夜性客流量动态

(2) 三峰型。比双峰型多一个高峰,如果这个高峰出现在中午(12 时~14 时),称为中午高峰;出现在晚上(20 时~22 时),称为小夜高峰。一般来说,这个高峰的数值比早、晚两个高峰小,如图 1-10 所示。这种类型常见于市内线路。

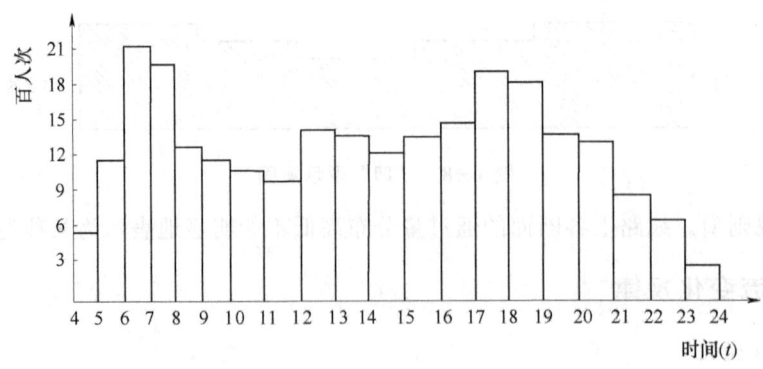

图 1-10 三峰型线路昼夜性客流量动态

(3) 四峰型。比双峰型多两个峰，这两个高峰一般出现在中午（12时～14时）和晚上（20时～22时），而数值都比早晚高峰小，如图示1-11所示。这种类型多出现在工业区行驶的线路上，其乘客大多是三班制的工人，虽然高峰时间短，但在调度工作中必须引起重视。

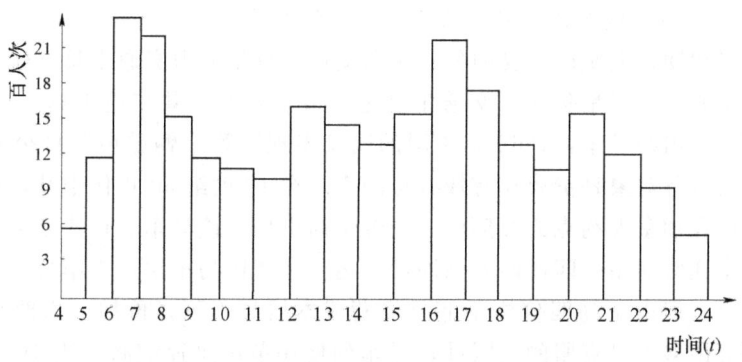

图 1-11 四峰型线路昼夜性客流量动态

(4) 平峰型。客流动态在时间分布上没有明显的高峰，客流量在一昼夜分组时间内虽有变化，但升降幅度不大，如图1-12所示。

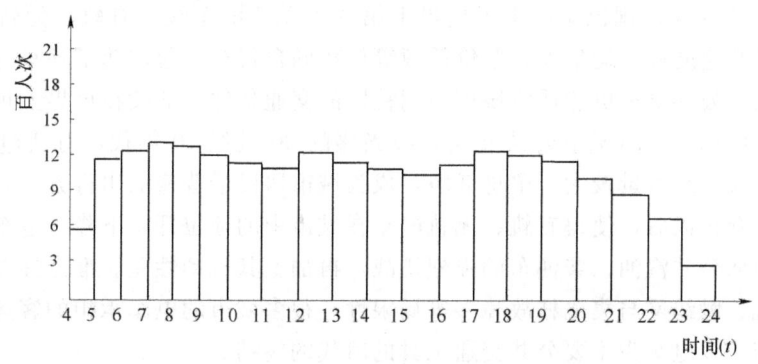

图 1-12 平峰型线路昼夜性客流量动态

4. 不良气候的影响

在北方，不良气候即雨、雪、风对客流有显著影响，而在南方则不太明显。南方气候温暖湿润，人们对降雨较为习惯，但台风的影响不能忽视。不良气候对公交客流的影响有两个方面：对于工作性的客流，其出行与否不能因气候不良而改变，原有的乘客不能放弃出行，而平常选用自行车的人，可能改用公共交通工具；对于生活性的客流，可能因不良气候而取消出行，所以，非高峰时间的客流会因不良气候而下降。

第三节 公共交通模式

一、城市公共交通的发展阶段

城市公共交通的发展经历了一个由简单到复杂，由低级到高级的发展演化过程，从骑马到人力车、马车,到电车、公共汽车、小汽车,直到地铁、轻轨乃至磁悬浮等自动化程度很高的多种交通方式。多种新旧运输工具组成了综合的客运系统,完全改变了过去单一的平面交通体系,形成由地下铁路网络、地上高架道路、高架铁路和地面公共交通系统组成的地下、地面、空中立体综合交通系统。

1. 以马车、马拉轨道车为主要公共交通工具的阶段

在城市发展初期,大城市主要的公共客运交通工具是人力交通工具(轿子或人力车),而马拉公共班车或轨道车是除人力交通工具之外最主要的公共交通工具。1600年英国的伦敦出现了第一辆出租马车,1662年法国的巴黎出现了第一辆城市马拉公共班车,但当时马车最主要的服务对象是贵族和有钱有势的人。在18世纪50年代中叶,第一条马拉公共班车主要营运在加拿大约克的红狮旅馆到劳伦斯市场,该马车运行速度为4~5km/h。

马拉轨道车通常使用一匹或两匹马即可,运行速度比马车快,基本分布在中等规模城市的主要街道上。但由于马匹价格不菲且经营成本居高不下,再加上道路条件差、运量低、运距有限等诸多不可克服的局限性,马车的使用范围迅速缩减。当1910年英国伦敦的马拉公共班车或轨道车全部由公共汽车代替时,基本宣告了马车时代的终结。

2. 以有轨、无轨电车为主要公共交通工具的阶段

大约在1887年,加拿大就出现了第一条有轨电车,相比马车而言,可以节约成本50%~70%。1901年法国巴黎诞生了世界上第一条无轨电车线。有轨、无轨公共电车出现不久,就以其速度快、运量大、票价低廉等优势同自行车一起加速了马车等早期交通工具被逐步淘汰。公共电车更能适应城市不同社区的交通条件,陆续在世界上很多国家获得了较快发展,例如在美国城市公共交通系统兴盛的20世纪20年代,有轨电车占统治地位,线网密度大、载客量较大、票价低廉,成为城市居民最普遍的出行方式。

小汽车大众化以后,使得有轨、无轨电车在城市中的地位开始下降。电车系统受到私人小汽车和地面公共汽油、柴油车的强烈挑战,再加上其机动性差、准点性差、架空线网影响城市美观、触线网与集电杆故障多等局限性,很多城市的电车承担的客运量大幅度下降,从而宣布了以电车为主要公共交通工具的时代的终结。

3. 以公共汽车为主要交通工具的发展阶段

公共汽车是目前世界各国使用最广泛的公共交通工具,它起始于1905年的美国纽约,当时用公共汽车代替原有的公共马车,到了20世纪30年代得到迅速发展。常规的地面公共交通系统一般是指沿着固定路线,安排固定班次巡行服务于都市地区内的一种公共汽车运输系统,它具有设线建站容易、线路调整简单、投资小、机动灵活等优点,多数城市的公共汽车交通系统在发展过程中都曾获得了政府的政策支持或资金补贴,因此很快就在世界上各大城市成为应用广泛的运输系统。

随着城市经济的发展和不断满足城市不同层次居民公共交通出行的需求,公共汽车不断地向着大型化、环保化、智能化方向发展。特别是快速公交系统,通过整合公共交通车辆、线路、场站和先进的调度和管理措施,取得了运输量等同于轻轨交通的不俗成绩,从而更加巩固了公共汽车交通在城市公共交通中的主体地位,如巴西的库里蒂巴和哥伦比亚的波哥大等城市的公共交通系统。但由于自行车和私人小汽车等个体交通工具的逐步普及,公共交通系统受到了强有力的挑战,城市居民对公共汽车交通的服务水平要求越来

高,人们更加期盼行驶速度更快、运量更大和准点率高的轨道交通系统。

4. 以轨道交通为主要交通工具的发展阶段

随着城市经济的进一步发展,大城市的交通需求量日益递增,在一天的高峰时间里,客流高度集中、流向大致相同的现象已很普遍,单纯使用常规公共汽车交通(不包括快速公交系统)已很难适应现代化客运交通的需要,尤其是百万人口以上的大城市。由于轨道交通的建设和规划得到了很多大城市政府政策上的大力支持和经济上的补贴,世界上许多大城市已经进入以轨道交通为主要交通工具的发展阶段。

5. 地面公共汽车与轨道交通并重的发展阶段

随着城市经济的持续增长,机动化和城市化的发展历程不可阻挡,单一的维持公共汽车交通的低效率运行或者建设快速公交系统,难以解决客运量剧增条件下的城市宝贵用地合理规划和城市噪声、污染问题;单一的建设轨道交通系统,难以解决轨道交通的成本效益问题。城市公共交通的发展对策为规划或改善已有的城市地面公共交通系统,建设公交优先措施,提高其覆盖范围和为大运量轨道交通系统的接驳能力,与此同时加快轨道交通建设,为城市化和机动化时代的城市公共客运交通主导地位的奠定提供物质基础,并且确保城市整体交通功能的高效率和城市环境的高质量。该发展阶段也就是通常所说的出行结构的公共交通化,它必将是全球各大城市的共同追求。

二、公共交通主要形式

1. 常规地面公交——公共汽电车

公共汽车单向运输能力为每小时 0.8 万～1.2 万人次,送达速度在 16～25km/h 左右,具有价格低廉、运送量较大、较为机动灵活等优点,但其行驶速度慢,而且对环境的污染严重也是不容忽视的问题。

电车采用电力牵引,具有无污染、噪声较小的特点,但机动性差,在空中架设的接触网线还会影响城市的美观。

2. 轨道公共交通——地铁和轻轨

地铁的单向运输能力为每小时 3 万～6 万人次,速度在 30～40km/h,主要是用于大流量的干线客运,具有运量大、速度快、安全性高和污染小的特点,并且占地小,特别是在大城市建成区无法进行大规模拆迁、拓宽道路的情况下,地铁的"空间分离"特性可以很好地满足干线的大规模客流输送需求,这也是一种解决大城市客运交通的好办法,但这种运输方式的投资大、建设周期长、运营费用较高。

轻轨的单向运输能力为每小时 1.5 万～3 万人次,速度在 20～35km/h,适用于市区及郊区的干线客运,可建于地面、地下及空中。它污染小,建设周期较短,对道路交通不会产生影响,与地铁相比,这种运输方式的投资仅为地铁的 1/5～1/3,运营费用几乎是地铁的 1/6,这对于大中城市具有较好的适用性。

3. 快速公交系统

快速公交系统(Bus Rapid Transit,BRT)是当前国际上成功推广并正在许多发展中国家乃至发达国家的城市中得到广泛运用的一种先进的公共交通模式。快速公交系统是利用改良后的公交车辆,运营在公交专用道路空间上,保持轨道交通特性且具备普通公交灵活性的一种便利、快速的公共交通模式。它的使用效果接近轨道交通，但其投资和运营成本却要比轨道交通低得多，而且建设周期短、见效快。

4. 出租车

与其他的道路公共交通方式相比，出租车灵活机动性好、乘坐舒适、速度较快，可以提供门到门的服务，满足对出行有较高要求的乘客需要；但存在着对道路资源占用多，能源消耗大和污染严重等与私人小汽车相似的问题。

三、公共交通模式选择

城市公共交通模式是按照公共交通工具类型划分的各种公共交通客运形式，城市公共交通的发展需要在轨道交通、常规地面公交、快速公交等不同形式之间，研究每种形式对该城市的具体实用性，选择最适合城市发展的模式。

1. 以常规公交为主导模式

"道路公交＋出租车"模式，即以常规公共交通如公共汽车、无轨电车等为主，这是城市公共交通发展过程中比较普遍的一种起步模式。这种模式适用于规模相对较小的城市或大城市发展的某个阶段，是个体机动化程度不高的情况下经常采用的模式。该模式主要适用于团块状、单中心的城市结构，建成区面积小于 $100km^2$、人口规模小于 100 万的城市发展状态。

在这种模式中，常规公共汽车运行速度为 $16\sim25km/h$，在城市交通出行结构方式比例中达到 40％以上，出租车成为主要补充的机动交通方式。一般的道路公交基本上就能满足当前的交通需求，再加上适量发展自用乘用车就能完全满足交通需求。

2. 以快速公交为主导模式

"道路公交＋快速公交＋出租车"模式，在道路公交系统之上增加了快速公交系统，是通过公交专用道上运行大运量、列车化公共汽车提高路面公交的运行速度和客运量。在城市交通结构中，公共交通受重视程度有所提高，公共交通路权得到一定保障适用于一般的大城市。这种模式主要适用于建成区的人口超过 100 万人的大城市或面积超过 $100km^2$ 但不超过 $200km^2$ 的特大城市。

以道路公交为主体，在主要出行方向上设置公交专用道，制定并逐步实施"公交优先"的措施，提高公交的适应性，形成公交优先车道网络系统，具有较高的灵活性，投资少见效快，便于管理。从可持续发展的角度出发，比提早建设轨道交通要经济适用。

3. 以轨道交通为主导模式

"道路公交＋轨道交通＋枢纽＋出租车"模式，是一种比较高级的公共交通构成模式，也是目前我国许多特大城市正在努力建成的一种模式。这种模式适用于超级特大城市，主要适用于团块状、带状、多中心的城市建成区面积大于 $200km^2$ 的超级特大城市，或带状城市建成区的面积大于 $150km^2$ 的特大城市。

以轨道交通为骨干，道路公交为主体，全面实施"公交优先"的发展战略，形成完善的城市轨道交通系统，并有节制地适量发展出租车，组成多元化的现代交通体系。城市轨道交通主要配置在主出行方向上，为中、远距离出行的居民服务，是城市交通网络系统的骨干。从承担城市客运总量的比例来看，道路公交远远大于轨道交通，道路公交仍然是主体，为出租车的发展留有一定空间，作为个体特殊交通需求服务的有效补充。

4. 一体化综合模式

"道路公交＋快速公交＋轨道交通网＋综合换乘枢纽"模式，是一种机动化和可达性程度很高的发展模式，适用于巨型特大城市，主要适用于建成区的面积，团块状大于 $400km^2$ 的或带状大于 $300km^2$ 的超级特大城市和巨型特大城市。

以多种类型的轨道交通、快速公交和综合换乘枢纽构成客运交通网络系统的主骨架，以各种形式的道路公交形成完善的城市公共交通系统；同时继续发挥出租车在个体出行和换乘中的作用，有效地调控自用乘用车的作用，共同形成大、中、小容量相结合，高速度、高密度的立体化现代交通体系。

第二章　常规地面公共交通

第一节　常规地面公共交通系统组成

一、公共交通车辆

根据动力推进系统的不同，公共交通车辆（简称公交车）主要有柴油公交车、汽油公交车、环保型压缩天然气（CNG）公交车、无轨电车以及新型混合动力（电动）公交车等。柴油公交车具有油料廉价、容易保养、动力强等优点，但会产生废气、噪声等。无轨电车由电力驱动，运行平稳、加减速快，但必须附带架空输电设备，初期投资和营运保养费用较柴油汽车高，运行区域仅限于设有架空线的地区。CNG客车具有排放低、发动机使用寿命长、燃料费用低等一系列优点，但只有在专门设计的发动机上才能获得最佳使用效果。

按车型与载客量分，小型巴士为9~16座，主要用于电话叫车、合乘服务和机场穿梭巴士。中型巴士车长小于8m，17~30座，不允许站立，一般用于郊区公交线、接驳线。标准单层巴士（单机大巴）是使用最普遍的车型，一般车长11~13m，额定载客80人左右，并有空调、低地板等选择，是城市公交车的主要车型。双层巴士车长9~11m，50~70座，载客量65~100人。铰接巴士有单铰接车和双铰接车，单铰接车座位数43~60个，载客量130~190人；双铰接车座位数70~94个，载客量225~270人，也可以用于快速公交系统。

二、线路与线网

1. 公交线路分类

（1）按运营时间特征分类，公交线路分为全日线、夜宵线、高峰线。全日线是公共交通主要线路类型，承担绝大部分客运任务；夜宵线路联系交通枢纽、医院、工厂和住宅区，保证城市昼夜延续的各类活动的正常进行；高峰线路主要为职工上下班出行服务，联系大型住宅区、中心商务区、工业区，营业时间在早、晚高峰数小时内。

（2）按计价方法分类，公交线路可分为一票制线路和分级计价线路。前者通常为市区行驶的线路，线路长度一般控制在12km以内；后者一般使用在郊区线路中。

（3）按车型车种分类，公交线路可分为汽车线路和电车线路。汽车可以在任何区域行驶，线路设置灵活、易于调整，可以达到较高的覆盖率，投资造价和运营成本低，设施用地的分布也比较灵活；电车具有良好的启动、加速、过载性能，无排放污染，且操作简单、噪声低、耗能少，适宜在交叉口间距小、红绿灯多的市区繁华地区行驶，但由于电车需要架空线和变电设备，线路开设投资较大，线路走向不容易调整，线路或车辆故障容易引起道路阻塞。

（4）按运营特征分类，公交线路可分为普通线路和快速线路。普通线路站距较短，运营车速一般为 12~16km/h；快速线路布置在公交客流走廊上，在专用道上行驶，采用容量较大、动力性能较好的车辆，站距较大，运营车速可以达到 20km/h 以上。

2. 线网结构形式与特点

公交线网形态在形成初期主要受城市形态和路网条件的制约，在发育完善过程中，则决定于交通需求、场站条件、车辆条件以及效率因素。常规公交线网通常有 6 种形式：

（1）单中心放射型线网。这是公交线网的早期形式，适用于小城市和大城市卫星城镇，特点是乘客可直接往返市中心，换乘少，调度管理方便。

（2）多中心放射型线网。这种线网同样具有单中心放射型线网的优点和缺点，但主要适用于中小规模城市，特别是有老城和新城两个中心的城市形态。中心成为公交换乘枢纽，并且在多个中心之间形成公交客运走廊。

（3）带有环线或切线状线路的放射型线网。单中心线网随着城区扩大，会逐渐衍变为带有环线或切线的放射型网络，直达出行率高、便于换乘，但往往场站用地较难解决。

（4）棋盘式线网。棋盘式线网通常只需换乘一次车就能到达目的地，线路调整便利。由于分散了换乘点，用地布置也比较方便，但平均换乘次数偏高，并且可能出现某些道路线路密度过大，易受道路条件影响。

（5）混合型线网。这种线网可以根据城市布局和路网条件灵活布置，并且容易组织交通。在未建成轨道交通的一般大中型城市，公交线网多采用中心区为棋盘式线网、外围是放射形线网的形式。

（6）主干线和驳运线结合的主辅型线网。主干线和驳运线结合的主辅型线网是由两类功能和服务水平不同的线路组成，这种形式的线网能提高客位利用率，主干线和驳运线可以通过发车间距调整到需要的运力和服务水平。一般适用于有大运量轨道交通线路的城市，地面公交线路作为驳运线，主干线也可以是布置在公共汽车专用道上的快速大站公交线路。

三、公交场站

公交场站根据服务对象与服务功能，可分为中间停靠站、首末站、枢纽站、停车场、维修保养场、培训场地和附属生活设施，一处场站往往同时具备多个功能而形成综合场站。

1. 中间停靠站

公交线路中间停靠站有一般路边停靠站和港湾式停靠站，站台长度由停靠线路数和高峰时段停靠车辆数确定。路边停靠站用站牌确定停站位置，也可以采用标线固定停靠站位，为保证公交车辆出站便利，可在车站前方设禁停标线。主要交通性干道要求建港湾式停靠站，以减少对动态交通的影响，港湾式停靠站必须保证公交车辆出入便利，通常在进出港湾处设置禁停区域。

2. 首末站

首末站应安排乘客候车、车辆回转和短时停放、调度以及行车人员作息用房的用地。

首末站规模依据服务车辆数决定，车辆数大于 50 辆为大型站，26～50 辆为中型站，少于 25 辆为小型站。

根据服务线路数，首末站通常分为一般终点站和服务性终点站。一般终点站指 1～2 条线路的首站或末站，终点站有标志明显、严格分离的出口和入口，1 条线路首、末站布置 2～3 个泊车位。服务性终点站是一种将车辆掉头、公共汽车停放与上下客、旅客候车和调度用房等多种设施合在一起的小型站场，需要容纳若干线路。服务性终点站通常为 2～4 条线路提供终点作业服务，最小用地要求为 2000m^2。设施与用地规模应根据营运线路所配营运车辆数量、线路多少及站的等级确定。

3. 枢纽站

枢纽站为 3 条以上主要公交线路的首末站，或与其他重要交通设施的交汇处，或多条公交线路的交汇处。枢纽站一般至少要设置 4 条发车通道，其中至少有一条要加宽以便超车。枢纽站还应提供调度室、用餐与停车区及其他辅助设施。

应设置公交枢纽站的地方包括航空港、火车客运站、长途汽车站、客运码头、轨道交通站点、大型居住区、市区内客流中心等，枢纽站一般布设在干道一侧或另辟专用场地。公共汽车小型枢纽站通常设在大型住宅、区域的商业中心和工业区。

4. 公交停车场与保养场

公交停车场指用于公交车辆下班后停放及进行低级保养和小修的场地。保养场承担营运车辆的高级保养任务及相应的配件加工、燃料储备、存取等功能。保养场可分为大中型、小型两种，小型保养场年保养能力为 200 辆，大中型保养场年保养能力为 500 辆左右。公交修理厂承担公交车辆的大中修任务。

四、运营管理系统

城市公交系统应以运营服务为中心，努力为乘客提供安全、迅速、方便、准点、舒适的乘车条件，按乘客流动的实际需要，保证一定的行车时间和行车间隔，循环往复运行。为适应客流变化的需要，应机动灵活地调度车辆，对于不同季节、不同时间、不同区段、不同流向的客流变化情况，要积累资料，掌握客流变化规律，搞好运营服务。

第二节 公交客流需求预测

一、传统四阶段预测法

客运量预测作为城市交通需求预测的主要内容，通常沿用四阶段模型方法获得，即土地使用决定出行生成，功能布局决定出行分布，使用成本决定出行方式划分，设施条件决定网络客流强度。运用四阶段法进行预测时，首先对研究对象（城市）划分交通小区，进行城市人口、就业、土地利用资料的调查和居民出行调查，在此基础上进行居民出行生成预测、出行分布预测、交通方式划分和交通分配。

1. 出行生成预测

出行生成预测是四阶段预测法的第一个阶段，包括出行产生量预测和出行吸引量预测。出行生成预测模型，就是用与出行有关变量的函数形式，描述出研究区域内每一个交通小区的出行产生量和吸引量。这一阶段预测目的是获得城市在未来社会经济发展规模、人口规模和土地利用特征下，各交通小区可能产生和吸引到的总交通量。一般影响出行产生量的因素可分为两类：一类为住户的人口特性、小区规模以及小区的人口容量，另一类为住户的收入水平和小汽车拥有量。而影响出行吸引量的因素，主要与建筑面积及其使用性质（商业、服务业、制造业等）有关。由于影响交通产生量和吸引量的因素不同，所以一般将出行产生和出行吸引分别进行预测。出行生成预测技术已趋成熟，工作中受限制的主要在于基础资料的积累不足，从而影响了预测的精度。出行生成预测模型比较常用的有出行率法、回归分析法、增长率法、指数平滑法、交叉分类分析法等。

2. 出行分布预测

出行分布预测指从起点小区到终点小区的出行量预测，是利用各交通小区产生量和吸引量求各交通小区与交通小区之间的分布量，即 OD 矩阵。出行分布预测的目的是要确定城市内部的各个交通小区之间的分布交通量，是进行城市交通规划和制定城市交通发展战略的重要依据。出行分布预测模型中最典型的是重力模型、增长系数法、介入机会模型，其中重力模型有良好的物理意义和结构，具有简单、易算等特点和很大的经济价值，并且可以获得置信度更高的结果，目前使用比较普遍。

3. 交通方式划分

交通方式划分是把各交通小区之间的分布量分配给各个交通方式，从而在各自的交通网上进行分配。不同的交通方式会导致不同的交通设施利用强度，交通设施利用强度直接关系到城市居民的出行效率、服务于运输的城市空间数量以及可供出行者选择的范围。交通方式分担合理，城市有限的交通空间就能得到合理的利用，交通拥挤就会得到有效的缓解。常用的交通方式划分模型可以分为集聚模型与非集聚模型两大类。

4. 交通分配

交通分配是四阶段预测法的最后一个步骤，目的是将已经预测出的城市 OD 量按照一定的规则符合实际地分配到将来的交通网络上去，求取各线路所应承担的交通量，从而为确定交通设施规模服务。交通分配方法分为均衡分配和非均衡分配两大类。

二、公交出行生成与分布预测

1. 公交出行生成量预测

公交出行生成量预测的目的是建立各交通小区居民采取公交出行方式的出行产生量和吸引量与小区的土地利用、社会经济特征等变量之间的定量关系，推算规划年各交通小区的公交出行产生量、吸引量。公交出行生成量预测可以通过出行生成模型进行，同时可根据公交生成的特点，采用合适的预测方法（如神经网络方法）进行预测。

2. 公交客流分布预测

居民公交客流分布预测可以通过交通方式划分从居民总的交通出行中划分出公交出行的分布量，这也是现在比较常用的方式；同时，也可以在预测得到公交生成量后，通过交通分布模型进行预测。在交通分布预测模型中，增长系数模型比较适合这类变化不大的分布情况。重力模型和介入机会模型适合交通分布随着两个交通区之间的交通阻抗（距离、时间、费用)增大而减少,城市公交出行分布显然不适合这两种模型,但重力模型在现实应用中比较常见。

三、公交客流分配方法研究

1. 公交出行路径选择

居民公交出行总是希望出行时间短、换乘次数少、票价便宜、费用少,同时还要求乘车比较方便且舒适、车辆的服务水平和准点率高、换乘比较方便等。当这些因素无法得到全部满足时,公交乘客就会根据具体情况而有所侧重的选择。

居民公交出行时,在微观层面会选择最小交通阻抗或广义费用最小的公共交通线路出行,即以用户最优为原则。根据调查,在各种不同的经济社会和地理环境下每人每次出行过程中可以容忍的换乘次数为2次,一般而言,公交出行者在一次出行过程中(由产生点 i 到达吸引点 j)对于出行路径的选择归纳为三类基本出行方式,如图2-1所示。

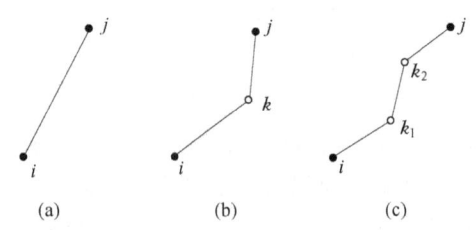

图 2-1 出行者出行路径的选择
(a) 直达;(b) 换乘一次;(c) 换乘两次

(1) 直达:直接由产生点 i 到达吸引点 j,即出行路径为 $i \rightarrow j$。
(2) 换乘一次:出行过程中经由站点 k 中转,即出行路径为 $i \rightarrow k \rightarrow j$。
(3) 换乘两次:出行过程中经由站点 k_1 和 k_2 中转两次,即出行路径为 $i \rightarrow k_1 \rightarrow k_2 \rightarrow j$。

2. 多路径分配法

对于一次出行,一般出行者总是按直达、换乘一次、换乘两次的优先顺序选择线路;存在同类出行路径的情况下,出行者不选择次优的路径;如果存在多条同类出行线路,以不超过最小出行时间线路时间的一定阈值为准则。一般而言,乘客总是希望选择最合适(最短、最便宜、最舒适)的路径出行,但由于公交线网的复杂性及交通状况的随机性,公交出行者对出行起讫点间每条线路的状况很难准确判断,路径选择总带有随机性。因此,各出行路径被选用的概率可用改进的 Logit 型路径选择模型计算,即

$$P(r,s,k) = \exp[-\sigma t(k)/\bar{t}] / \sum_{i=1}^{m} \exp[-\sigma t(i)/\bar{t}]$$

式中 $P(r,s,k)$ ——OD(r,s) 对在第 k 条出行路线上的分配率;
　　　$t(k)$ ——第 k 条出行路线的交通阻抗值;
　　　$\bar{t}$ ——各出行路线的平均交通阻抗值;
　　　σ ——分配参数,相对稳定,变化范围在 3.00~3.50;
　　　m ——有效出行线路条数。

交通阻抗函数应能真实反映居民公交出行的心理特性,可以以出行费用来表示,但由于费用很难确定,因此一般采用出行距离来表示阻抗函数,即

$$t(k) = l_k(r,s)$$

式中 $l_k(r,s)$ ——第 k 条出行路线在节点 r 与 s 之间的距离,km。

公交客流多路径分配流程如图2-2所示。

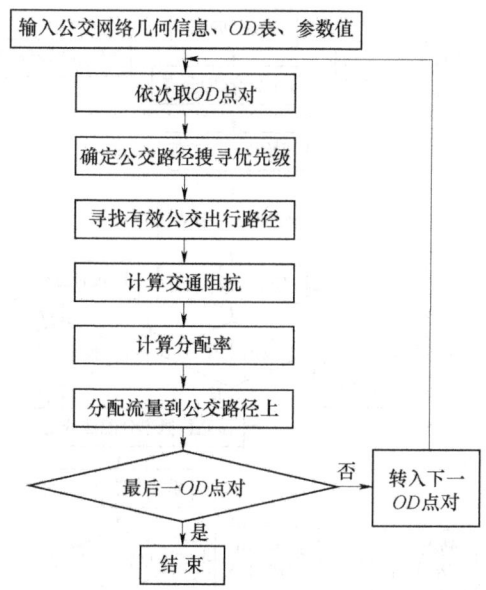

图 2-2 公交客流多路径分配流程图

3. 容量限制分配法

在实际的交通中，每条公交线路都有自己的容量限制，如果选择同一线路的乘客多而线路容量又很小，那么在这条公交线路上就会产生拥挤，就会有一部分乘客选择别的路径，以降低出行所花费的时间。公交乘客在选择出行路径时，就必须考虑每条路径的运载能力和该线路的客流量以及路上车流对公交运行的干扰等。在公交客流分配时，应将公交 OD 表划为 n 个 OD 表分 n 次增量加载，每次仍采用多路径进行分配，每次分配后，采用阻抗函数修正路线阻抗。这样在选择路径时，应主要考虑两个因素，即出行距离和上次 OD 表分配结束时本路线分配的客流量。在一条公交线路上有许多公交节点，这些节点将整个公交线路分成若干区间，在每个区间上分配的客流量不尽相同，应分别进行计算。由此采用如下的函数作为分配的交通阻抗函数：

$$t(k) = \sum_{i=1}^{c} l_k^i(r,s) q_i / M_k^i$$

其中
$$M_k^i = c_k 60/T$$

式中 $l_k^i(r,s)$——第 k 条线路节点 r、s 之间被划分的 i 区间的距离，km；

q_i——第 k 条线路节点 r、s 之间被划分的 i 区间上次分配的流量；

c——第 k 条线路节点 r、s 之间被划分的区间数；

M_k^i——第 k 条线路 i 区间的运载能力；

c_k——第 k 条线路公交车辆的标准载客人数；

T——公交发车间隔时间。

公交客流容量限制分配流程如图 2-3 所示。

4. 公交客流分配分析

在同一路段上可以有很多公交线路，每条公交线路都有固定的行车路线和发车频率。

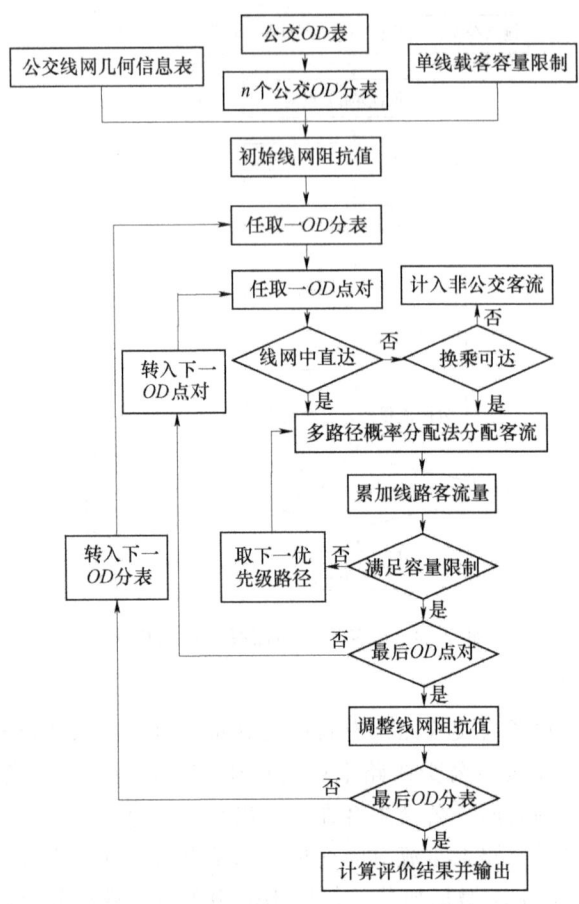

图 2-3 公交客流容量限制分配流程图

由于思维方式和生活习惯的差异，导致了乘客对出行路径的选择必然是多路径的，单纯从乘客个人的意愿出发，应符合多路径概率分配法；考虑公交线路的运载能力，如果某一路径的乘客多而运载能力很小，则会有一部分乘客选择其他路径，可采用能力限制下的公交客流分配法对公交客流进行分配。

如图 2-4 所示城市道路的部分路网上，道路间距均为 1km，其上布设四条公交线路（见表 2-1），将 OD（A，B）＝100 人/小时和 OD（A，C）＝100 人/小时分配到公交线网上。

表 2-1 线路基本情况

线 路	路 径	发车间隔	线 路	路 径	发车间隔
Ⅰ	8—7—1—2—3	30min	Ⅲ	4—5—6—13—12	20min
Ⅱ	3—9—10—11	20min	Ⅳ	4—5—10—9	30min

AB 之间存在直达线路，不再考虑换乘可达线路。AC 之间不存在直达线路，考虑换乘可达线路，存在一次换乘可达线路，设有效出行路线为最短路线距离的 2 倍，因此 AB 间有两条直达线路可供选择，AC 间有三条一次换乘线路可供选择，具体结果见表2-2。

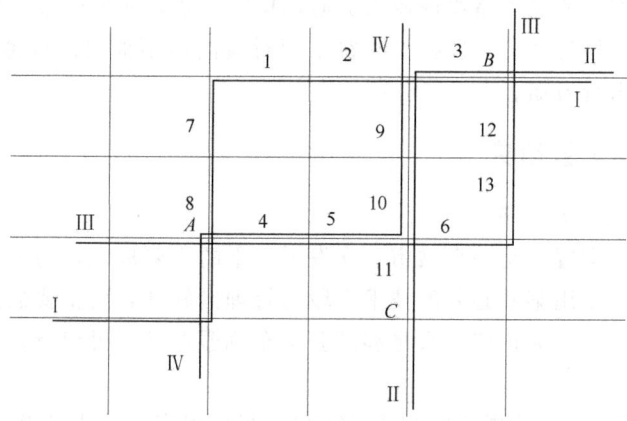

图 2-4 算例示意图

表 2-2 路线路径分析结果

OD	最短路径距离	优先级	路径	距离	备注
AB	5km	直达	Ⅰ (8—7—1—2—3)	5km	可选
			Ⅲ (4—5—6—13—12)	5km	可选
AC	3km	一次换乘	Ⅲ (4—5) — Ⅱ (11)	3km	可选
			Ⅲ (4—5—6—13—12) — Ⅱ (3—9—10—11)	9km	不选
			Ⅳ (4—5) — Ⅱ (11)	3km	可选
			Ⅳ (4—5—10) — Ⅱ (10—11)	5km	可选
			Ⅳ (4—5—10—9) — Ⅱ (9—10—11)	7km	不选

按两种分配方法分别进行计算,其中 σ 取 3.3,容量限制时采用分三次加载,公交车的定额载客量为 40 人,具体计算结果见表 2-3。

表 2-3 两种公交分配方法结果

路线	区间	多路径分配	容量限制分配
Ⅰ	8、7、1、2、3	50	50
Ⅱ	3、9	0	0
	10	8	18
	11	100	100
Ⅲ	4、5	96	91
	6、12、13	50	50
Ⅳ	4、5	54	59
	9	0	0
	10	8	18

两种分配方法,在分配结果上相差不大,多路径分配法符合人们的主观意愿,此种分配方法使人们的出行时间短,费用最省,在实际交通状况下有可能产生交通拥挤现象的发

生。容量限制分配方法考虑了路线选择与交通拥挤的关系，使公交乘客对一些费用很低但异常拥挤的线路的选择为"0"，选择一些费用相对偏高但不拥挤的线路，疏散了乘客量，符合大多数居民的出行习惯。

四、公交车辆配置研究

1. 城市总体公交车辆配置方法

城市公交车辆的配置，是一个城市公交发展水平的主要标志，为了保证城市公交的一定客流分担率，除了采用某些必要的技术手段与管理措施外，更主要的是，必须为公共交通提供足够的客运能力。城市应拥有足够的公交车辆服务于居民出行，公交车辆的配置也决定着场站规模。

《城市道路交通规划设计规范》(GB 50220—95)规定，城市公共汽车和电车的规划拥有量，大城市应每 800~1000 人拥有 1 辆标准车，中小城市应每 1200~1500 人拥有 1 辆标准车。

2. 公交线路车辆配置一般方法

在某一时间段内需求的车辆数称为时段配车数，确定它的原则是既要保证有足够的服务质量，又要保证配车数最小。时段配车数的计算方法如下：

$$P_i = \frac{H_i}{\rho_i C}$$

其中　　　　　　　　　$C = $ 车型定员 ＋ 最大允许站人数

式中　P_i——i 时段内的配车数（时段配车数），车次；

H_i——i 时段内的小时最高断面通过量，人；

C——车容量，人；

ρ_i——i 时段内的期望满载率。

当高峰小时的满载率 $\rho = 1$ 时，高峰小时的小时配车数为

$$P_m = \frac{H_m}{C}$$

式中　P_m、H_m——高峰小时的小时配车数和小时最高断面通过量。

高峰小时的发车间隔（jg）计算如下：

$$jg = \frac{60}{P_m} \text{（min）}$$

公交线路的单向配车为

$$W = \frac{60L}{Vjg}$$

式中　W——公交线路的单向配车数，辆；

L——公交线路的长度，km；

V——公交车辆运营速度，km/h。

某一条公交线路全长 8.9km，高峰小时载客 1375 人次，车辆运行速度为 16km/h，单车额定载客人数 80 人，站点间距和断面流量见表 2-4。

表 2-4 站点间距和断面流量表

站点	O—A	A—B	B—C	C—D	D—E	E—F	F—G	G—H	H—I	I—J	J—K	K—L
间距（km）	0.6	0.8	0.9	0.9	0.9	0.9	0.5	0.5	0.6	0.6	0.7	1
断面流量	66	120	195	343	410	500	610	580	430	260	150	87

按照车辆配置的一般方法进行配置，则发车间隔为

$$jg=\frac{60}{610/80}=8（\text{min}）$$

单向车辆配置：

$$W=\frac{8.9\times 60}{16\times 8}\approx 5（\text{辆}）$$

3. 公交线路车辆配置优化方法

公交运营车辆的配置直接影响到公交企业的效益和居民出行的选择，通过对两方面的分析，建立优化模型，得出公交线路车辆配置的最优方法。

（1）运营车辆配置对公交企业的影响。运营车辆配置与公交企业的效益直接相关，在线路乘客数不变的情况下，运营车辆数多，由于车辆运营过程中有大量的消耗，因此支出相应加大；运营车辆少，支出也减少。公交企业支出为

$$X_1=a_1\frac{60}{n}L$$

式中　X_1——公交净效益，元；

L——公交线路的长度，km；

n——公交线路的发车间隔，min；

a_1——公交车辆车公里成本，元。

（2）运营车辆配置对乘客的影响。运营车辆配置影响到乘客的线路公交出行时间，车辆配置多，则公交乘客的公交出行时间少；反之，出行时间增加。公交乘客出行的总时间包括候车时间和在车时间：

$$X_2=\frac{n}{2}Q+\sum_{i=1}^{n_1}\frac{L_i}{V_i}Q_i$$

式中　X_2——公交乘客线路出行总时间；

Q——公交线路的乘客人数，人次；

L_i、V_i、Q_i——分别为 i 区段的长度、运行速度、断面客流量；

n_1——公交线路的区段数。

（3）公交线路最大饱和度限制。运营车辆的配置同时会影响到公交乘客的舒适程度，车辆配置多，乘客感觉舒服；反之，乘客舒适度下降。以平均饱和度表示此项指标 $\bar{\eta}$，即

$$\bar{\eta}=\frac{\sum_{i=1}^{n_1}Q_i}{\frac{60}{n}C\times n_1}$$

式中　C——公交线路单个车辆的额定载客量，人。

车辆运营过程中，由于车辆容量的限制，使得断面的最大饱和度有一定限制，必须在车辆装载极限容量限制的情况下运行，公交运营为乘客服务，又必须满足所有乘客的乘车要求，因此应有

$$\frac{\max(Q_i)}{\frac{60}{n}C} \leqslant \beta$$

式中　β——公交线路断面所允许的最大饱和度，高峰时段可取为120%。

（4）优化模型的建立。公交运营调度过程中，为运营与调度方便及服务人民，公交线路发车间隔一般控制在2~20min之内，一般是整分钟，有时可精确到半分钟。

将公交企业支出最小和乘客的出行时间加以舒适程度修正后的广义出行时间最少为目标，建立公交线路车辆配置的优化模型如下：

$$\min Z = X_1 + a_2 \overline{\eta} X_2 = \min \left\{ a_1 \frac{60}{n}L + a_2 \frac{\sum_{i=1}^{n_1} Q_i}{\frac{60}{n}C \times n_1} \left(\frac{n}{2}Q + \sum_{i=1}^{n_1} \frac{L_i}{V_i}Q_i \right) \right\}$$

$$\begin{cases} \dfrac{\max(Q_i)}{\dfrac{60}{n}C} \leqslant \beta \\ 2 \leqslant n \leqslant 20 \\ 2n \text{ 为整数} \end{cases}$$

式中　a_2——时间的换算价值。

模型是一种特殊的整数规划模型，综合考虑了公交线路车辆配置的影响因素，从公交企业和乘客两个方面对车辆配置进行分析，同时考虑了公交运营调度以及公交的服务性质，对公交车辆的发车间隔加以优化。

对上例取$a_1=3$，$a_2=0.15$，优化后得到高峰小时最优发车间隔为5min。

相应的单向车辆配置为

$$W = \frac{8.9 \times 60}{16 \times 5} \approx 7 \text{（辆）}$$

优化配置方法的车辆配置数大于一般方法，是由于这种方法在考虑公交企业效益的同时也考虑到公交乘客的公交出行时间和舒适程度，运营过程中力求使社会效益最大。

第三节　公共交通线网规划

一、公交线路布设方法

1. 线路可行端点对的确定

（1）可通行公交线路的道路网络确定。在一个城市中，并不是所有的市区道路都能通行公交线路，可通行公交线路的道路网一般由符合一定条件的道路所组成：公共汽车一般都是往返的，道路至少应满足双向行车的要求或成对可单向通行；沿途道路通

畅，没有近年内无法排除的交通梗阻；道路具有一定的路长或该道路虽然很短，但在连通其他道路时必不可少；有一定的公交乘客集散量；已列入城市规划，近期可以形成通车条件的道路。

可通行公交线路的道路网在城市中一般选取主干道、次干道和部分支路组成；对于城市中封闭的快速路不纳入可通行公交线路的道路网，而选用其两侧的辅路；可通行公交线路的道路网确定时，应满足一定的覆盖要求。

（2）公交节点选取。公交节点是指可作为公交线路起讫点和中间站点的乘客乘车点，公交的服务区域就是以节点为中心的辐射区域，节点的选取直接关系到公交线网的服务范围。节点是在可通行公交线路的道路网确定以后进行选取的，节点的选取应结合道路两侧的土地利用性质、公交乘客的发生量来进行的。

节点的设置要从两个方面来考虑，一方面要尽可能增设节点以方便乘客，减少步行距离，提高运输系统的服务水平；另一方面尽可能减少节点的数量，提高运输系统的运输效率。实际设置中应在尽量减少乘客步行距离的条件下，最大限度减少节点的数量。

为使未来公交线路满足站距要求，节点须按照一定的间距进行布设，同时为消除公交空白区，要使整个规划区内分布均匀合理。考虑居民乘车的方便，对出行生成量比较集中的公共设施，如车站、医院、学校、大型停车场、地铁连接点等，应该设置节点；另外，对于大型立交桥两侧应设节点。

交叉口是各个方向的人流汇集和疏散最便捷的地点，也是布置公交站点的最佳位置。为了减少公交出行的车外耗时，方便线路间的换乘，公交站点应设置在交叉口附近50m左右处，公共汽车站原则上应设置在交叉口出口道一侧。

（3）起讫点的选取。公交线路起讫点是公交车辆始发（终到）的场所，起讫点在节点集中选取，选取时考虑因素如下：

1）公交乘客生成量。当某节点高峰小时的生成量超过线路中间站点的运载能力时，设为中间站点后不能运载这些生成量，则该节点应设置为线路的起讫点站，以增加运载能力。因此，可取中间站点的运载能力作为起讫点的设站标准。

2）周转场地。起讫点需具备一定的周转场地，以满足车辆调头、储备以及站房设施的建设。

3）路上交通量。车辆调头时，要占用所在道路的通行时空，这样就会影响到路上的交通。由于车辆调头的时间不长，在路上交通量较少时，其影响很小，但如果路上交通量较大，则设站后就会对路上交通产生较大影响，并且路上交通量越大，设站后的影响越大。

4）实际要求。由于规划的连续性以及人们的习惯，要对现状路线的起讫点应有所保留。为满足乘客的出行需要，方便居民生活，扩大公交的服务范围，对某些特殊地区，如车站、码头、旅游景点、居民小区等，即使发生量未达到设站标准，也可考虑设站。

（4）线路可行端点对。一条合理的公交线路必须满足线长约束和弯曲系数约束，两个起讫点间可以布设公交线路的约束如下，由约束条件可以判断两个起讫点是否可以形成公交线路的端点对，即

$$\begin{cases} zdl(i,j) \geqslant \dfrac{L_{\min}}{q_{\max}} \\ zdl(i,j) \leqslant L_{\max} \\ zdl(i,j) \leqslant q_{\max} zx(i,j) \end{cases}$$

式中 $zdl(i,j)$ ——i、j 节点之间的最短路距离；

$L_{\min}$、$L_{\max}$——最小与最大线路长度限制值；

$q_{\max}$——公交线路的最大非直线系数；

$zx(i,j)$ ——i、j 节点之间的直线距离。

2. 最短路线布设法

在找到可形成公交线路的端点对后，还须对两点之间的具体布线进行研究，一般来说，在两点间的任意满足最大与最小长度限制和弯曲系数限制的线路都可以形成公交线路，在此两端点对之间可以形成多条公交线路，并且都是合理可行的。

两点之间的线路布设法最常用的就是用最短路线进行布设，这样可以减少乘客的乘车时间，增加社会效益。

3. 最大效率布设法

在起讫点确定时选取最优线路可用收敛扫描法进行。收敛扫描法线路搜索的基本原理如下：自确定的起点出发，根据路线效率最大的原则，向所有的邻接点发展，再以该邻接点为新的起点继续向它的所有邻接点发展，最后收敛于确定的终点，其过程类似于一个纺锤形，如图 2-5 所示。

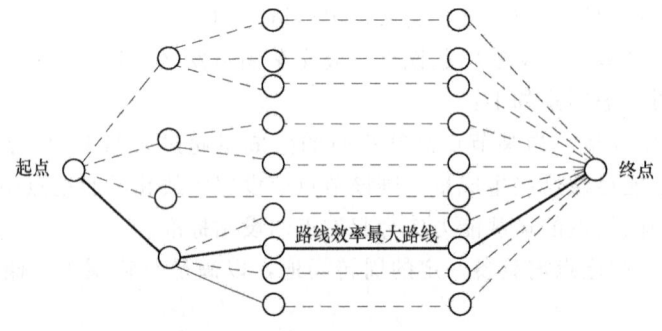

图 2-5 收敛扫描法布线示意图

公交路线效率是指每条线路所能服务的直达乘客数与路径长度的比值，即

$$E_i = \dfrac{\sum_{j=1}^{n}\sum_{k=1}^{n} LOD_{jk}}{L_i}$$

式中 E_i——第 i 条树状分支路径的路线效率；

L_i——第 i 条树状分支路径的长度；

LOD_{jk}——第 i 条树状分支路径 j、k 站点间所能服务的直达乘客量；

n——第 i 条树状分支所经站点数。

图中各分支路径代表自起点到终点可能的路径，从所有满足线长等约束的分支路径中选择路线效率最大的一条或几条，放入可行线路集中，用于对公交线网的优化。

二、线网规划目标与约束

1. 线网规划目标

常规公交系统运营线路固定，线网布设的优劣是衡量公共交通发展程度、运营能力以及服务质量的重要指标。规划公交线网时应以居民公交出行 OD 为依据，以方便居民出行为目的，兼顾公交企业效益。要使线路走向与主要客流流向相吻合，使得各主要客流集散点之间，尽可能有直接的公交线路相连接，最大限度地满足乘客的出行要求。线网布设既要满足乘客的需要和城市的发展，又要考虑客观条件的现实，必须经过现场调查、深入研究、不断比较、反复权衡，确定较好的方案。线路布设从乘客的角度，要节省时间和花费，线形减少迂回曲折，使乘客便捷到达目的地；从企业经营角度，线网要优化，减少过多重复，合理配置资源，规范客运市场，开展适度、有序的公平竞争。

公交线网规划是多目标规划，公交线网优化目标一般包括以下几个方面：

(1) 为更多的乘客提供服务。

(2) 使全体乘客的总出行时间更少，要求尽可能地缩短出行距离，减少换乘次数等。

(3) 线网的效率最大。

(4) 保证适当的公交线网密度，即良好的可达性。

(5) 保证线网的服务面积率，减少公交盲区。

2. 线网规划约束

公交线网规划约束条件如下：

(1) 线长约束。公交线路的长度应适中，过长会导致线路客流分布不均匀，影响运输效率以及公交线路的非直线性系数大等不良效果；线路过短，则相应增大了公交车辆的调车转向总时间，降低了公交车辆的使用率，使公交车的运营车速下降，居民的平均换乘次数也会增多。公交线路长度与城市的规模、城市居民的平均乘距等因素有关，市区公共汽车与电车主要线路的长度宜为 8~12km，对中小城市，下限可适当放宽；对特大城市及明显的带状城市，上限可适当放宽。

(2) 非直线性约束。公交线路的实际长度与空间直线距离之比，为线路非直线性系数。线路的非直线性系数以小为佳，单条公交线非直线系数不应大于 1.4。

(3) 复线系数约束。复线系数约束考虑公交线路分布均匀性、站点停靠能力。一个站点停靠线路一般不超过 8 条。

(4) 换乘次数约束。换乘次数越少越好，这样可提高乘客的直达率，减少乘客的公交出行时间，但在实际的公交线网上又无法满足任意两点之间的公交出行均可直达，因此换乘是必然的。单个乘客换乘次数应少于 3 次，整个城市的平均换乘次数小于 1.5，中、小城市应小于 1.3。

(5) 线路站距约束。公交线路的站距过长，乘客的步行到站、步行离站到目的地时间增加，换乘不方便；过短，会导致车速下降，延长公交出行时间，浪费车辆动力。公交站距的长短受到道路网类型、交叉口类型及间距、交通管制措施等的影响。公交车站站距应保持市区 500~800m，郊区 800~1000m。

(6) 线网密度约束。公交线网的密度是指城市有公交线路服务的每平方公里用地面积上有公交线路经过的道路中心线的长度,它反映了居民接近线路的程度。常规公共交通线路网密度大小反映出居民接近线路的程度,在市中心区规划的公共交通线路网的密度,应达到 $3\sim 4km/km^2$;在城市边缘地区应达到 $2\sim 2.5km/km^2$。

(7) 车站服务面积率约束。公共交通车站服务面积,以 300m 半径计算,不得小于城市用地面积的 50%;以 500m 半径计算,不得小于 90%。

三、线网优化模型

1. 基于交通效率的公共交通线网优化模型

(1) 公共交通效率。公共交通效率为"一定的公共交通投入与该投入产生的对人们公共交通需求满足程度之间的对比关系",公共交通运输效率越高,在同样的公共交通投入下,对公共交通需求的满足程度越高。

能够影响公共交通投入和需求满足程度的一切相关因素都会影响公共交通效率,不仅涉及很多公共交通内部的因素,而且还涉及大量的公共交通外部因素。这些因素可以概括为以下几个方面:

1) 公共交通道路网建设费用。公共交通道路网是城市道路网的一部分,在设置了公交专用道的情况下,公交专用道的建设费用可以完全视为公共交通系统的投入,对于非公交专用道,可以根据路段上的流量比例确定道路建设费中公共交通系统的投入。在满足一定的公共交通需求的前提下,公共交通道路网建设费用越少,公共交通效率越高。

2) 公共交通车辆的投入。公共交通车辆的投入包括公交车辆的购置费用和维修费用,在满足一定的交通需求的前提下,公共交通车辆的投入越小,公共交通效率越高。

3) 总出行时间。总出行时间反映的是公共交通系统满足交通需求的程度,在一定交通投入下,总出行时间越少,公共交通效率越高。

4) 污染物排放量。公共交通污染物主要是指公交车的尾气,在满足一定的公共交通需求的前提下,污染物排放量越少,公共交通效率越高。

5) 燃油消耗量。燃油消耗量反映的是公共交通系统的能源投入,在满足一定交通需求前提下,燃油消耗量越少,公共交通效率越高。

(2) 优化模型建立。

1) 公共交通路网建设费用。设公共交通路网中的路段组成集合为 A,则公共交通路网建设费用可以表示为

$$F = \sum_{a \in A} \frac{q_a^p}{q_a} l_a f_a(C_a)$$

式中 F——公共交通路网建设费用;

q_a^p——公共交通路网中路段 a 的公共交通流量;

q_a——公共交通路网中路段 a 的交通流总量;

l_a——公共交通路网中路段 a 的长度;

C_a——公共交通路网中路段 a 的通行能力;

$f_a(C_a)$——路段 a 建设费用函数。

2) 公共交通车辆费用。设全部公共交通车辆组成集合为 E,则公共交通车辆费用可

以表示为

$$V = \sum_{e \in E}(PCH_e + MT_e)$$

式中　V——公共交通车辆总费用；
　　PCH_e——公共交通车辆 e 的购置费用；
　　MT_e——公共交通车辆 e 的维修费用。

3）公共交通总出行时间。设公共交通车型组成集合为 B，则公共交通乘客的总出行时间可以表示为

$$T = \sum_{a \in A}\sum_{b \in B}P_b q_{ab}^p t_{ab}^p$$

式中　T——公共交通乘客的总出行时间；
　　P_b——第 b 种公共交通车型的平均载客人数；
　　q_{ab}^p——公共交通路网路段 a 上第 b 种公共交通车型的交通流量；
　　t_{ab}^p——公共交通路网路段 a 上第 b 种公共交通车型的通行时间。

4）公共交通污染物排放。设污染物种类组成集合为 G，则由公共交通引起的第 g 种污染物的排放量表示为

$$PL_g = \sum_{a \in A}\sum_{b \in B}l_a q_{ab}^p \sigma_{ab}(v_{ab})$$

式中　PL_g——公共交通引起的第 g 种污染物的排放量；
　　v_{ab}——公共交通路网中路段 a 上第 b 种公共交通车型的行驶速度；
　　$\sigma_{ab}(v_{ab})$——公共交通路网中路段 a 上第 b 种公共交通车型在 v_{ab} 速度的行驶工况下的第 g 种污染物的排放因子函数，克/车公里。

5）公共交通能源消耗。公共交通的能源消耗量可以表示为

$$ERC = \sum_{a \in A}\sum_{b \in B}l_a q_{ab}^p \tau_b(v_{ab})$$

式中　ERC——公共交通的能源消耗量；
　　$\tau_b(v_{ab})$——公共交通路网中路段 a 上第 b 种公共交通车型在 v_{ab} 的行驶工况下的能源消耗因子。

6）目标函数的建立。用单位费用将公共交通路网建设费用、公共交通车量费用、公共交通总出行时间、公共交通污染物排放和公共交通能源消耗五个方面加和作为本模型的目标函数，即

$$\min E = F + V + \delta T + \sum_{g \in G}u_g PL_g + \omega ERC$$

$$\begin{cases} F \leqslant F_{\max} \\ V \leqslant V_{\max} \\ PL_g \leqslant PL_{g\max} \\ ERC \leqslant ERC_{\max} \end{cases}$$

式中　E——公共交通网络总费用；
　　δ——个人出行的时间费用；
　　u_g——第 g 种污染物的经济转化系数；

ω——能源消耗的经济转化系数；

F_{max}——建设费用的最大值；

V_{max}——车辆费用的最大值；

PL_{gmax}——第 g 种污染物的排放限值；

ERC_{max}——能源消耗的限值。

2. 基于站距的公交网络优化模型

站距是公交线网设计的关键变量，它决定了乘客的出行时间和运营企业的运营成本，影响了公交车辆的平均速度，并决定了乘客的步行距离和步行时间。为对公交网络的设计和站点、站距的确定提供理论基础，以公交站距为着眼点，从乘客、运营企业、政府三方面考虑，给出了乘客出行时间最少、运营企业成本效益最高、社会福利最大的多目标优化模型。

（1）公交出行时间链。一个完整的出行时间链应取决于 5 个因素的总和，可表示为

$$T_c = \omega_a T_a + \omega_w T_w + T_i + \omega_t T_t + \omega_e T_e$$

式中　　T_c——总的加权出行时间；

T_a——接入站点的步行时间，也就是从出行点到相应车站的步行时间；

T_w——等车时间；

T_i——车内行程时间，即实际乘车时间；

T_t——换乘时间；

T_e——下车后乘客步行到达目的地的时间；

w_a、w_w、w_t、w_e——相关因素的时间权重。

1）接入站点时间。接入站点时间 T_a 和离开站点时间 T_e 取决于每个公交车站的服务范围、服务面积的形状以及乘车需求的分布，可表示为

$$T_a = f_a(D_s + D_l)/v$$

式中　　D_s——一条线路上相邻两站之间的距离；

D_l——两条线路的间隔距离；

v——乘客平均步行速度；

f_a——实际步行距离的路线系数，与线网的密度有关。

2）等车时间。等车时间 T_w 应由线路的发车频率确定，假设乘客到达站点不是均匀分布的，可得

$$T_w = f_w/F$$

式中　　f_w——等车时间系数；

F——发车间隔。

3）车内行程时间。乘客在车内的行程时间 T_i 可表示为

$$T_i = T_{a,d} + T_s + T_d + T_o + T_m$$

式中　　$T_{a,d}$——公交车辆全程加减速运行时间；

T_s——在站点的停车时间；

T_d——信号灯造成的延误时间；

T_o——畅通行驶的时间；

T_m——整个行程的合成延误(如临时停车、合流或转向造成的延误)。

4) 换乘时间。换乘时间包括乘客上下车时间、步行时间以及乘车的等候时间,可表示为

$$T_t = \tau/60 + D_t/v + f_w/F$$

式中 τ——每位乘客平均上下车时间;

D_t——换乘的步行距离。

(2) 公交网的优化目标。

1) 乘客出行时间最短。对于乘客来说,希望当发车频率固定时,出行时间最短。如果公交线路的站距过长,车内行程时间将会减少,乘客的步行时间就会增加;反之,如果站距过短,乘客步行时间会缩短,公交车辆频繁停靠站点就会增加公交车辆在途的行程时间。因此,出行时间最短,其中主要的问题是寻求接入站点的步行时间和车内行程时间的平衡点,目标函数可表示为

$$\min T_c = \omega_a T_a + \omega_w T_w + T_i + \omega_t T_t + \omega_e T_e$$

2) 运营企业成本效益最高。企业运营成本 C_0 取决于所有车辆的总出行时间,这个出行时间又依赖于线路的发车频率、站距、单位面积的线路条数、每辆车的运行时间以及线路的双向运营情况。令单位时间每辆车的运营成本为 c_0,则有

$$C_0 = 2c_0 F \frac{1}{D_l} \frac{1}{D_s} T_i$$

运营企业的总收入 R_0 是由乘客的票款和政府的补贴决定的。假设 r_t 是乘客的票款,P 为乘坐公交的乘客数,R_s 为政府对公交企业的补贴,则运营企业的总收入可表示为

$$R_0 = r_t P + R_s$$

因此,对于运营企业来说,成本效益最大,就是企业总收入与运营成本的比值最大,目标函数可表示为

$$\max \frac{R}{C_0} = \max \left\{ \frac{r_t P + R_s}{2c_0 F \frac{1}{D_l} \frac{1}{D_s} T_i} \right\}$$

3) 社会福利最大。令 c_t 为乘客的时间价值;T_{cm} 表示乘客乘坐公共交通的时间临界值,也就是说,如果超过了这个值,乘客就会放弃公共交通方式转而采用其他的交通方式出行,那么乘客乘坐公交的盈余可表示为

$$S_c = 0.5 P(T_{cm} - T_c) c_t$$

政府要达到使公共交通的社会福利最大的目标,就应该使乘客的盈余与运营企业的利润之和最大,即

$$\max S = \max \{ S_c + R_0 - C_0 \}$$

3. 基于出行时耗和运营投入的公交线网优化模型

(1) 乘客公交总出行时间。乘客公交总出行时间最小是公交线网优化社会整体效益最显著的目标,公交线网合理,能大量节约乘客出行时间,减少乘客出行疲劳,从而创造出更多的社会财富。此目标也隐含了线路走向符合乘客的主流方向,尽可能组织直达运输力求按最短路线布设线路,线路上的客流均匀分布等原则。乘客公交总出行时间为

$$T_z = \sum_{i,j=1}^{n} Q_{ij} T_{ij}$$

式中　T_z——乘客公交总出行时间；

　　　n——交通小区的数目；

　　　Q_{ij}——从交通区 i 到交通区 j 的公交乘客量，人次；

　　　T_{ij}——从交通区 i 到交通区 j 的公交出行总时间，h，包括公交出行完整的时间链。

在此目标下，可将计算中转换乘时间适当提高，以减少换乘次数，提高客流的直达率；对于无公交线路通达的 OD 对，可取其公交出行总时间为某一较大值。

(2) 公交运营投入。公交部门一方面是为社会服务，另一方面也要求企业有一定的经济效益，即在给定公交出行量下，使运输成本最低。车公里成本是一个相对稳定的值，将车公里作为公交运营投入的指标。公交运营投入为

$$C_y = \sum_{k=1}^{m} M_k L_k$$

式中　C_y——公交运营收入；

　　　m——布设公交线路条数；

　　　M_k——第 k 条线路的发车数，辆/h；

　　　L_k——第 k 条线路的长度，km。

(3) 优化模型建立。将乘客公交总出行时间最小与公交运营投入最小结合建立公交线网优化的模型，即

$$\min Z = \min \left(a_1 \sum_{i,j=1}^{n} V_{ij} T_{ij} + a_2 \sum_{k=1}^{m} M_k L_k \right)$$

式中　a_1、a_2——换算系数。

四、线网优化方法

1. 逐条布设，优化成网

逐条布线法是根据某一个或几个指标，在可行线路集中，逐条找出最优的公交线路，叠加成完整的公交线网，思路简单、直观，方法上切实可行，是目前使用较多的一种方法。但由于它逐条布线，成网后缺乏合理反馈，从而使生成的公交线网与其本身布线的原则相矛盾。例如，逐条布线法总是搜索一条认为最优的公交线路，但事实上，生成线网后，原本较好的一条公交线路，由于网络上其他公交线路的竞争，有可能使该公交线路的客运效益不是很好，甚至较差。

"逐条布设，优化成网"的公交线网优化方法以直达乘客量最大为主要目标，通过分析备选线路起、终点位置及客流分布，确定线路的最佳配对及各线路的最佳走向，实现其他目标，并满足约束条件。该方法的流程图如图 2—6 所示。

公交网络中的线路按以下步骤逐条布设，在 n 条备选线路中，取直达乘客量最大的那一条为公交优化网络中的线路，并按其最短路线布设该线路。某一条优化线路确定以后，应从原来的乘客 OD 量矩阵中减去该线路所能运送的乘客 OD 量，并从起、终点集中除去已设线路的起、终点号。对已设线路上的行驶时间进行复线修正，以避免在以后设线时多

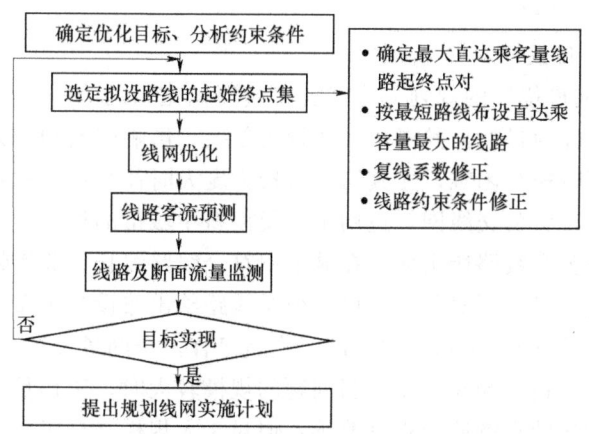

图 2-6 "逐条布设、优化成网"总流程图

次重复该线路。对留下的起、终点集及修正后的乘客 OD 矩阵进行线路布设。重复上述过程,直至达到理想线网。

按"逐条布设,优化成网"的方法确定的公交线网,其线路走向与客流方向基本一致,并能保证全服务区的换乘次数最少。在定线过程中,通过采取一系列的限制、修正措施,基本上能满足优化目标。该法根据一个或几个指标,在可行线路集中逐条找出最优公交线路,叠加成网,并通过网络客流分配及一系列检验来局部修正完善成网,思路简单直观,容易实现,在优化过程中有主观性与经验性的反馈调整。

2. 逐条预选,优化成网

这是结合现状公交线网的启发式逐步优化法,首先考虑基本保留现状公交线路中的合理部分,并进行客流的预分配,然后再对剩余 OD 量按逐条布设方法布线,最后通过客流网络分配及一系列检验来局部调整线路,达到公交线网的优化。

"逐条预选,优化成网"PSO(Predetermination, Search, Optimization)算法的基本含义是预选、搜索、优化成网。该法为简化常规性的线网调整优化的复杂性,首次将相应的乘客集散量直接分配到交通小区的节点上,从而简化了调整优化过程,节省了费用。PSO 算法的解题思路如下:

(1) 以节点间最短线路为目标,确定第一线路集。完成客流量调查及 OD 矩阵,在公共交通网络简图上标定起、终点序号,输入目标函数与约束条件,执行最短路搜索程序。

(2) 将交通小区缩小为若干个节点,并将小区乘客集散量分配到相关路段。将小区乘客发生与吸引量分配到小区内节点上,再将相关小区的对应节点的 OD 量分配到两节点间最短通路的各路段上。

(3) 确定满足约束条件的第二线路集。可依据客流调查所得 OD 表,寻找其起、终点所在的交通小区,小区 OD 量可按其大小顺序排列,根据城市结构布局,按城市公交线网的主干线、次干线、支线依次进行搜索,直至全部线路确定完毕。

(4) 搜索流量较大的剩余路段,组织第三(补充)线路集。在第二线路集完成之后,继续搜索尚有剩余的以及与第二线路集有重复的客流量较大的相关路段。

(5) 确定最终线路集。以第二线路集为主,第三线路集为辅,确定满足全部目标函数及约束条件要求的线路终集。

3. 线路组合，全网最优

"线路组合，全网最优"的规划方法将公交线网优化归结为一个纯线性优化问题，以公交网络客流效益最优为目标，其函数往往较为复杂，影响因素和约束条件众多，求解方法繁琐，在实际应用时较为困难，尤其当网络较为庞大时往往难以求解。由于仅从纯数学角度出发，未能考虑现状公交线网，适用于小规模新型城市的规划。

公交线网由多条公交线路所组成，在城市中符合线路线长、非直线系数等约束的公交线路很多，在线网优化时，可对每一条可行公交线路给出布设与不布设两种决策选择，在数学上可归结为复杂的 0—1 规划问题，即"线路组合，全网最优"。这类问题的计算复杂性与问题的规模之间呈指数增长关系，当问题的规模较大时，工作量大，时间长，虽然计算机技术使得传统方法的求解能力得到改善，但对于大规模复杂函数的优化问题，用传统方法仍然难以得到满意解。遗传算法具有并行搜索能力，可以从解空间中多点出发搜索问题的最优解，适用于大规模复杂优化问题的求解。因此可用遗传算法来解决线网优化问题。

第四节 公交场站规划

一、首末站规划

公交首末站的主要功能是为公交车辆在线路的起始和终点运转、等待调度以及结束运营后提供合理的停放场地。它既是一种公交站点，也可以兼具车辆停放和小规模保养功能。末站仅用于公共汽车调头的终点服务站，首站则提供公共汽车调头、停放、上客以及乘客候车等多种设施。公交线网的首末站作为一条线路的主要控制点和若干条线路的可能交汇点，关系到乘客出行是否方便、公共客运的社会经济效益和线路调整等重要方面，在整个公交线路网络中具有举足轻重的地位。对首末站的规划主要包括首末站的位置选择、规模的确定以及出入口道路的设置等几方面内容。

（1）公交首末站的设置应与城市道路网的建设及发展相协调，宜选择在紧靠客流集散点和道路客流主要方向的同侧。尽量使线路的起、终点站与城市各交通区之间主要客流流向的 OD 点重合，避免不必要的短距离换乘；在新建的位于市区外围的成片居住分区，可根据客流量设置一条或几条公交线路的终点站。

（2）首末站一般设置在周围有一定空地，道路使用面积较富裕而人口又比较集中的居住区、商业区或文体中心附近，使一般乘客都在以该站为中心的 350m 半径范围内，其最远的乘客应在 700~800m 半径范围内。在缺乏空地的地方，城市规划部门应根据此要求利用建筑物优先安排设站。

（3）平面交叉口附近不宜设置首末站，大型首末站多沿重要主干道一侧附近布设，出入口应分开设置，同时辅以导引标志以免人流、车流冲突干扰。与公交起、终站点相连的出入口道应设置在道路使用面积较为富裕、服务水平良好的道路上，尽量避免接近平面交叉口，必要时出入口可设置信号控制，以减少对周边道路交通的干扰。

(4) 首末站必须建停车坪。停车坪在不用作夜间停车的情况下，首站用地面积应不小于该线路营运车辆全部车位面积的 60%，末站停车坪的大小按线路营运车辆车位面积的 10% 计算。首末站若用做夜间停车，其停车坪应按该线路营运车辆的全部车位面积计算。首末站规划用地面积宜按 90~100m²/标准车计算，另加回车道、候车廊、生产生活和绿化用地，回车道按 20m²/标准车计算，候车廊按 11~18m²/标准车计算，生产生活用地按 10~15m²/标准车计算，绿化用地占总面积 15%，因此首末站可按 150~180m²/标准车计算。

二、中途站点规划

公交车辆的中途站点规划在公交车辆的起、终点及线路走向确定以后进行。

(1) 中途站点选址应充分考虑乘客上下车和换乘方便，并应设置在公共交通线路沿途所经过的各主要客流集散点上。其用地应纳入城市道路、交通工程项目统一规划、建设，在规划上不要求预留用地。中途站点应沿街布置，站址宜选择在能按要求完成车辆的停和行两项任务的地方。

(2) 几条公交线路重复经过同一路段时，其中途站宜合并。站点的通行能力应与各条线路最大发车频率的总和相适应。在并站的情况下，电、汽车不应共用同一停靠点；两条以上电、汽车共用同一车站时，应有分开的停靠点，其最小间距宜不小于 2~2.5 倍标准车长；共用同一停靠点的线路宜不多于 3 条。

(3) 中途站点的站距应考虑乘客出行需求、公交车辆的运营管理、交叉口间距和交通安全等多种因素，应合理选择，平均站距在 500~600m。市中心区站距宜选择下限值；城市边缘地区和郊区的站距宜选择上限值；百万人口以上的特大城市，站距可大于上限值。

(4) 在路段上设置停靠站时，上、下行对称的站点宜在道路平面上错开，即叉位设站。其错开距离宜不小于 50m。在主干道上，快车道宽度大于或等于 22m 时也可不错开。如果路旁绿带较宽，宜采用港湾式中途站。在交叉路口附近设中途站时，一般设在过交叉口 50m 以外处，在大城市车辆较多的主干道上，宜设在 100m 以外处。

(5) 一般中途站仅设候车廊，廊长宜不大于 1.5~2 倍标准车长，全宽宜不小于 1.2m。中途站候车廊前必须划定停车区。在大城市，线路行车间隔在 3min 以上时，停车区长度宜为铰接车车长加前后各 5m 的安全距离；线路行车间隔在 3min 以内时，停车区长度为两辆铰接车车长加车间距 5m 和前后各 5m 的安全距离；若多线共站，停车区长度最多为三辆铰接车车长加车间距 5m 和前后各 5m 的安全距离。停车区宽度一律为 3.5m。在中小城市，停车区的长度视所停主要车辆类型而定。通过该站的车型在两种以上时，均按最大一种车型的车长计算停车区的长度。

三、枢纽站规划

公交枢纽作为公交出行的交换中心，一般情况下，既不是出行过程的起点，也不是终点。枢纽的发展可以有效带动区域交通的发展，区域交通的发展反过来又为枢纽提供了足够的客源。

(1) 三条以上公交线路的首末站或者与其他重要的交通设施的交汇处应设成公交枢纽

站。城市中客流较多的地方常有若干条公共交通线路通过，这些交通集散点上换乘的乘客多，为满足高峰小时客运负荷的需要，也应设公交枢纽站。

（2）具体应设枢纽站的地方有火车客运站、长途客运站、大型居住区、市区内客流中心、大型商场、公园、体育馆、剧院等。枢纽站一般应设在干道一侧或另辟专用场地，暂时还没达到设置枢纽站规模的，应在场站位置和用地面积上作预留处理，以适应城市的长远发展。

（3）公交枢纽规模的大小与其服务范围密切相关，在布置枢纽时，应当结合考虑周边用地布局，以城市土地利用发展规划为依据布置公交枢纽，推动城市的良性拓展以及城市形态的适当调整。

（4）枢纽站每标准车用地标准与首末站相同。

四、停车场规划

公交停车场的主要功能是为线路营运车辆下班后提供合理的停放空间、场地和必要设施，并按规定对车辆进行低级保养和重点小修作业。

（1）公交停车场选址需综合考虑城市用地布局、公交线网的布设、首末站的位置。场址应尽量远离居民生活区，避免公共汽车噪声、尾气对居民的直接影响；要避开城市主要交通干道和铁路线，避免与繁忙交通线交叉，以保证车辆出入口的通顺。

（2）停车场宜按辖区就近使用单位布置，选在所辖线网的重心处，使其与线网内各线路的距离最短，其距离宜在 1～2km 以内。停车场距所在分区保养场的距离宜在 5km 以内，最大应不大于 10km。在旧城区、交通复杂的商业区、市中心、城市主要交通枢纽的附近，应优先安排停车场用地。在发展新的小区或建设卫星城时，城市规划部门必须预留包括停车场在内的公交用地。停车场的用地应安排在水、电供应和市政设施条件齐备的地区。

（3）停车场大小由停车数决定，根据企业车辆保有量的实际数，有条件的还应考虑发展的需要，留有扩建的备用地。停车场要保证公交车辆在停放饱和的情况下，每辆车仍可自由出入而不受前后左右所停车辆的影响。停车场的规划用地宜按每辆标准车用地 $150m^2$ 计算，停车场的规模一般以停放 100 辆铰接式营运车辆为宜。

（4）停车坪占有大部分用地面积。停车用地能否得到充分利用，取决于停车方式。公共交通车辆的停放方式，公共汽车宜主要采用垂直式或斜排式，无轨电车应采用平行式。

（5）停车场的进出口由车辆进出口和人员出入口组成，两者必须分开设置，严格各行其道。停车场的进出口应设在其用地范围内永久性停车坪一端，其方向要朝向场外交通路线。车辆的进口和出口应分开设置，另外应再设一个备用进出口。在条件不允许的情况下，进出口不得不合用时，其通道宽度应不小于 10～12m，同时应有备用进出口。在停车数小于 50 辆时，如无条件设置备用进出口时可不设。

五、保养场规划

保养场的功能主要是承担营运车辆的高级保养任务及相应的配件加工、修制和修车材料、燃料的储存、发放等。在中小城市，停车场的低级保养和小修设备较差，保养场有提供其所需配件的任务；如车辆较少，不需单独建停车场时，可在保养场内建设停车场（库）。在中小城市，由于车辆不多，一般也不建修理厂，保养场应同时承担发动机和车身修配的任务，并按修理厂的设计规范要求建设修理车间。

（1）公交保养场是保证城市公共交通正常营运的重要后方设施，在城市规划上应有明确的地位，切实加以控制和规划。公交保养场应尽可能靠近服务车辆的行驶路线，并尽可能设在公交服务区域的中心地带。一个城市建立保养场的数量应根据城市的发展规模以及为其服务的公共交通的规模从规划上具体加以确定。保养场的选址还要考虑给周边环境带来的影响，应建于城市居住区的下风向。

（2）保养场应建在距所属各条线路和该分区的各停车场均较近的位置。保养场还应避免建在交通复杂的闹市区、居住小区和主干道内，宜选择在交通情况比较清静而又有两条以上比较宽敞、进出方便的次干道附近，并有比较齐备的城市电源、水源和污水排放管线系统。

（3）保养场按企业营运车的保有量设置。企业营运车保有量在200辆以下或200辆左右，可建一个小型保养场；企业营运车保有量在300~500辆左右的企业，可建一个中型保养场；在车辆超过500辆以上的大型企业，可建保养中心。中、小城市车辆较少，不应分散建很多保养场，可根据线网布置情况，适当集中车辆在合理位置建场。大城市车辆较多，宜于大、中、小结合，不应不分情况地都建规模很大的大型场或中心。

（4）保养场的规划用地按所承担的保养车辆数计算，每辆标准车用地200m²，乘以用地系数K。当保养车辆数小于或等于100辆时，K值取1.2；当保养车辆数为150辆左右时，K值取1.1；当保养车辆数在200辆车以上时，K值取1。在山城建设保养场，不论规模大小，K值一律取1.2。

六、修理厂规划

修理厂承担公交车辆的大中修任务。

（1）一个城市，一般宜建设一个修理厂。

（2）公交修理厂宜建在距城市各分区位置适中、交通方便、面临交通流量较大的主干道、周围有一定发展余地的市区边缘，有可靠的水、电、煤供应。公交修理厂由于其工作的性质会产生大量空气污染和噪声污染，选址时应选择远离居民居住区。厂区周围半径不小于25m范围内应避免有居民居住，并应按有关环保法规减少对城市的空气和噪声污染、对排污进行生物化学回收处理。

（3）修理厂的规模应视该城市公交企业所拥有的运营车辆数而定，一般凡运营车辆在500辆左右时，应建具有年产200辆次大中修能力的修理厂一座；凡运营车辆在1000辆左右时，应建具有年产500辆次大中修能力的修理厂一座。若运营车辆在1000辆以上，或者更多时，应建的修理厂的规模按此类推。

（4）修理厂应根据运营车辆数及其大、中修间隔年限计算生产能力。以此作为基础对修理厂的规模、厂房的大小等进行设计。大、中修间隔年限由各城市按本地具体情况确定。所需修理设备的数量最少应达到生产能力的30%左右。

（5）修理厂的规划用地根据有关规范按250m²/标准车和日平均修理车辆数进行设计，

日修理车辆数可考虑按全部营运车辆的 10% 计算。

第五节　公共汽车停靠站设计

一、公交停靠站点的分类

作为最基础的城市公交设施，公交停靠站点是乘客和公交运输服务最基本的联系纽带，是公交系统实现其服务不可缺少的重要环节，公交车辆必须在此停靠实现其对乘客进行服务的目的，乘客也必须在此上下车实现其出行的目的。根据设置位置、设置方法和站台形式，公交停靠站具有不同的分类方法。

1. 根据设置位置分类

（1）交叉口上游公交停靠站，也称为近端公交停靠站，指在交叉口上游区域进口道设置的公交停靠站。公交车辆进出站点受交叉口信号灯和进口道机动车辆排队长度的影响与控制。

（2）交叉口下游公交停靠站，也称为远端公交停靠站，指在交叉口下游区域的出口道设置的公交停靠站。

（3）路段公交停靠站，也称为中端公交停靠站，指在两个交叉口之间，公交车辆运行、停靠不受交叉口影响的纯路段设置的公交停靠站。

2. 根据设置方法分类

（1）沿机非分隔带设置的公交停靠站，指对于三块板和四块板的道路，机非分隔带宽度满足条件时，站台设置在机非分隔带上的公交停靠站。

（2）沿中央分隔带设置的公交停靠站，指对于两幅路和四幅路，中央分隔带宽度满足条件时，站台设置在中央分隔带上的公交停靠站。采用这类停靠站，需要在左侧车身上设置乘客门，存在技术与安全问题。如果没有设置专门的人行过街立交，乘客需要穿越机动车道才能到达和离开停靠站，不仅会影响乘客的安全，而且也会影响社会车辆的正常行驶。这种停靠站一般与公交专用道配合使用，适用于道路机动车流量和站点上下乘客量都较小的情况。

（3）沿人行道设置的公交停靠站，指站台设置在人行道上的公交停靠站。公交停靠要占用和穿过非机动车道，容易与非机动车产生干扰，适用于无机非分隔带或机非分隔带不满足设站且非机动车流量不大的道路。

3. 根据站台形式分类

（1）直线式公交停靠站。直线式公交停靠站是传统的公交停靠站设置形式，它将公交停靠区域直接设置在机动车道上。对于此种形式的公交站点，公交车辆停靠时占用一条机动车道，形成了交通瓶颈路段，由此将会对社会车辆的正常行驶和公交车辆的超车产生很大影响，当路段机动车饱和度较大时甚至会造成交通阻塞。

（2）港湾式公交停靠站。港湾式公交停靠站是指在公交停靠站处将道路适当拓宽，将公交车辆的停靠位置设置在正常行驶的机动车道之外，以减少公交车辆停靠时形成的交通瓶颈对社会车辆和后到先走的公交车辆超车的影响，保证路段车流的正常运行。

二、公交停靠站处基本特征分析

1. 公交停靠站处车辆运行分析

(1) 无港湾停靠起讫点处车辆运行分析。在起讫点处，无港湾式的停靠站一般需要单独占据一条车道用于停车（见图 2-7），公交车（1号车）从断面 A-A 处开始减速，进站下客后于公交车车队的队末排队等待；排队的公交车按照发车频率调头到对向车道的停靠站处（或通过绕行调头）。在停靠站处始终有一辆公交车在等待上客，当它发车后它的位置立刻被下一辆公交车接替。在该图中的非公交车（2号车）的驾驶员发现前面的公交站和排队车辆后立即开始变道进入内侧车道行驶。在公交调头区域，公交车与非公交车存在冲突点，会相互影响。

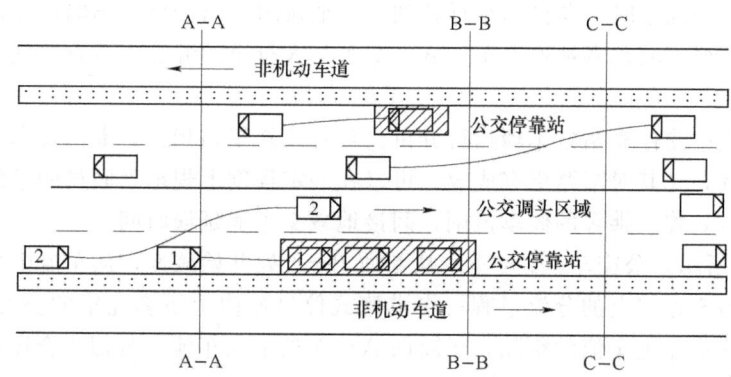

图 2-7 一般道路上公交起讫点处车流运行示意图

对于非公交车（2号车）来说，在发现前面有一个公交起讫点且有大量公交车停靠占用车道后，驾驶员就开始寻找邻近内侧车道上车流的空隙变换车道，并且将车速放慢。如果内侧车道车流较为稀疏，有足够的车头间距，外侧车道上的非公交车将很快找到车流间隙变换车道；如果车流较密，它将等待机会或者强行变道。

当没有机非分隔带时，当非机动车行驶到这一地段时，由于公交车的停靠占用了外侧车道，当车流不是很密集时，他们可以从公交车与内侧车道车辆之间的缝隙间通过，当车流非常密集时，骑车者可能停车等待或者下车推行，或到人行道上通过。

(2) 用地足够时起讫点处车辆运行分析。在起讫点处当用地足够时，一般将道路拓宽来供公交车停靠，公交车进站后停靠在拓宽道路而成的港湾中，对道路上的车辆没有影响。在道路用地紧张的区域，起讫点可能设置在路外的停车场。有的起讫点的车辆不经调头直接发车，有的车辆则要经历调头的过程，起讫点处停靠站的公交车调头和行人过街将会对道路的通行能力产生影响。

(3) 直线式中途停靠站处车辆运行分析。直线式公交停靠站处，如图 2-8 所示，在断面 A-A 处，公交车（1号车）开始减速进站，在停靠站处乘客上下车，公交车加速出站，并于断面 B-B 处与道路上的车流速度达到一致。非公交车（2号车）的运行要视情况而定。若在驾驶员发现停靠站时正有公交车在进站或者停靠在站中，非公交车就会变道；若在非公交车驾驶员发现停靠站时，停靠站内的公交车正在离站，他将会保持车速或者稍微减慢车速,继续向前行驶;若停靠站内没有公交车,则非公交车直接通过。

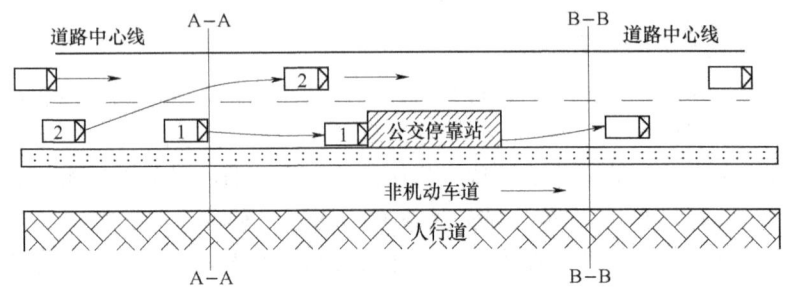

图 2-8　直线式公交中途停靠站车流运行图

当没有机非分隔带时,非机动车行驶到这一地段时,由于公交车的停靠占用了外侧车道,在大多数情况下骑车者被迫下车,从公交车与人行道的缝隙中或直接到人行道上通过这一路段。

(4) 港湾式中途停靠站处车辆运行分析。与直线式车站相比,港湾式车站可以减少对旁侧交通的干扰,尤其对窄路更有成效;可以在一定程度上规范驾驶员的进站行为,增加安全性;还可有效控制乘客的候车范围,间接地减少车辆延误时间。

如图 2-9 所示,公交车(1 号车)从断面 B-B 处开始减速,从车流中分离出来进入港湾停靠,类似于道路上的分流过程;在港湾式停靠站内上下客完毕的公交车(3 号车)加速离站,寻找道路上车流的空隙,于断面 A-A 处汇入车流,类似于合流过程。

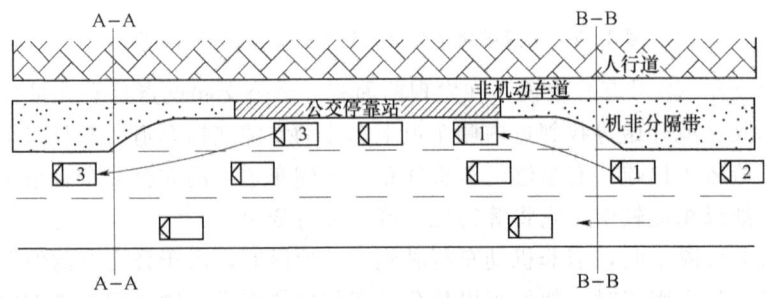

图 2-9　港湾式公交中途停靠站车流运行图

紧跟在公交车后的非公交车(2 号车)与前面分流进站的公交车和出站合流的公交车间存在冲突点,在公交车分流的过程中它将减速慢行,等公交车进入港湾后,它将以正常车速前进,若碰上出站的公交车,它将重新调整速度,待公交车汇入后跟驰行驶。行驶在内侧车道的车辆基本不受公交停靠站的影响。

当没有设置机非分隔带时,公交车后方的自行车要么猛蹬几下,在车门打开前从公交车与站台之间的夹缝中钻过去,如果晚了便会被上下车的乘客堵在里面,甚至可能撞上乘客,很不安全;要么从公交车外侧(靠近机动车道一侧)绕行,这相当于在公交车与正在行驶的机动车之间的夹缝中穿行,同样不安全。最不利的是如果公交车比较长,正从公交车外侧超车,公交车启动了,这时自行车只好停下来等公交车出站后再前行。总之,在港湾式停靠站处,公交车进站必然侵犯自行车的路权。

2. 公交停靠过程的微观分析

公交车辆在站点停靠时，公交车辆在进站的加减速过程中，在时间上因为车辆的加减速和停靠而使行程时间发生变化，在空间上因为车辆进站停靠或出站驶离要改变车道而与其他车辆发生交织。公交车辆的运行特征可以按照"过上游交叉口—以路段设计车速匀速前进—匀减速进站—站台停靠上下客—匀加速离站—以路段设计车速匀速前进—过下游交叉口"来描述，以时间尺度来衡量。公交车辆从减速进站到加速离站可以分为六个阶段，即变换车道、减速进站停靠、开车门、乘客上下车、关车门和加速离站。

（1）变换车道与减速进站阶段。变换车道是指运行在非公交站点相邻车道的公交车辆，在站点范围之内将要减速停靠时，必须变换到公交站点相邻车道的运行过程。这一阶段并不是所有公交车辆都必经的，对于那些没有到达公交站点范围之前早已经运行在站点相邻车道的公交车辆，就不一定需要经历这一阶段。在此阶段，由于公交车辆变换车道才能进站停靠，不可避免地会与其他交通流产生交织干扰。

减速进站是指公交车辆在公交站点范围之内，从正常运行速度开始减速直到进站停靠静止的运行过程。根据观测，其减速运行可以分为以下两种：一种是做匀减速运动直至停车；另一种是公交车在开始进入站点范围以后，在保证能正确停靠的前提下，先不减速，而是以在路段上的车速行驶，然后在车辆与站台较近的距离内以较大的加速度在短时间内停车。

由于变换车道是减速进站的前期准备阶段，许多情况下，公交车辆变换车道和减速运行是同时进行的，因此，变换车道与减速进站两个阶段可以合称为公交车辆进站过程。

（2）开车门、乘客上下车与关车门阶段。由于开车门、乘客上下车与关车门三个阶段都是在公交静止停靠的情况下完成的，因此可以合称为公交停靠过程。

（3）加速离站阶段。加速离站是指公交车辆在公交站点范围之内，从静止开始加速出站，直至达到正常行驶速度的运行过程。不同形式的公交停靠站点，车辆出站运行特征不同。

对于直线式公交停靠站来说，公交车出站的过程较为简单，其表现为一个公交车在上下客结束后从零速启动加速直至达到正常的跟车行驶状态的过程。

对于港湾式公交停靠站来说，由于公交车辆出站时要重新汇入相邻车道的直行交通流，使得公交出站过程较为复杂。除了要考虑公交车的加速出站过程，还要考虑与停靠站相邻车道的交通状态的影响。一般情况下认为与停靠站相邻的路段车道的直行交通流为优先交通流，停靠站的公交车出站时要让行。

三、公交停靠站点的间距布局优化

公交站点的数量与间距是公交系统一项十分重要的评价指标，是影响乘客乘车便利程度、车辆运营速度和公交运营调度计划的重要因素，优化公交站点的间距能有效提高公交系统的性能。

对于出行者，在乘用费用差别不大的情况下，一般总是选择出行时间最短、最便捷的交通工具。对于公交运营者而言，总希望既定线路的公交车辆运行时间最短，能在发车间隔不变的情况下，减少线路车辆的配置，节约投入成本，或以相同的车辆配置，可以发出更多的班次，提高公交线路服务质量，吸引更多的乘客乘坐公交出行，从而增加运营收入。

当公交站点的间距比较小时，对于公交乘客而言，一方面，减少了部分公交乘客的到站距离，缩减了其步（骑）行到（离）站时间，提高了乘客公交出行的便捷性，有利于吸引更多的乘客乘坐公交出行；另一方面，增加了公交车辆的沿途停站次数和公交车辆的站点延误，降低了公交车辆的运行速度，从而增加了公交乘客的车内运行时间，而且由于车辆更频繁地停靠，也会降低公交乘客的舒适度。对于公交拥有者而言，增加了公交车辆的运行时间，为了保证乘客出行需要，在发车间隔不变的情况下，线路要投入更多的车辆，增加了运营成本；或在投入车辆不变的情况下，减少发车间隔，会造成车辆拥挤，服务质量下降，从而降低公交的吸引力，失去部分乘客。

无论公交站距减少还是增加都有其正面的效益和负面的影响，公交站点间距的优化目标主要有以下几点：

（1）以乘客的观点而言，希望所设计的站距能够使乘客的总出行时间最短。

（2）以运营者的观点而言，希望所设计的站距能够在不降低对乘客吸引力的情况下，使其运营成本最低，利润最大化。

（3）以乘客和运营者的共同观点而言，希望所设计的站距能够使系统总成本最低。所谓的公交线路总成本包括乘客总出行时间成本及运营者的营运成本。

（4）配合其他方面的要求。如城市发展、土地利用、区域特征及交通发展政策等。

从乘客出行时间来说，较长的车站间距可提高公交车的平均运营速率，减少乘客因停车造成的不适，但乘客从出行起点（终点）到上（下）站的步行距离增大；站间距缩短则反之。最优站间距目标是使所有乘客的"门到门"出行时间最短（见图 2-10）。

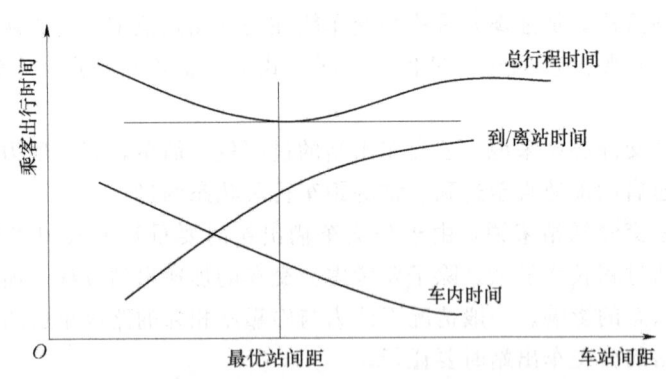

图 2-10 乘客出行时间与站距的基本关系图

公交线路总成本可以分为公交运营成本和乘客总出行时间成本两个部分，公交最优站距应使公交线路总成本最小，但同时应考虑公交乘客步行最大容忍距离和公交间距的最小限制值。总成本最小模型保证了公交线路的系统总成本最小，但并不能使公交乘客的利益得到很好的保证。若按照系统总成本最小模型求得的最佳站距较大，使得乘客到离站步行距离过长；或求得的站距过小，车辆配备限制使发车间隔过大，使得乘客等车时间过长，均会导致乘客的公交出行不便，可能使得乘客转向选择其他交通出行方式。

四、公交停靠站的选址优化

1. 交叉口进、出口道停靠站交通影响分析

（1）公交车辆自身实际停靠延误比较。公交车辆在交叉口进口道停靠时，可以利用红灯上下客，减少了停靠延误时间，但是由于公交车辆也会受到进口道排队车辆的影响不能正常进入公交站点停靠，以及在绿灯末到达的公交车辆会因为停靠而不能在本周期内通过交叉口，都会增加公交车辆的停靠延误。因此，受信号控制的影响，进口道站点的车辆实际停靠延误，是大于或等于公交在站延误时间的；而公交车在出口道站点停靠时不受信号控制的影响，公交车辆的实际停靠延误就等于公交在站延误时间。

（2）公交停靠对交叉口通行能力的影响比较。对于进口道直线式公交停靠站，当公交站点设置在进口道最大排队长度之后时，公交停靠对交叉口进口道的通行能力折减最少，一旦公交停靠站距离进口道过近，则会对交叉口通行能力产生很大的影响。公交停靠站设置在出口道对交叉口通行能力的影响不大。

（3）公交停靠对交通流的干扰比较。对于设置在进口道的公交停靠站，尤其是直线式停靠站，公交车辆进出站时，将与右转交通流产生冲突，公交停靠时，对右转交通的延误影响最大。对于设置在出口道的公交停靠站，由于大多是城市信号交叉口，目标出口道对向进口道的直行车流与左侧进口道的右转车流不会同时通行，因此，公交停靠对右转交通流的冲突和干扰很小。

进口道站点公交车辆停靠对交通流的干扰和延误还随着左转公交车辆比例的增加而加大。左转公交车辆进站时必须变换到最外侧进口道，而出站时又必须变换到最内侧的左转进口道，使得在进口道交通流量较大或左转公交车辆停靠次数较多时，左转公交车辆与右转和直行车辆之间的干扰和冲突相当严重。对于设置在出口道的公交停靠站，能在很大程度上避免出现这种问题。

（4）公交站点对行人及车流的运行安全比较。对于行人，公交站点设置在交叉口进口道时，行人从停靠公交车辆的前部穿越交叉口，过街时视距容易受到停靠车辆的阻挡，安全性没有很好的保障；而出口道公交站点，行人从停靠公交车辆的后部穿越交叉口，视距不受阻碍，能很好地保证行人过街的安全性。对于运行车辆，公交站点设置在交叉口进口道时，车辆停靠容易阻碍进口道行驶车辆的视距，致使进口道车辆看不到信号控制显示和交叉口突发情况，存在安全隐患；而出口道公交站点能最小化交叉口视距问题。

对交叉口进、出口道公交站点的设站进行比较，可以看出，无论在公交自身停靠延误、对交叉口影响还是交通安全方面，出口道公交站点均优于进口道公交站点。但也并不能说站点就是设置在出口道好，因为除此之外，公交站点的选取还与交叉口客流集散点分布、交叉口信号配时、公交线路设置、交叉口及周围用地条件等因素有关。

2. 路段及交叉口公交停靠站设置对比分析

在保证公交线路站点平均站距最优的基础上，具体某一个公交站点的定位还是有较大弹性的。交叉口出口道车站适用于公交车辆左转和右转交通量大的单行道交叉口；路段（街区）中间车站适用于路段中央有公交客源点和交叉口附近缺乏布设车站的空间位置；交叉口进口道车站适用于路边允许车辆停靠、公交车辆右转以及优先考虑换乘方便的单行

道交叉口。这三种位置车站的优缺点比较如表 2-5 所示。

表 2-5　三种位置车站的优缺点比较

位置	优　点	缺　点
交叉口出口道	◇ 右转车辆与公交车之间冲突最小 ◇ 社会车辆使用路缘车道，增加了右转通行能力 ◇ 最大限度地改进了交叉口进口道的视距问题 ◇ 鼓励行人穿越公交车后的交叉口横道线（视车站距交叉口距离而定） ◇ 交叉口可用来作为公交车的加速行驶段，缩短了公交车加速距离 ◇ 公交车能利用信号交叉口的交通流间隔 ◇ 公交车信号优先易于实施，因为公交车在停车之前可穿越交叉口	◇ 设置路侧公交车站时，可能导致机动车交通排队至交叉口 ◇ 导致交叉口通行车辆视距模糊 ◇ 加剧行人穿越交叉口的视距问题 ◇ 公交车停得太远，妨碍公交车运行和其他机动车交通 ◇ 后车司机没有预料到红灯之后经过交叉口的公交车还会靠站停车，增加追尾事故
交叉口进口道	◇ 交叉口出口交通量大时，对机动车交通影响最小 ◇ 公交车上车乘客可使用临近的人行横道线 ◇ 公交车驶离路缘可获得额外的车道宽度 ◇ 消除了二次停车的可能性 ◇ 红灯期间，允许乘客上下车 ◇ 允许司机观察交通运行，包括携带可能乘客的其他公交车	◇ 增加公交车与右转车冲突 ◇ 公交车停站导致路边交通控制设施和过街行人不易被察觉 ◇ 导致邻侧机动车视距模糊 ◇ 加剧了过街行人的视距问题 ◇ 公交优先信号复杂，减少了公交优先的效用，若公交车站位于路侧停车道或右转车道时，需要特别的插队信号
路段	◇ 车辆和行人的视距问题最小 ◇ 车站等候上车乘客的步行交通拥挤程度减轻	◇ 没有停车限制时，需要增加距离 ◇ 鼓励乘客过街（乱穿马路） ◇ 增加过街距离（需绕至交叉口过街）

交叉口是各个方向人流汇聚和分散最为便捷的地方，公交停靠站越靠近交叉口，越方便乘客乘坐和换乘。如将其设置在路段上，乘客的换乘距离就会增加，将影响公交的吸引力，停靠站应尽量设置在交叉口附近。

若从交通安全性、对交通流影响程度上考虑公交停靠站的位置，设置在交叉口出口道的公交停靠站显然优于设置在交叉口进口道的公交停靠站，特别是对交通流的影响，出口道的要比进口道的小得多。

3. 公交停靠站的选址优化

公交停靠站可设在路段上，也可设在交叉口附近，站点位置的选取既要以公交和其他车辆在交叉口的延误最小为目标，又要充分考虑公交乘客乘车的便捷性。合理设置公交站点，需要对客流的流向、流量进行调查和分析，在线路确定后，根据宏观布局的站间距限制等情况来确定公交中途站点的设置。

路段上的客流发生、吸引点往往不止一个，不可能仅把公交站点设置在某个客流源的附近，而是要选择合适的位置，使得公交站点覆盖范围内公交乘客总的步行时间最少。

交叉口附近公交停靠站选址一般原则如下：

(1) 港湾式公交停靠站，在道路及用地条件允许的情况下，应该设置在交叉口下游。

(2) 直线式公交停靠站，在上下游交通负荷水平差别不大，且均满足设站的情况下，应该设置在交叉口下游。

（3）若公交车流量较大，公交停靠站应优先考虑设置在进口道附近，以避免公交车在出口道停靠时，其他后续车流容易产生排队堵塞交叉口的现象。

（4）如果交叉口主要客流集散点集中在交叉口的某一区域，为方便乘客和减少交叉口行人过街，公交站点应该设置于与此区域相邻的交叉口出入口。

（5）对于公交线路很多的交叉口，如果一个公交站点不能满足公交停靠需求，可以考虑在上游和下游分设公交站点，但不宜将左转公交线路设置于上游站点。

（6）在交叉口附近公交停靠站应设置在离交叉口50m以外处；对于新建、改建交叉口，公交停靠站应设置在平坡或者坡度不大于1.5%的坡道上，当地形条件受限制时，坡度最大不得超过2%。

五、公交停靠站的选型优化

1. 直线式停靠站与港湾式停靠站选型分析

公交车辆在直线式站点停靠时，需要占用部分车行道，将减低交通流速度，而公交车在港湾式站点停靠时，对车行道的占用相对较少。两种形式站点处的公交停靠，对道路交通流产生的影响不同。直线式和港湾式公交停靠站的优缺点比较如表2-6所示。

表2-6 直线式和港湾式公交停靠站的优缺点比较

形式	优点	缺点
直线式	◇ 公交车辆进出站点容易，能减少公交车辆的站点延误 ◇ 设计简单，建造费用较低，容易改选	◇ 停靠占用一条车道，形成道路瓶颈，降低路段通行能力，高峰期间容易造成交通堵塞 ◇ 公交停靠时，尾随车辆必须减速行驶和变换车道，司机容易采取不安全操作，存在安全隐患
港湾式	◇ 乘客上下可在道路之外完成，很大程度上减少了交通运行延误 ◇ 为公交停靠和乘客上下提供了一个安全场所，很大程度上避免了直线式停靠站的不安全因素 ◇ 最大限度地减少了直行交通的延误	◇ 公交进出站不便，尤其是在道路交通流量大时，公交出站困难，增大了公交车辆的站点延误 ◇ 相比直线式停靠站，占用空间资源大，建设费用高 ◇ 不宜改造

直线式公交停靠站与港湾式公交停靠站选型影响因素如下：

（1）公交停靠次数。在相同的交通负荷和公交停靠水平下，直线式公交停靠站对路段交通流的影响总体大于港湾式公交停靠站，这种影响随着道路交通负荷和公交停靠次数的增大而增大。道路交通流量越大，需要停靠的公交车辆越多，设置港湾式公交停靠站比设置直线式公交停靠站越有益。

（2）平均公交停靠时间。对于港湾式公交停靠站，由于公交车辆在路外停靠，公交停靠时间对交通流运行并没有影响，公交停靠时间仅仅对直线式公交停靠站所在路段的交通流产生影响。直线式公交停靠站所在路段交通流速度随着公交停靠时间的增加而下降，通路交通负荷越大，公交停靠时间对路段交通流速度的影响越大。道路交通流量越大，公交平均停靠时间越长，越不宜设置直线式公交停靠站。

（3）不同车道数。对于港湾式公交停靠站，无论车道数情况如何，公交停靠对交通流运行的影响并没有变化。而对于直线式公交停靠站而言，随路段车道数的变化，公交停靠对交通流运行的影响是不同的，车道数越小，公交停靠对交通流的影响程度越大。车道数越少、通行能力越小的路段，越不宜设置直线式公交停靠站。

公交站点的选型涉及公交车辆对交通流的影响、公交停靠延误、交通安全等众多因素，需要通过不同类型公交站点各因素之间的综合比较分析，选择合适的公交站点形式。我国城市普遍采用路边设站的方式，公共交通车辆停站时要占用车道，在交通量小的道路上，路边设站不致影响道路通行能力。在快速路和主干路上，机动车流量大，公共交通车站占用车道，使道路通行能力受到损失，因此宜采用港湾式站点形式。

2. 路段公交停靠站的选型设置实例

（1）机非分隔带宽度足够，满足沿机非分隔带设置港湾式公交停靠站，可以完全沿机非分隔带设置港湾式停靠站，如图 2-11 所示。为了保证公交车辆的最小停车宽度和乘客合理的站台候车空间，停靠站的港湾宽度至少不能小于 3m，站台宽度至少不能小于 1m，即要满足设置港湾式公交停靠站，机非分隔带宽度一般至少要保证大于 4m。

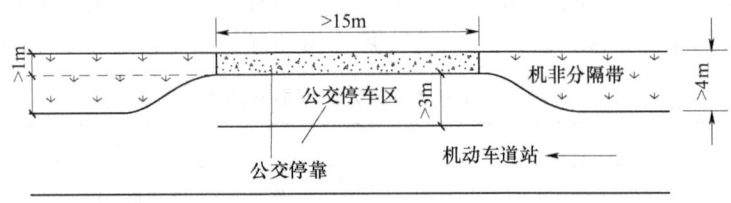

图 2-11　利用机非分隔带设置的港湾式公交停靠站 1

（2）机非分隔带宽度小于 4m，或仅用画线、隔离栏进行机非隔离，不满足利用机非分隔带设置港湾式公交停靠站，可以压缩人行道、非机动车道、机动车道和中央分隔带设站。

若非机动车道较宽时，可以考虑压缩利用非机动车道，沿机非分隔带设置港湾式公交停靠站，如图 2-12 所示。但要保证非机动车道压缩以后不能造成非机动车交通负荷大于 0.9，以免非机动车造成较大的延误和阻塞。

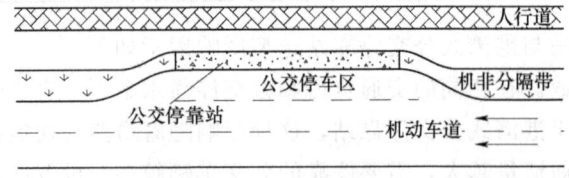

图 2-12　利用机非分隔带设置的港湾式公交停靠站 2

对于非机动车流量比较大的路段，不宜压缩非机动车道，而在人行道较宽，行人流量不大的情况下，可考虑压缩人行道，沿机非分隔带设置港湾式公交停靠站，如图 2-13 所示。

若道路外侧用地不允许将人行道和非机动车道进行弯曲，或改造机非分隔带比较困难，而机动车道又较宽时，可以将公交停靠站处的机动车道内侧进行适当弯曲，在满足机

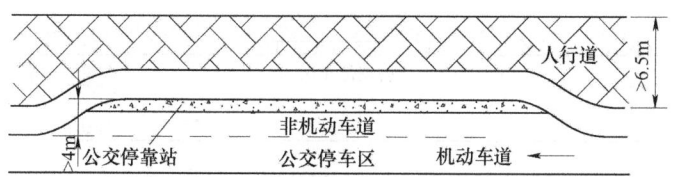

图 2-13 利用机非分隔带设置的港湾式公交停靠站 3

动车辆行驶的要求下，适当压缩机动车道的宽度，沿机非分隔带设置半港湾式的公交停靠站，要求机动车道压缩以后宽度一般不得小于3m，如图2-14所示。

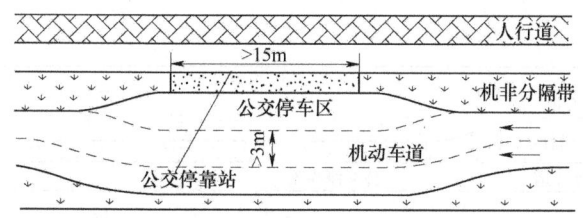

图 2-14 利用机非分隔带设置的港湾式公交停靠站 4

对于四幅路，如果机非分隔带加中央分隔带的宽度大于4m，可以利用挤压中央分隔带的方法，设置港湾式公交停靠站，如图2-15所示。

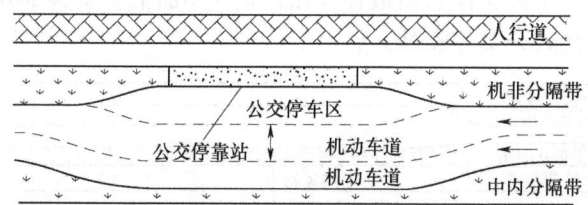

图 2-15 利用机非分隔带设置的港湾式公交停靠站 5

(3) 机非分隔带很窄，不满足设站，且由于各种条件不能压缩非机动车道、人行道、机动车道或中央分隔带，或者改造比较困难，成本很高。若机非分隔带大于1m，且按照站点高峰小时客流量，宽度满足设站要求，可沿机非分隔带设置直线式公交停靠站，如图2-16所示。若机非分隔带不足1m，或虽然大于1m，但按照高峰小时的公交客流需求，不满足设站要求，可以参照上述机非分隔带宽度不足时推荐的港湾式设站方法，在综合评价比较的基础上，压缩非机动车道、人行道、机动车道或中央分隔带进行设站。

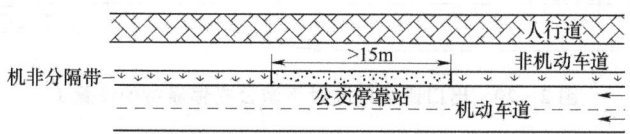

图 2-16 利用机非分隔带设置的直线式公交停靠站

(4) 根据沿人行道设置停靠站的条件进行判断，若满足人行道设站，则沿人行道设置直线式停靠站，如图2-17所示。在人行道较宽，人流量不大的情况下，为了避免公交停靠时与非机动车流的干扰，宜组织非机动车在公交站点所在路段上人行道行驶。

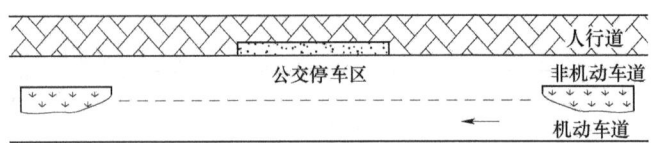

图 2-17 利用人行道设置的直线式公交停靠站

3. 交叉口公交停靠站的设置方式

(1) 对于压缩机非分隔带向右侧拓宽进口道时，港湾式公交停靠站的设置应该与拓宽车道进行一体化的渠化设计，如图 2-18 所示。公交停靠站距离交叉口的距离应该满足最佳设站距离 L_D。

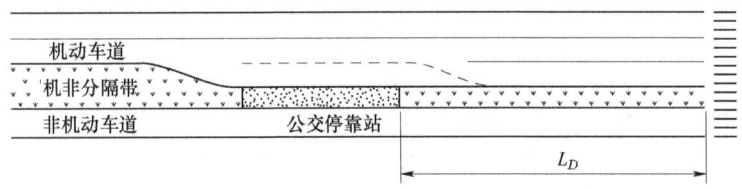

图 2-18 向右侧扩宽进口道时上游公交停靠站的设置

(2) 对于压缩中央分隔带向左扩宽进口道时，可如图 2-19 所示设置公交停靠站，扩展进口道的长度应该等于公交停靠站最佳设站距离 L_D 加上公交停靠站的长度。此时，相当于设置了虚拟的港湾式公交停靠站。

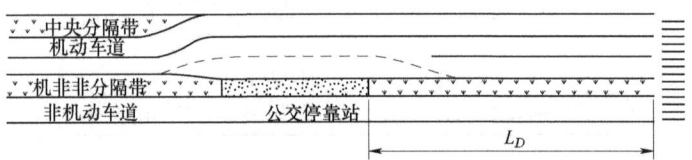

图 2-19 向左侧扩宽进口道时上游公交停靠站的设置

(3) 对于压缩出口道，向左侧扩宽进口道时，如果出口道能设置为港湾式公交停靠站，公交停靠站的设置应该与扩宽车道进行一体化的渠化设计，如图 2-20 所示。公交停靠站应该设置在车道变线拐点以后。

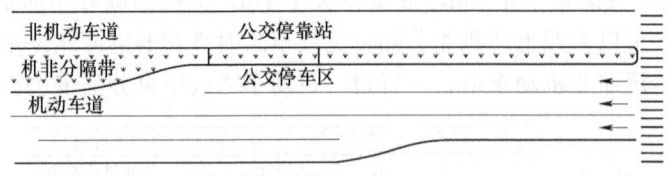

图 2-20 出口道被压缩时下游公交停靠站的设置 1

(4) 对于压缩出口道，向左侧扩宽进口道时，如果出口道因条件所限不能设置为港湾式公交停靠站，公交停靠站的设置如图 2-21 所示。公交停靠站应该设置在车道变线拐点以后，对出口道来说，相当于设置了虚拟的港湾式公交停靠站。

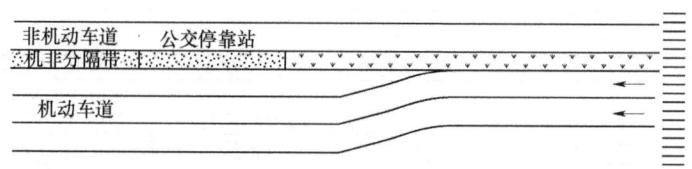

图 2-21 出口道被压缩时下游公交停靠站的设置 2

六、公交站点微观优化设计

1. 公交停靠站的站位数优化设计

(1) 站位数计算方法。对于多站位的公交站点而言，由于以下三个主要原因会造成公交站点每个站位的实际使用效率下降：①由于运营时间的安排，使得公交车辆不可能均匀地到达各个站位；②站位较多、站长较大时，乘客不可能均匀地分布在每个车站；③相邻站位的车辆可能相互干扰，延误进、出车站的时间。

不同站位数公交站点的利用效率可参考表 2-7。

表 2-7 站点泊位有效利用率

泊 位 数	直线式公交停靠站		港湾式公交停靠站	
	车道使用率（%）	等效泊位数	车道使用率（%）	等效泊位数
1	100	1.00	100	1.00
2	85	1.85	85	1.85
3	60	2.45	75	2.60
4	20	2.65	65	3.25
5	5	2.70	50	3.75

站位越多，公交站点的利用效率越低，且站点利用效率下降越快。因此，对站点站位进行实际设置时，应首先计算出站点需要的等效泊位数，即可得到实际应该设置的站位。

(2) 辅站的设计。为了保证公交站点的使用效率，站点的站位不宜过多，应该有上限约束。对于停靠公交线路过多的站点，还可以通过设置辅站的方法，对主站点的公交线路进行分流，以减少主站的停靠站位，从而提高整个站点的利用效率。

辅站的设置方法主要有并联式和串联式两种，分别如图 2-22 和图 2-23 所示。

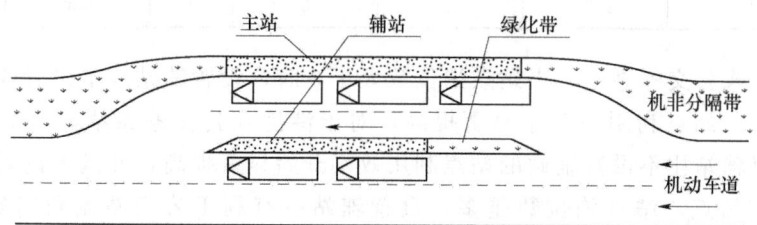

图 2-22 并联式辅站设置示意图

对于并联式辅站设置方法，辅站设置在主站的内侧，沿外侧车道进行布置，为了较小地影响其他直行车流和主站进口道，一般只设 1~2 个公交泊位。在辅站后设置有一定长

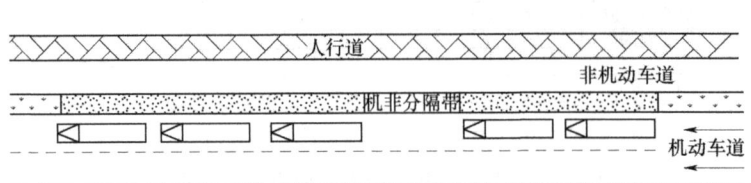

图 2-23 串联式辅站设置示意图

度的绿化带，可起到一定缓冲作用，它可为进辅站停靠的公交车提供等候空间，保证主站的入口不致被堵塞。主站设为港湾式停靠站，多数公交线路在主站停靠，所以主站根据需要可设多个停靠泊位，但最大不宜超过 5 个。

并联式辅站对用地条件要求较高，一般在城市用地紧张的中心城区很难实现。此时，可以考虑串联式方法进行设置。同样多数线路在主站停靠，但主站的泊位数最大不宜超过 3 个，辅站泊位数最大不宜超过 2 个。根据用地条件，主站和辅站也可以均设为港湾式停靠站，此时主站泊位最大不宜超过 5 个，辅站泊位最大不宜超过 3 个。主站与辅站之间的距离一般在 30~50m。

对于以上两种站点站位设置方法，站点的有效泊位可以按照下列公式进行计算：

$$N_e = (N_{e1} + N_{e2})\varepsilon$$

式中　N_{e1}、N_{e2}——分别为主站、辅站的有效泊位；

　　　ε——主站与辅站之间的相互干扰系数，可取 0.9。

为了说明设置辅站对多站位站点利用效率提高的有效性，可计算比较设置辅站与不设置辅站的有效站位数，如表 2-8 所示。

表 2-8　辅站设置前后站点有效站位数的比较

实际需要站位数	未设置辅站的有效站位数		设置辅站后站位数的布设		设置辅站的有效站位数		
	直线式	港湾式	主站	辅站	并联式	串联式且站点均为直线式	串联式且站点均为港湾式
3	2.45	2.6	2	1	2.57	2.57	2.57
4	2.65	3.25	3	1	3.25	3.11	3.25
5	2.70	3.75	3	2	4	3.87	4

对于直线式公交停靠站，当站点泊位数大于 3 时，设置辅站较不设置辅站的单一站点，同样泊位的站点利用率开始显著提高；对于港湾式公交停靠站，当站点泊位数大于 5 时，设置辅站比不设置辅站的站点利用效率开始显著提高，并且无论对于直线式还是港湾式公交站点，站点泊位数越多，设置辅站越有利于公交站点利用效率的提高。因此，当直线式公交站点的需要泊位数大于 3 个，港湾式公交站点的需要泊位数大于 5 个时，应该设置辅站以提高站点的通行能力。由于并联式设置辅站有利于减少不同线路之间乘客的换乘距离。因此，在道路用地条件许可的条件下应该尽量用并联方式设置辅站。

2. 公交站点区域容量优化设计

（1）直线式站点区域长度设计。公交车辆停靠过程包括减速进站、停车等待、加速前进三个阶段，直线式公交站点区域 L 一般均由公交车加速离站距离 L_{out}、减速进站距离 L_{in} 和公交站台长 L_s 三部分组成，如图 2-24 所示。

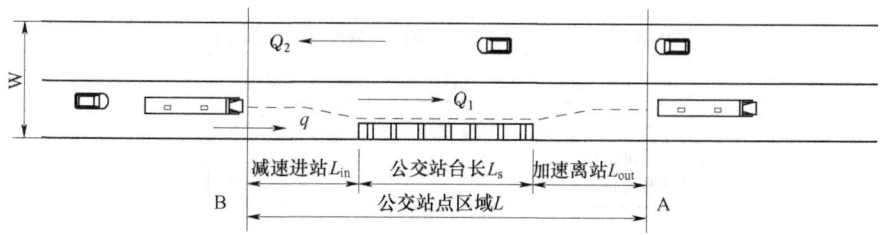

图 2-24 直线式公交站点的站点区域组成示意图

当交通量很大时，正在站台提供上下客的公交车前方，可能仍有车辆滞留在站内等待出站，而在车辆后方，可能出现车辆等待进站。在设计站点区域长度时，要考虑到有多辆公交车停靠的情况，满足公交车站内排队、等待进出站以及进出站的预留空间。

普通汽车设计车辆长度为 12m，铰接车长度为 18m，车辆间的安全距离为 3m。按照一半车身停靠在站尾上下客，同时站台前端可空出半个车长的空间供前面等候出站，因此，在公交车流量不高的直线式站点上，前端的加速段长度可取 7.5m。站台后端同样不受停车区影响时，车辆可以直接进站，不需要变换车道，此时，车辆间的安全距离可以减少为 2m，且后面没有路内停车区，因此不需要预留一个安全空间，这样站点减速段的距离可取为 14m。其对应尺寸如图 2-25 所示。

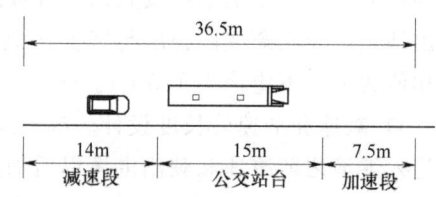

图 2-25 不受路内停车区影响的直线式站点尺寸示意图

对于受路内停车区影响的直线式站点，其站点区域设计主要考虑以下几点：

1) 一般在设计中，站台前后端各提供一辆公交车等待进出站长度。站台前后端外过长的空间可能引起站点拥挤，导致乘客在站外上下客，造成空间浪费。

2) 如果使用中发现后端仅提供一辆公交车等待进站的空间不够，此时，需要重新增加站位、扩长站台长度。

3) 站点前端预留空间可视为站点加速段，其长度为一个设计车长加上与站台公交车之间的一个车辆间安全距离。设计中，站内公交车辆之间的安全距离通常取为 3m，因此，对于标准 12m 长的公交车辆，站台前端加速段长度设计为 15m。

4) 站台后端的减速段长度，要根据情况比前端适当放宽。对于处在减速段等待的车辆，可能出现其前后各有一辆车辆的情况，故需要加上两个车辆间安全距离。因此，对于标准 12m 长的公交车辆，站台后端减速段长度设计为 18m。

5) 当站台每增加一个标准 12m 长的公交车站位时，站点区域长度要同时增加 15m；

若每增加一个 18m 长的铰接车站位时，站点区域长度要同时增加 21m。

（2）公交港湾式停靠站的长度设计。对于港湾式公交停靠站，站点区域应包括车辆驶入和驶出渐变段、车辆进入减速和驶出加速段以及停靠区域，对部分港湾式公交停靠站可不设进入减速段和驶出加速度。在设计中，各区段长度及对应速度情况如图 2-26 所示。

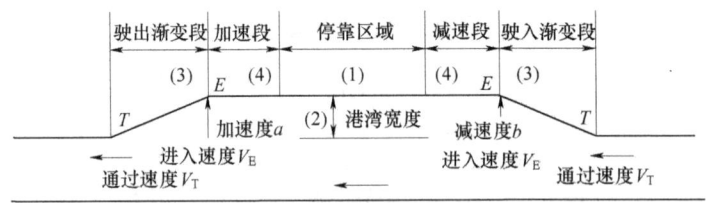

图 2-26　公交干线港湾式站点区域组成示意图

1) 停靠区域长度设计。公交停靠区域长度按照每个站位 15m 的长度设计。

2) 港湾宽度设计。当路段交通流速度在 50km/h 以内时，站点港湾的合适宽度应该取 3.5m，在道路和用地条件受限时，宽度可以适当减少，但下限不应该小于 3m。

3) 驶入、驶出渐变段长度设计。驶入和驶出渐变段的长度应该根据不同等级道路公交运行速度的不同而有所变化。在道路和用地条件受限的情况下，渐变段长度可以适当小于推荐值，但对于次干道及其以上等级的道路，为了保证公交车辆能安全、顺畅地进入和驶出站点，驶入渐变段长度与宽度比值的下限不应该小于 5∶1，驶出渐变段的长度与宽度比值的下限不应该小于 3∶1。

4) 减速和加速段长度设计。港湾式公交停靠站不设加减速段，使得公交车辆不得不在进入港湾之前减速和驶出港湾以后加速，减速和加速过程在道路上完成必然会对其他直行交通流造成干扰。如果在站点内部设置公交加速段，使公交车辆驶出港湾时的速度接近直行交通流的运行速度，公交将更容易重新汇入道路直行交通流，能很大程度上减少公交车辆的出站延误。因此，在道路条件允许时，推荐设置站点加减速段。

5) 加减速段和渐变段长度。加减速段长度的取值与不同等级道路公交路段运行速度有关，不同公交路段运行速度对应的加减速段长度推荐值如表 2-9 所示。

表 2-9　公交干线港湾式站点渐变段与加减速段推荐值

公交路段通过速度 (km/h)	公交车辆进入速度 (km/h)	加速段长度推荐值 (m)	减速段长度推荐值 (m)	渐变段长度推荐值 (m)
30	20	15	10	13
40	25	24	16	25
45	30	35	23	29
50	35	47	31	33
55	40	62	41	37
60	45	78	52	41
65	50	96	64	44
70	55	117	78	48
75	60	139	93	52

3. 管理措施优化设计

（1）公交车辆进站停车管理。当公交车辆同时进入停靠站进行上下客时，进出站点的车辆之间相互干扰，延长了公交车辆进出停靠站的时间。

公交车辆进站停车管理一般方法是：设置合理的停靠站长度，划定停车位使公交车辆在停车位上停放；公交车辆进站停车时必须驶入停车位停靠，在没有线路停靠限制的情况下，应该先进入停靠站的公交车辆停靠在前方停车位。

在道路资源比较丰富的地区可采用建立辅站或拉疏站点的方法。设立辅站是指在停靠线路较多的情况下，可在离主站约 30m 处设立辅站，将发车频率较低或停靠时间较短的公交线路安排在辅站上，以减少进站公交车较多时主站发生阻塞的可能性，停靠线路太多时，也可以设立前后两个辅站。拉疏站点分为纵向拉疏与横向拉疏两种，纵向拉疏把较集中的线路布置到沿线辅站；横向拉疏使一部分利用非机动车道停靠，另一部分利用机非分隔带作停靠站站台，即建立多个平行的停靠站台。

（2）站牌布设管理。公交站牌是公交站点的标志物，它提供公交信息以及有效引导乘客上下车。站牌布设管理是要做好站牌位置与不同等级线路之间的匹配，可根据线路等级设置独立站牌，划定相应等级线路的独立停车位置。做好不同线路之间占用停车位的统筹工作，使不同发车频率的车辆相互补充，充分利用站点停靠能力。

若站牌布设不当，易造成乘客上下车混乱，增加车辆停站延误时间。因此，应采取合理的站牌布设方式，一般有以下三种（见图 2-27）。

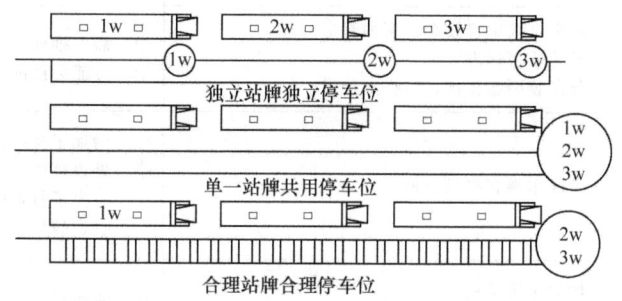

图 2-27　站牌布设方式示意图

1）独立站牌独立停车位，指每一公交线路设立一站牌，独立使用一个停车位。这种布设方式所需站位长度最长，往往造成停车位闲置，浪费道路或土地空间，乘客乘车不便，其特点为发生公交车辆排队的机会较少。

2）单一站牌共用停车位，指所有线路均使用同一站牌，依公交车辆到站后使用不同停车位。这种布设方式是在站点上仅设一站牌于站位前端，停车位则有数个，公交车到站时一律往前端停靠。这种布设方式最省空间，所需的站位长度最短，但缺点是乘客排队上车不便。

3）合理站牌合理停车位。依照公交车辆到站间隔分布及服务时间分布，决定站牌数与停车位数。凡是到站间距短，服务时间长的线路，给予一个独立站牌与停车位。这种布设方式，可节省道路面积，以供其他车辆停靠。

在同一地点有不同路线的车辆设站时，宜设置并线站。但须注意站点的通行能力要与各条公交线路的发车间隔相适应,否则将会产生交通堵塞,营运车速降低,效率下降。在道路上设置并线时,若为交叉口进口道站点,不同等级线路的停车位置应按照以下规律来安排(设置成交叉口出口道站点时,①~③条应相反设置):

①发车频率高的线路在前,发车频率低的线路在后;
②上下乘客多的线路在前,上下乘客少的线路在后;
③大型车的线路在前,小型车的线路在后;
④无轨电车线路在前,公共汽车线路在后。

4. 站点附属设施优化设计

站点附属设施主要包括防雨和防晒设施、休息设施、行车时刻表、电话装置、道路信息标志等。站点附属设施优化设计最终目的是提高乘客舒适度。

满足舒适性的站点附属设施包括车站上的雨篷、长凳、自动售货机、垃圾回收箱、照明、电话亭、艺术墙以及风景画。表2-10中归纳总结了各种舒适性设施的一些优点和缺点。

表2-10 满足乘客舒适度的站点附属设施优缺点

舒适性设施	优 点	缺 点
站台雨篷	◇ 使乘客候车更舒适 ◇ 保护乘客免受恶劣气候(如烈日、大风、暴雨、下雪) ◇ 作为站台标志	◇ 需要经常维修以及设置垃圾回收箱 ◇ 可能会被乱涂乱画
长凳	◇ 乘客可以坐着候车,更加舒适 ◇ 成为站台标志 ◇ 与安装雨篷相比,价格更便宜	◇ 需要维修 ◇ 可能会被乱涂乱画
自动售货机	◇ 为候车乘客提供方便	◇ 增加了垃圾的堆积 ◇ 外表可能会很破旧 ◇ 减少了行走的空间 ◇ 会遭破坏
照明	◇ 增加了可见度 ◇ 感觉更舒适、安全 ◇ 便于使用车站设置	◇ 需要维修 ◇ 价格昂贵
垃圾回收箱	◇ 方便丢放垃圾 ◇ 保持车站环境整洁	◇ 维修可能需要较高费用 ◇ 可能会被附近的居民使用 ◇ 可能会产生难闻的气味 ◇ 可能会由于安全原因而被挪动
电话	◇ 方便乘客 ◇ 作为提供车站信息和紧急服务的渠道	◇ 一些人可能会用它来消磨时间 ◇ 可能会产生非法活动

公交站点主要附属设施设计要点如下。

(1) 候车廊。候车廊的设置不可妨碍行人通行,其基本单元尺寸为15m长、5m宽及2.5m高。廊边应设置明显的站牌标志和发车显示装置,在可能的情况下考虑提供公交车到达的实时时间。候车廊内夜间应有灯光照明。候车廊要有挡风避雨和遮阳的功能,提供有吸引力的造型和色彩，形成城市特色景观。候车区内要提供好的排水设施，特别是在乘客上下客处加强地面的防滑处理，保障乘客安全。

（2）雨篷。雨篷主要是设在公交车站或交通中转站，大多数不封闭，用于保护行人免受风吹雨打和烈日暴晒。雨篷的设计受到当地的气候和满意舒适标准的影响，如寒冷多风的气候，雨篷可能就需建造墙壁使其封闭些；如温暖柔和的气候，它们可能只需一小部分墙壁作为挡风之用。雨篷具体长度根据站台长度确定，要沿着道路边缘平行设置，不能阻碍乘客上下客和行人活动，要确保公交车驾驶员能够看到等车的乘客。

（3）座位。在站台候车时，座位提供给乘客一个舒适的等车环境。对于老年人来说，当公交到站延误造成乘客候车时间剧增时，座位就显得尤为重要。当设计座位和决定满意的座位数目时，不要使用紧挨的座位，因为在拥挤的空间中紧挨着坐，或者座位可能被邻座占去一部分，都会使乘客不舒服，减少座位的利用率。座位的设计要和现有的树荫、遮雨篷相协调，避免完全暴露在路上，要远离车行道设置；为保证行人安全，座位和路边的距离至少为 1.75~2m，使其不妨碍行人的通行同时要便于打扫。

（4）为残障人提供便利设施。需要为残障人提供连续的没有阻碍物的水平通道。这个通道应该最小 1.5m 宽、长 2m，在受限制的地方最小允许的通道宽度应该为 1m。为方便残障人上下车，需要在公交车进出口处设置长 2.4m、宽 1.5m 的登陆台。

（5）自行车停放区。有自行车停放需求而且空间允许的公交站点可以配备自行车停放区。自行车搁置架是一种简单且相对便宜的办法，在一个相对狭小的空间里可容纳大量的自行车，但是自行车很易遭到破坏或偷窃。闭合的自行车锁可以保护自行车免遭盗窃，但是价格高且需要更多的空间。根据公交车站的不同，自行车停放所需的空间也有很大变化，一般可根据对设施供应能力的观察和测试来做最好的评估。

（6）其他设施。通过植栽和设置休息设施将等待空间与人行道的行人空间作适当的分隔。在公交站点区域采用不同的铺面材质或颜色，让行人和非机动车使用者能够注意到此区域的不同。种植绿荫效果好的大型树木，以减少日照及下雨的影响；种植观赏性的植物，树高、位置应配合人行道作适当的变化，或种植不同的树种。

第六节　公交专用道设置

一、公交专用道系统构成

公交专用道是指在城市道路路段上通过特定的交通标志、标线或隔离设施等手段，限定路段上的某一条或几条行车道（或整条道路）只允许公共汽车以及部分特殊车辆在规定时段内使用，而其他车辆禁止通行，以此提供给公交车辆的道路优先通行权。当一条路段所有车道均为公交专用时，该路段就成为公交专用路。

公交专用道不仅为公共汽车提供一条专用的车道，还包含了保障公交专用道预期目标实现的车站、调度、控制等系统及集成。公交专用道系统的基本构成如图 2-28 所示。

公交专用道有多种类型和划分方法。一般可以根据车道位置、行驶方向、行驶时间、专用程度等因素予以分类，对各类公交专用道的定义如表 2-11 所示。

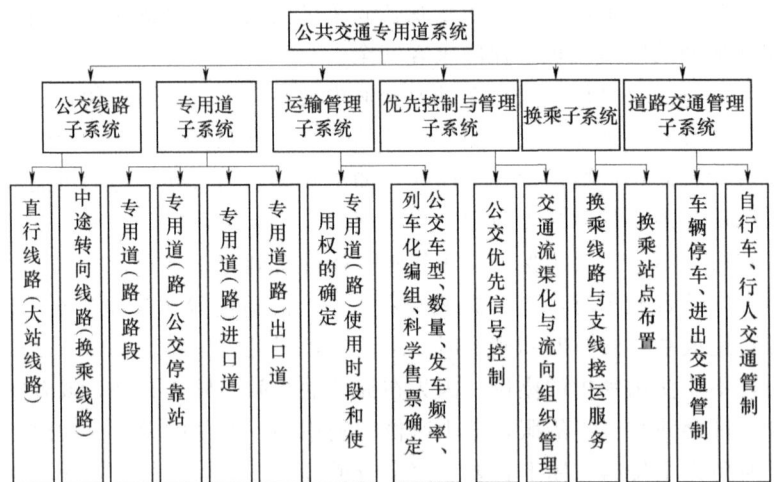

图 2-28 公交专用道系统构成示意图

表 2-11 各类公交专用道的定义

分类	公交专用道类型	定义
车道位置	路缘式公交专用道	公交车行驶于车道最外侧,利用人行道上下客
	中间式公交专用道	公交车行驶于道路单向的中间车道
	中央式公交专用道	公交车行驶于道路中央,利用中央分隔带设置公交停靠站
	公交专用路	通常设置于市中心区的街道上,禁止其他车辆通行,专门划出车道供公交车行驶,其余路幅则供行人通行
行驶方向	顺向公交专用道	公交车行驶方向与其他车辆行驶方向相同
	逆向公交专用道	公交车行驶方向与其他车辆行驶方向相反
	可变方向公交专用道	配合高峰时间内交通流变换而改变公交专用道行车方向
行驶时间	单高峰时段公交专用道	在上午(或下午)高峰时段实施公交专用道,其他时间允许其他车辆行驶
	双高峰时段公交专用道	在上午和下午两个高峰时段实施公交专用道,其他时间允许其他车辆行驶
	全天候公交专用道	划分一条车道全天候专供公交车行驶
专用程度	绝对公交专用道	仅供公交车行驶,且除救护车、消防车外,禁止其他车辆进入公交专用道
	条件公交专用道	除救护车、消防车外,尚允许满载的小汽车、计程车和大客车等车辆中的一种或几种驶入公交专用道

由于公交专用道设置的基本要求是服务于一定数量的公交车,而且这些公交车分属不同的线路、多种运营组织方式,由于到达车站的间隔不可能保持均匀,必须选用港湾式停

靠站，才能避免进站与停站不至于影响专用道的通畅。在公共车流量大的专用道，增加一些交通设施允许车辆在停靠站超车，可以增加专用道的通行能力和运行速度。

公交专用道的隔离方式主要有软质隔离和硬质隔离两类。硬质隔离通过在道路上增加车道隔离设施严格分离公交车与其他车辆的行驶空间。软质隔离则通过标志、标线等交通管理手段，保证公交车的专用路权，软质隔离易受到违规车辆的影响。

二、公交专用道设置条件

1. 公交专用道的设置原则

设置公交专用道系统（包括公交停靠站、交叉口进出口道等配套设施），可以在有限的城市道路空间中给公交车辆提供优先通行的权利，在吸引个体交通转移到公共交通的同时，也能有效缓解道路交通的拥挤状况。但以重新分配道路空间资源实施公交优先通行的同时，短期内在局部地区是以牺牲其他车辆的通行权利为前提的。

公交专用道设置必须遵循公平原则、效益原则和可行性原则。

（1）基于公平性原则。公交专用道运送的乘客数不应小于一条机动车道达到饱和时能运送的旅客人数，一条道路上公交车客流量大于该道路平均每车道的客流量就可以设置公交专用车道。

（2）设置公交专用道还需要满足效益原则，即设置公交专用道后要有正效益。如果道路饱和度较低、运行状况良好、公交车速较高，设置公交专用道后并不能明显提高公交车运行速度和质量，则不需设置公交专用道。如果道路饱和度较高，其他车辆对公交车严重干扰导致公交车行程车速过低，则应设置公交专用道，以保证公交车辆基本的运送速度。但要考虑专用道上公交车的数量和客运量，避免道路资源的浪费。

（3）公交专用道设置还要满足基本的道路设施条件。道路设施条件包括机动车道数、非机动车道的形式、车道隔离方式、停靠站形式与位置、路段两端交叉口的状况、路段两侧开口数等，其中最主要的指标为车道数及车道宽度。

2. 设置道路要素分析

（1）道路类型与车道数。单车道道路与双向2车道的道路一般为城市支路，只有少量公交线路，通常不需要设置公交专用道。除非与平行道路综合考虑后作为公交专用路，为满足公交车之间的超越要求，需要在道路上设置港湾站或将道路局部拓宽，但乘客换乘公交时往往不太方便。

对双向4车道的道路，在公交车辆较多时，将2条车道设置为公交专用道，另2条车道可作为其他车辆单向通行，或设置间断的公交专用车道。

双向6车道及6车道以上的道路一般为干道，由于单向至少有3条车道，道路条件充分满足将其中1条车道设置为公交专用道。

无论是单车道还是多车道的道路都可设置公交专用道（或公交专用路），关键在于设置公交专用道（或公交专用路）时如何考虑其他车辆的通行。

（2）车道宽度。标准公共汽车车辆车体宽度为2.5m，部分铰接式公共汽车宽度可以达到2.64m。一般公交专用车道的宽度为3.5m，交叉口处由于速度降低，宽度视具体情况可略为减小。表2-12为公交专用道横断面设计要求推荐值。

表 2-12　公交专用道横断面设计要求推荐值

道路设计速度 (km/h)	道路宽度（m）			
	1条专用道	内侧隔离带	外侧隔离带	总宽度
100	4.00	0.40	0.75	10.30
80	3.75	0.40	0.75	9.30
60	3.25	0.40	0.75	7.90
40	3.00	0.40	0.75	7.20

（3）路段长度。为保证设置公交专用道前后公交车行驶状况有明显改善，设置公交专用道的路段要有足够的长度。以公交专用道上预期公交行程车速20km/h、公交车在专用道上行驶时间不少于15min计算，设置公交专用道的路段应大于5km。对于道路瓶颈段或特别拥堵的路段，如设置公交专用道能明显减少公交车的行程时间，则不受路段长度限制。

3. 交通要素分析

根据公交专用道设置的基本原则，在一定的运营时段内，一条道路上公交客流量应大于该条道路平均车道的客流量。公交专用道应满足公交车速条件，即公交车行程车速低于限值应优先考虑公交专用道设置。同时，为确保公交优先的实现，设置公交专用道后专用道饱和度不应大于其他车道的饱和度。

影响公交专用道的交通因素主要有公交车流量、公交车平均载客量、公交车客流量、分车种车流量、分车种车平均载客量、总的客流量、公交车行程车速及道路饱和度。

（1）车流量。车流量包括道路总车流量、公交车流量、公交车流量比例。为保证公交车运营速度，合理利用道路资源，设置公交专用道的路段必须满足一定的公交车车流量条件，即公交车流量不能低于一个下限值。同时，为保证专用车道上公交车辆达到设计的运送速度，实现优先目标，每条专用道上的公交车流量不能超过一个上限值，并且饱和度低于道路断面与进口道的平均饱和度。由于公交车载客效率远大于个体机动车，当公交车所占流量比例大于一条专用车道所占的道路车道数量比例时，即使公交车数量未达到专用车道的下限，也可以根据实际需要设置专用车道。

（2）客流量。客流量包括道路总客流量、公交车客流量、公交客流量比例。对于客流量时段分布不均匀性较大的路段，应根据不同时段、不同路段的客流量分析设置公交专用道的必要性与预期效益。公交车客流量一般根据公交车流量、车型、满载率计算，道路总客流量则需要在分车种流量基础上，获得各种车辆的平均载客率指标。

（3）公交车车速。根据地面公交在城市公共交通系统中不同的功能定位，设置专用道等优先措施的预期目标也有所不同。对于道路条件受限制、交通十分拥堵的中心城区，或者轨道交通已经承担快速大容量交通运输任务的区域，公交专用道的设置目的是避免拥堵、减少延误、提高准点率，其运送速度至少与较少受到交通拥堵影响的自行车、助力车相当。如果作为快速公交的设施载体，公交专用车道的设计车速就必须对小汽车具有竞争力。

4. 公交专用道设置标准

美国对公交专用道的设置方式、通行能力、设置条件等进行了系统研究，在大量的实践经验总结的基础上，结合详尽的统计数据，对公交专用道设置条件提出了比较全面的要求，如表 2-13 所示。

表 2-13 美国设置公交专用道依据

专用道类型	客运需求	道路几何条件
高峰时间使用外侧车道	高峰时段公交专用道每车道交通量不小于 60 辆/h，且乘客数不小于 3000 人次/h；高峰时段载客量至少较该道路所有其他车辆多出 50%	专用道同方向至少还提供 2 条机动车道供其他机动车使用
部分时间使用中央车道	高峰时段公交专用道每车道交通量不小于 60 辆/h；高峰时段载客量至少较该道路所有其他车辆多出 50%	双向通行道路，至少 4 车道；单向通行道路，至少 3 车道
全天候使用中央车道	高峰时段公交专用道每车道交通量不小于 75 辆/h，或不小于 500 辆/12h；高峰时段载客量至少较该道路所有其他车辆多出 50% 以上；在 12h 内，公交车载客量应超过其他车辆所有乘客数	双向通行道路，至少 4 车道供其他机动车使用；单向通行道路，至少 2 车道供其他机动车使用

国内很多城市已设置了公交专用车道，形成一些经验性的结论，但没有形成统一标准。由于我国城市人口密度较高、公交客流密度较大、道路空间资源有限，对公交专用车道设置的客流量、公交车流量等基本指标的门槛取值更高。同时，考虑到公交优先往往在道路交通拥挤情况下需求更迫切、效益更明显，因此将道路交通饱和度也作为设置条件。

（1）公交车需求。

高峰小时公交车流量不小于 90～100 辆或平均公交车流量每小时大于 50 辆；公交车载客量不小于 2000 人次/h（按 40 人、50 辆车计算）。

（2）道路交通饱和度。

路段饱和度取 0.8 以上，公交车行程车速低于 15km/h，设置公交专用道应不导致社会车辆饱和度过大。

（3）道路设施。

双向车道数不少于 4 车道，单向车道数不少于 3 车道，如果道路两侧商业活动较少，机动车道与非机动车道有物理隔离，专用车道宽度为 3.5～4.0m。

三、公交专用道规划设计

1. 公交专用道规划设计流程

公交专用道系统的规划设计应按以下流程进行：

（1）提高公共交通运输效率，改善地面常规公交服务水平。

（2）提高已有道路资源的利用率，使既有的交通供给能力能满足更大的交通出行需求。

（3）在改善公交服务水平的同时，尽量降低对非公交车辆运行状况的影响。

（4）减少交通系统的环境污染，适应城市可持续发展。

公交专用道规划可分为 4 个阶段，设计流程如图 2-29 所示。

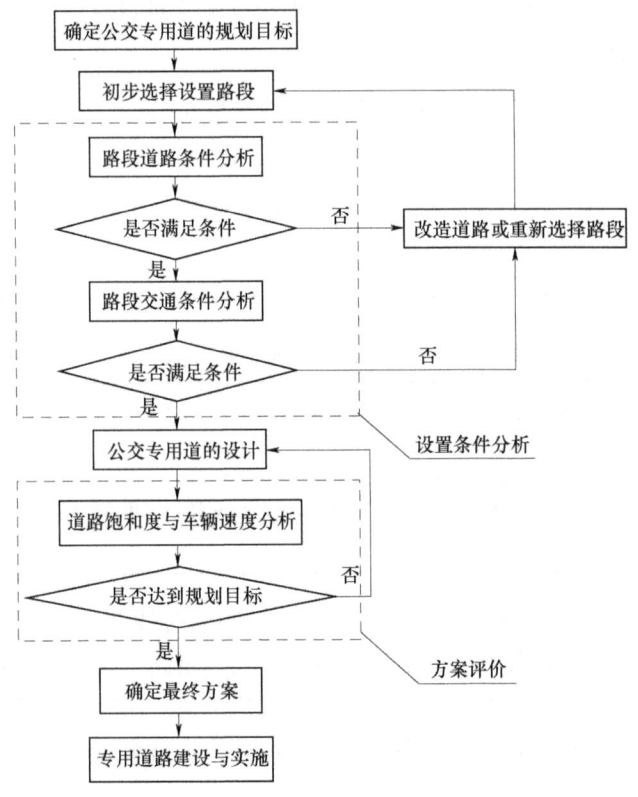

图 2-29 公交专用道规划设计流程图

第1阶段：确定公交专用道的规划设计目标，包括公交专用道服务水平与运行效率、道路上其他车辆可以容忍的饱和度等。

第2阶段：选择需要设置公交专用道的道路及路段。根据客流需求、路网条件、城市交通政策，初步确定公交专用道规划网络。

第3阶段：工程可行性分析，包括道路、交通条件的综合分析，道路改善与交通设计方案，以及建设成本与效益评价。公交专用道规划设计方案还包括重新计算路段其他车道和公交专用车道的运行指标，如果不满足目标要求，则需要重新设计方案。

第4阶段：公交专用道设计，包括专用道的车道布设、专用道在交叉口进出口道的设计、特殊路段处理、公交站点布设、出租车站点的统筹设计、交通标志标线设计、交通信号优化、专用道路面工程设计及其他配套设施。

2. 公交专用道车道设计

（1）公交专用道的设置形式及优缺点。公交专用道根据其布设位置的不同，可以分为路外侧、路中、路内侧三类（见表2-14）。

公交专用道的宽度与一般车道宽度的确定方法一致，与设计车速有关。典型公交车辆宽度为2.5m，推荐公交专用道宽度值为3~3.5m；考虑侧向净空的影响，沿道路中央或沿路侧设置的公交专用道，宽度应稍微大一些，取3.5m左右，路中设置的公交专用道可取3m；对于延伸到交叉口进口道停车线处的公交专用道，由于车速较低，可取2.8~3m。

第二章　常规地面公共交通

表 2-14　不同位置公交专用道的优缺点

设置形式	优点	缺点	使用条件
路外侧	充分利用非机动车道路空间资源，乘客等候、上下车方便，便于设置港湾式停靠站，投资少	容易受到社会车辆的干扰，同时公交专用道的设置也限制了社会车辆的路侧活动	适用于三块板形式的道路
路中	不受路边因素干扰，可以高速行驶，专用道可一直延伸到交叉口，减少与社会车辆的交织	停靠路边时需要变换车道，对社会车辆的正常行驶产生干扰	设置于无停靠站的路段，如交叉口间距较短或大站快车的情况
路内侧	减少公交车辆受路侧干扰，是一种比较彻底的公交专用道模式	公交乘客需跨越整条车道的宽度，安全性降低，穿越时对正常车流造成影响，不符合我国的交通规则和乘客出行习惯	设置于中心区以外，交叉口间距较大，道路宽度条件较好的路段，路中有中央分隔带

（2）专用道布置形式。

1）3 块板道路（见图 2-30）。公交专用道位于机非分隔带外侧，是比较常见的一种形式。公交专用道位于次外侧的机动车道上，适用于公交车流量大、右转车数量较少、道路宽度及其他原因无法拓宽道路形成港湾车站的情况。中央公交专用道，是在道路中央设

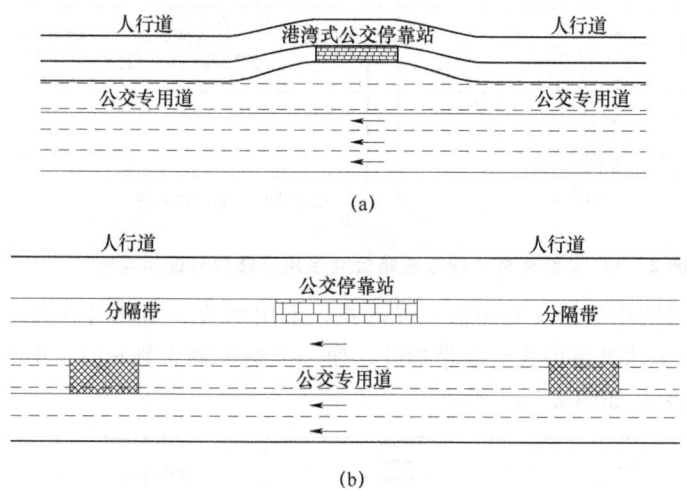

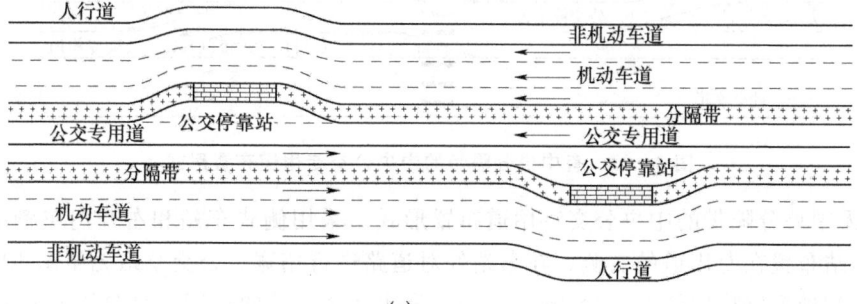

图 2-30　3 块板道路公交专用道路权分配示意图

(a) 路侧公交专用道路权分配；(b) 次外侧公交专用道路权分配；(c) 中央公交专用道路权分配

置双向公交专用道，并设分隔带分离公交车辆和其他社会车辆，公交停靠站设于车道的分隔带上。

2）1块板道路（见图2-31）。1块板道路最外侧为非机动车道，公交专用道只能设置在靠近非机动车道的外侧车道上，因为公交停靠进站需要占用或穿越非机动车道，所以专用道运行干扰大。

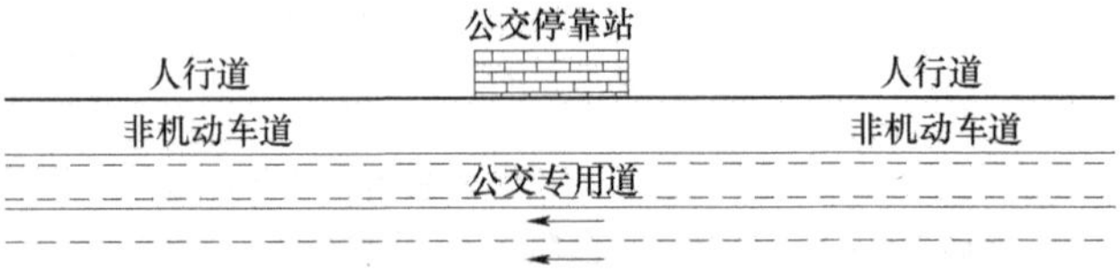

图2-31 1块板道路公交专用道路权分配示意图

3）2块板和4块板道路（见图2-32）。在2块板和4块板道路中，还可将专用道设于紧靠中央分隔带的最内侧机动车道上，利用中央分隔带设置停靠站。

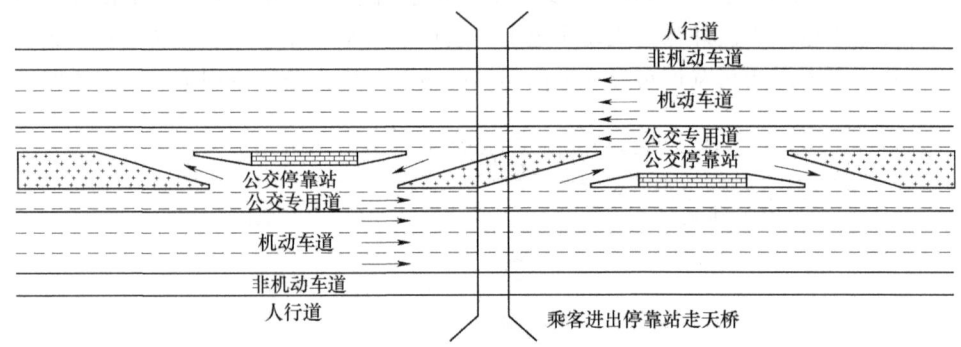

图2-32 2块板或4块板道路公交专用道路权分配示意图

4）有中央分隔带的中央公交专用道布置形式。采用侧式车站和右开门车辆的公交专用道，中央专用道在车站处将中央分隔带拆开，便于公交车辆右侧开门。中央分隔带在车站处宽度要在2m以上，如图2-33所示。

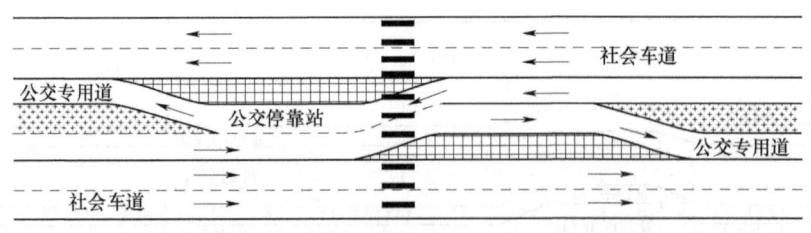

图2-33 有中央分隔带的中央公交专用道布置形式

5）无中央分隔带的中央公交专用道布置形式。采用侧式车站和右开门车辆的公交专用道，车站布置在专用道的右侧，在车站处对道路进行拓宽。公交车站无超车道时，要求在公交车站处道路横向拓宽至少2m，纵向拓宽出2个车站的长度（双向各1个停靠泊位，至少102m），如图2-34所示。公交车站处设置超车道时，在公交车站处纵向拓宽长度要求不变，但横向拓宽至少5.5m，如图2-35所示。

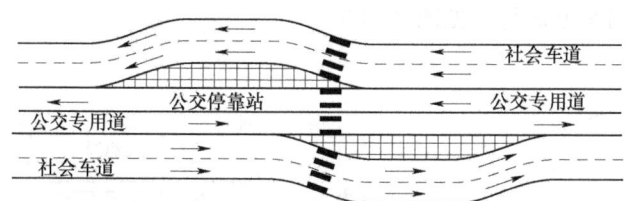

图 2-34　无中央分隔带无超车道的中央公交专用道

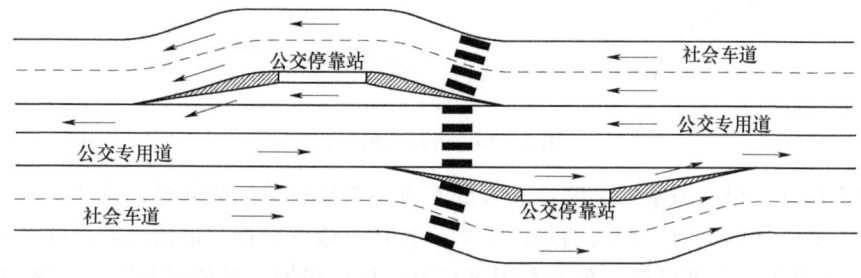

图 2-35　无中央分隔带有超车道的中央公交专用道

3. 公交专用道的交叉口设计

（1）进口道布置。如果将公交专用道延伸到交叉口，则形成公交专用进口道，在这些进口道上公交车辆享有独立路权或有限路权，使公交车辆尽量靠近交叉口等候信号，在绿灯周期内尽快通过交叉口，减少延误。进出口道布置形式主要考虑公交车辆数、右转车辆数及交叉口车道数。公交专用道在交叉口进口道有两种处理方式：一种是设置回授线，另一种是将路段上专用道延伸至进口道。设置回授线即路段公交专用道在进口道停车线前终止，从终止处至进口道停车线之间的距离便称为"回授距离"或"回授线"。表 2-15 为公交专用道进口道两种处理方式的优缺点以及适用情况。

表 2-15　公交专用道进口道处理方式与适用性

布置形式	优点	缺点	适用情况
公交专用道延伸至进口道	可大大减少公交车延误；方便设置公交优先信号	占用较多道路资源；右转车与公交车有交织；若设置不合理会导致公交专用道得不到充分利用	专用道沿外侧机动车道设置；该进口道右转社会车辆少或者另设有右转专用车道或箭头灯；专用道设置在路中间；进口道有足够车道供其他车辆使用；公交车流量大
设回授线	不会对社会车辆增加大的延误；各流向车辆与公交车交织不严重	公交车在交叉口的优先未充分体现	进口道不多，社会车辆流量大，又无条件拓出车道；右转车流量大，但无条件设右转专用道和专用相位

1）回授线。设置回授线，即公交专用道在路段上连续设置，延伸到离交叉口停车线前一段距离结束，这样右转车辆就能使用原本属于公交专用的车道等候通过交叉口。回授线以内，公交车仍然有优先通行权，须通过公交优先信号实现。

设置回授线适用于路段公交专用车道布设在路侧的情况。若在一个信号周期内到达的公交车辆少于 4 辆，同时右转车辆少于 120 辆/h，可以在交叉口设置回授线，允许右转车辆汇入路侧公交专用车道通行（见图 2-36）。

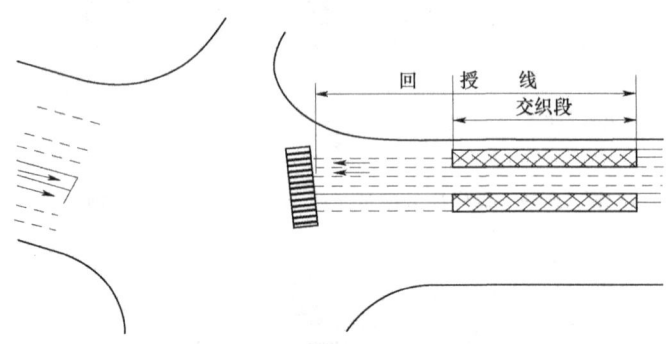

图 2-36 进口道回授线

回授线长度受很多因素的影响，其长度不应小于进口道车队的最大排队长度。若公交专用道设于道路外侧，则回授线的长度应大于右转车道及直行车道的最大排队长度。

2) 专用道延伸至进口道，公交专用进口道布设在路侧。当公交专用道沿路侧布置时，公交专用进口道可以顺延到交叉口，仍然布置在路侧，但公交车与右转车存在交织。若右转车流量不大，允许右转车汇入公交专用进口道；若右转车流量较大，可将与公交专用进口道毗邻的进口道作为右转专用车道，设置右转专用相位。当停靠站位于交叉口附近时，宜把停靠站设于进口道拓宽段起始点处，以避免公交车的二次停车。

3) 公交专用进口道布设在次外侧车道。将公交专用进口车道布置在次外侧车道，可以减少右转车辆与公交车辆的干扰。若交叉口附近未设停靠站，可直接将专用道延伸至进口道作为公交专用进口道。若交叉口附近有停靠站，则停靠站位置应布设于出口道。

(2) 出口道布置。出口道处公交专用道的起点应离开对向停车线延长线一段距离，一般为30m左右，主要是考虑到右侧相交道路进口道驶出的右转车辆变换车道需要一定的距离。

(3) 有中央分隔带的中央公交专用道交叉口布置形式。中央专用道在车站处将中央分隔带拆开，便于公交车辆右侧开门（见图 2-37）。

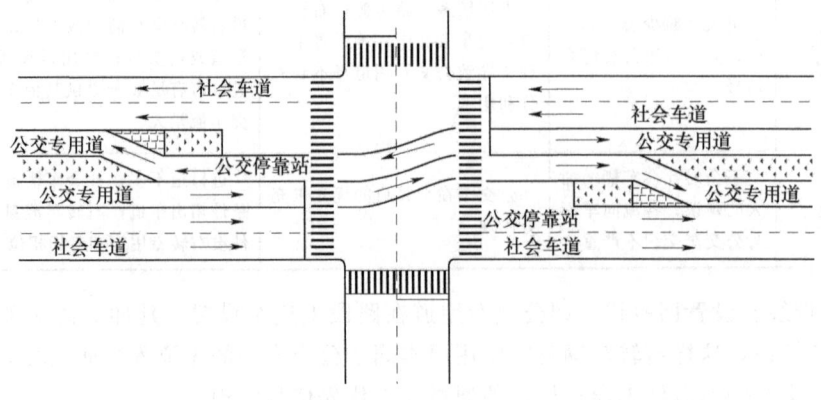

图 2-37 有中央分隔带的中央公交专用道交叉口设站布置

(4) 无中央分隔带的中央公交专用道交叉口布置形式。公交车站处设置超车道时，在公交车站处纵向、横向都要拓宽（见图 2-38）。

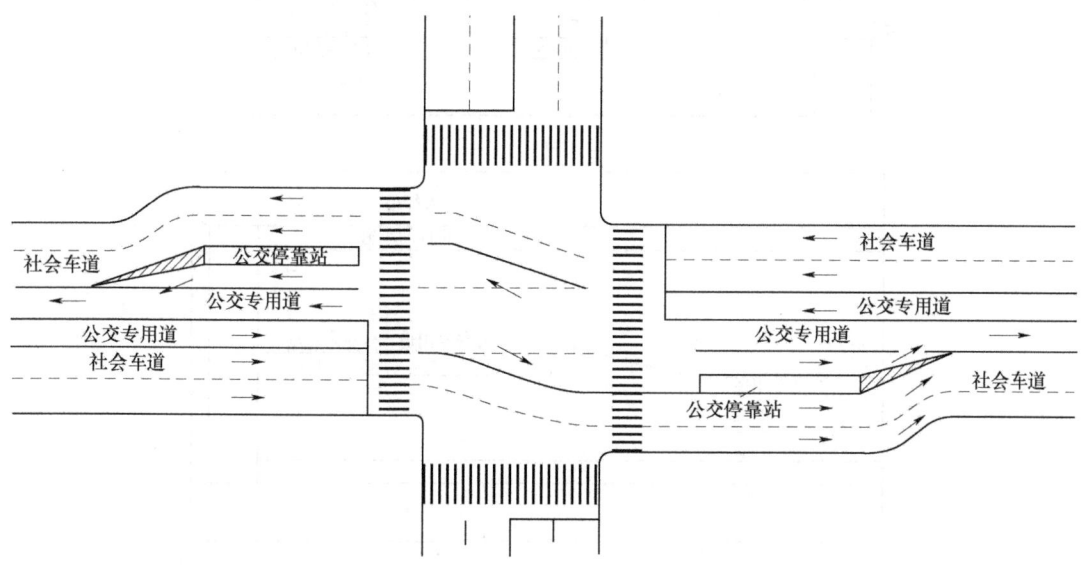

图 2-38　无中央分隔带有超车道的中央公交专用道交叉口设站布置

4. 公交专用道上停靠站设计

（1）位于交叉口附近的停靠站。如果停靠站设置在回授线及交织段前，停靠站离交叉口停车线之间的距离要满足有信号控制右转车的排队长度，同时离交织段 15~20m，如图 2-39（a）所示。

专用道沿中央分隔带设置，停靠站站台利用绿化带设置在交叉口进口道时，要求绿化带宽度至少为 5.5m，停靠站站台宽度至少为 2.5m。同时，停靠站长度须满足进站公交车最大排队长度，避免排队溢出到交叉口；站台面积须满足最大集散客流量；为保证乘客安全，须对站台和车道进行隔离，如图 2-39（b）所示。

专用道沿中央分隔带设置，停靠站设置在交叉口出口道；道路条件及交通管理的要求同上；停靠的公交线路在交叉口的走向须一致（同为直行或左转），如图 2-39（c）所示。

（2）路段停靠站。外凸式港湾停靠站，当路侧公交专用道上公交车停靠路段的社会车流和非机动车流较大，如车道条件允许，可以压缩车道设置简易的港湾式停靠站，如图 2-40（a）所示。

专用道设置在次外侧车道，停靠站占用最外侧机动车道；公交车进站时与社会车辆有交织，在停靠站前后的专用道上设置交织段，社会车辆在指定的区域内临时出入专用道，如图 2-40（b）所示。

如公交线路不多，为了规范公交的停靠位置，避免社会车辆对公交停靠的影响，可在公交专用道上，通过画线方式设置虚拟港湾式停靠站，如图 2-40（c）所示。

结合交叉口改善设计，可以采取港湾式停靠站与交叉口一体化设计的形式（见图

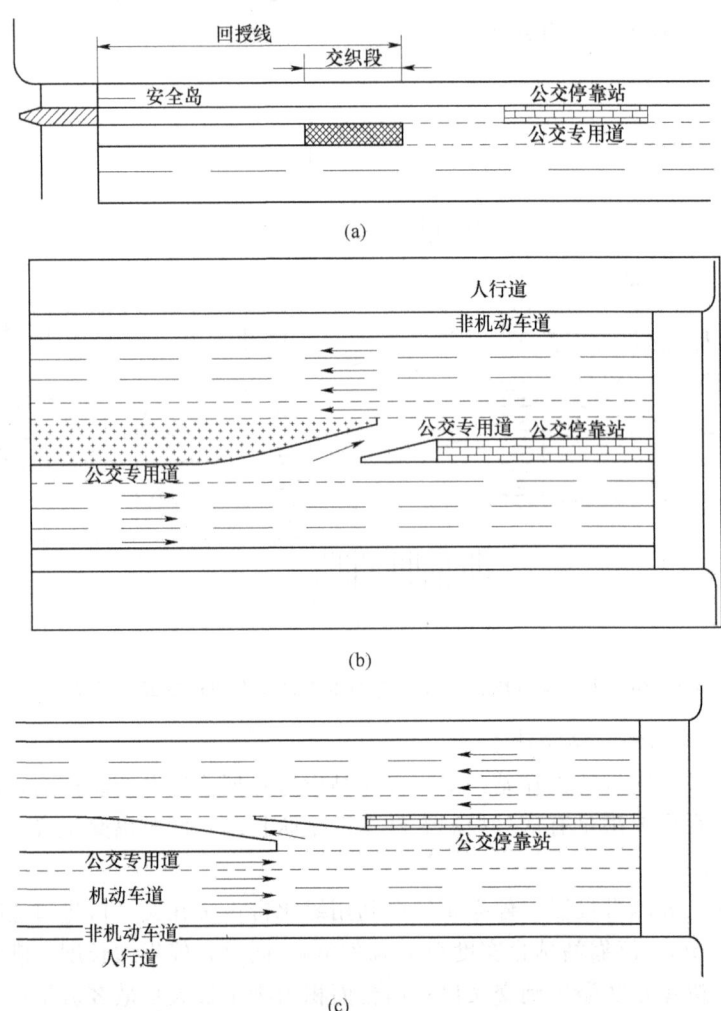

图 2-39　公交专用道交叉口处停靠站布置
(a) 停靠站设置在回授线前；(b) 停靠站利用绿化带设置；
(c) 停靠站设置在交叉口出口道

2-41)。此时，车辆进入停靠站后不需在出站时转入公交专用车道，直接沿与车站连接的车道驶入交叉口；不需要停靠的公交车辆直接沿站台外侧车道驶出。

(3) 站台长度。站台长度 L_S 取决于停靠位的数量、车辆长度 L_B (12m 或 18m)、车辆间的安全距离（约 1m）和预计停车位置前后的附加进站和出站长度（港湾式停靠站）。车辆相互独立不受影响的进站方式，要求车辆之间的距离满足车身能够完全平行和贴近站台边缘停靠。图 2-42 显示了车间距的确定方式。

对于港湾式停靠站，公交车辆驶入时需要有一段车辆进站的减速区，减速区车道长度与宽度的变化比率不得小于 3∶1。公交车辆驶出需要有一段并入车流的加速区域，加速区车道长度与宽度比率不得小于 5∶1，使车辆离开站台后能够顺利进入专用车道。例如，

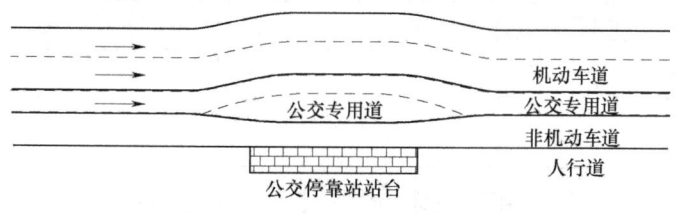

(a)

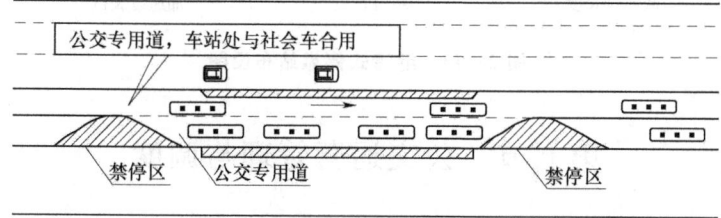

(b)

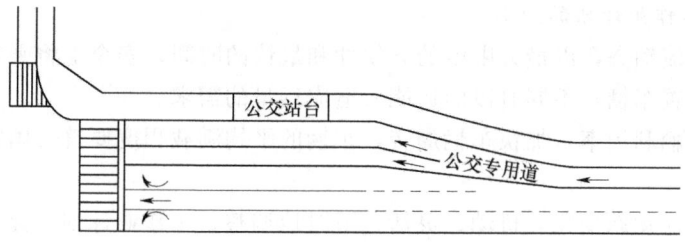

(c)

图 2-40　公交专用道路段停靠站布置
(a) 停靠站台用人行道；(b) 停靠站设置在绿化带上；
(c) 停靠站占用最外侧机动车道

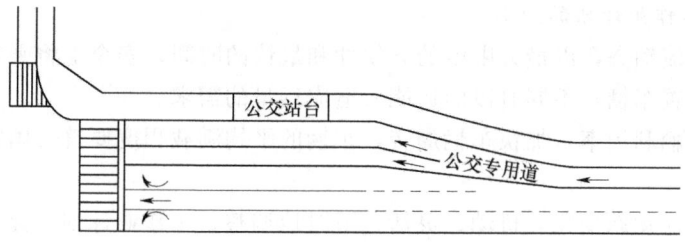

图 2-41　与进口一体化设计的港湾式停靠站

停靠站宽度为 4m，则驶入时的减速区长度不小于 12m，驶出区长度不小于 20m。停靠站设计 3 个泊位时，车站长度约 60m，其中站台长为 45m。图 2-43 为港湾式停靠站布设图。

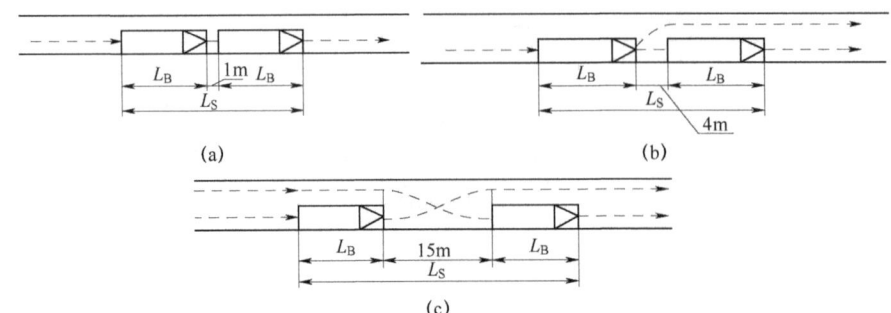

图 2-42 满足车辆不同进口出站要求的站台长度
(a) 车辆不能独立进出站；(b) 车辆能独立进出站；(c) 车辆能独立进站和出站

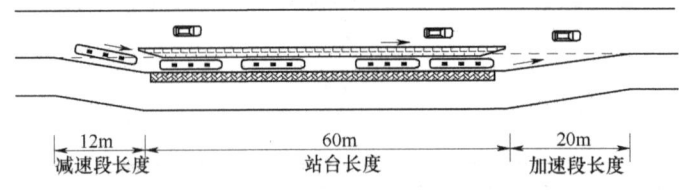

图 2-43 港湾式停靠站布设图

第七节 公交运营管理与调度

一、行车作业计划

行车作业计划是组织车辆在线路有序、均衡运行的生产作业计划。行车作业根据客流动态在不同时期的规律性变化，可分为季节、月度、平日（周一至周五）、节日、假日行车作业计划。

1. 编制行车作业计划的原则

(1) 掌握客流动态，以最大限度的方便性和最快的时间，安全地将乘客送到目的地。

(2) 合理配置车辆，不同时段的运能要适应运量的需求。

(3) 提高车辆利用率，加快车辆周转，车辆的平均满载程度要符合国家（行业）制定的规范标准。

(4) 根据客流动态变化，机动、灵活、适时地调整行车作业计划，提高劳动生产率。

(5) 在不影响营运服务质量的前提下，安排好职工的值勤时间。

2. 行车时刻表的编排

行车时刻表应正确反映每辆车的运行内容。这些内容包括：车序号（路牌），行车人员报到、离场及车辆例行保养工作时刻，进、出场时刻，各种时刻对应的地点和方向，运转时刻，行车间距等。

3. 郊县行车作业时刻表的编制

郊县行车作业时刻表的编制方法基本与市区行车时刻表的编制方法相同。但大部分郊区线路班次间隔较市区要大,调度形式单一。为便于记忆,一般这些线路是先确定发车时刻,且一般都是 30min 或 1h 的整数时刻;然后通过连线的方式确定车辆数。

二、运营调度管理

1. 公交线路运营调度

运营调度指根据线路客流、车辆和道路的实际情况,管理车辆、行车人员,确定车辆的行驶方案,保证线路正常、高效率运行。

运营调度系统是智能公交系统的基本组成部分,包括:车辆实时监测和控制、站台实时监测和控制;数字地图处理(地图引擎);自动排班引擎,如车辆/驾驶员自动排班、实时调度等;以及根据采集数据分析营运状况、改善网络资源规划。

公交线路通常有三级营运调度:①一条线路的调度站,设在具有调度业务功能的车站;②调度室(调度分中心),管理区域内若干条线路;③中心调度室,负责整个线网的调度管理。

公交线路运营调度分为静态调度和动态调度。

(1)静态调度。确定线路人力、车辆、发车计划,其目标是在运能供应和满足客流需求条件下提高效益,即尽量提高运行车公里和车速。

(2)动态调度。根据道路交通情况、车辆运行状况、突发事件及其他实时信息,修改规定的车辆运行时刻表,以保证车辆准点率、车间隔,维持设定的服务水平。实时调度包含两方面的内容:一方面是调度方案的实时调整,即线内调度或跨线调度;另一方面是运行监控,即电子站牌实时信息显示。

2. 路线行车现场调度

路线行车现场调度就是调度人员依据行车组织实施方案的要求,在营运路线的行车现场,结合客流变化和车辆运行情况直接对行车人员下达行车调度指令的工作。行车现场调度方法就是按照行车作业计划控制车辆运行,合理分布车辆行车间距,尽快恢复营运秩序,保证车辆均衡载客营运的方法。现场调度可分为常规调度和异常调度两大类。

(1)常规调度。当全线行车情况基本上符合行车作业计划方案,车辆处于正常运行时的调度工作称为常规调度。

(2)异常调度。当线路因各种原因造成行车秩序紊乱,车辆运行偏离行车作业计划时的调度工作称为异常调度。车辆运行不正常的情况,有时比较单一,有时比较复杂,消除其影响的基本调度方法有以下几种:

1)调距法,指调整行车间距的调度方法。
2)放站法,指营运车辆在路线上越站停靠的调度方法。
3)调头法,指车辆缩短原行驶路线的行程,用以减少周转时间的调度方法。
4)加车法,指在原有行驶车辆中增加车辆的调度方法。
5)抽车法,指在原有行驶车辆中减少车辆的调度方法。
6)缩时法,指缩短周转时间的调度方法。
7)延时法,指延长车辆周转时间的调度方法。

8) 跨线法，指利用本线或它线车辆跨线营运的调度方法。

9) 调档法，指将车辆的车序号临时重新组织调整的调度方法。

三、服务质量管理

1. 公交客运企业服务质量日常管理

依照国家法规要求以及对公交行业的要求，加强对公交客运企业服务质量日常管理，主要是通过线路经营权管理、线路等级考评和精神文明建设活动来开展。

（1）线路经营权管理。线路经营权管理的指导思想是线路资源是国家的，企业是经国家授权依法经营。年限等级管理按照政府对城市公交服务质量的近期要求和远期目标，采取鼓励先进，逐渐实现远期目标的分等级引导式管理。

（2）线路等级考评。为了加强对线路的日常管理，建立行业长效管理机制和落实公交优惠政策，公交行业可实行以运营线路的车辆性能和设施、站点设施、人员素质、服务质量等方面为主要内容的线路等级管理。

（3）精神文明建设活动。公交行业是城市精神文明建设的"窗口"，应按照国家和城市部署，积极深入地开展精神文明建设活动，促进行业从业人员素质的提高，改善行业运营服务质量，使公交行业真正成为城市的精神文明窗口。

2. 公交运营服务质量

公交运营服务质量是指公交运营系统在满足市民乘车需求方面可达到的程度，涉及方便、安全、快速、舒适四个方面。

（1）方便，指市民出行乘车方便，包括出行有车乘、换乘次数少、服务标记清晰、服务设施舒适完善、上下车方便等。"方便"的主要评价指标包括：万人拥有公交车辆数、运营线路网密度、换乘率、行车准点率、服务标志齐全率、服务设施齐全率。

（2）安全，主要指公交服务对象的安全，统指发生道路事故情况。"安全"的主要评价指标包括：行车责任事故频率、行车责任死亡事故频率、行车事故费用损失率。

（3）快速，指运送乘客的速度，也反映乘客运行所费时间多少。"快速"的主要评价指标包括：运送速度、乘客出行时间、乘客平均出行时间。

（4）舒适，指乘客乘车、候车环境舒适，最大限度地减少乘客旅途疲劳。"舒适"的主要指标包括：车厢服务合格率、车辆整洁合格率、高峰小时满载率、客运费率。

四、行车安全管理

在公交运营中，由于驾驶员或售票员违反交通法规、操作规程或因机械故障、急刹车等因素而发生的车辆碰、撞、侧、翻等造成车内、外人身伤亡或财产损失的事故称为公交行车安全事故。公交行车安全事故分为行车事故、客伤事故和机件设备事故三类。行车事故是指运营车辆在行驶中或停放时，发生碰、撞、擦、侧、翻等情况，造成人员伤亡、车辆财物损毁的事故；客伤事故是指车辆在运营过程中，因紧急制动、车辆颠覆或车门的开、关，造成乘客伤、亡或财物损毁的事故；机件事故是指运营车辆在行驶中或停放时，由于车辆机件设备故障直接导致人伤、物损的事故。

行车事故预防要从以下几方面考虑：

（1）健全组织机构，明确责任制。配备与企业经营相适应的行车管理人员，明确各级安全管理的职责和权限，形成自上而下完整的安全管理系统。

（2）加强对从业人员的教育，树立"安全第一"的观念。开展职业道德和法纪教育，使从业人员牢固树立"安全第一"的观念，自觉遵守交通法规和各项规章制度，保障行车安全。

（3）加强培训辅导，提高队伍素质。对驾驶员进行技术理论培训和操作技能辅导，培养驾驶员具有理性的头脑、应变能力，全面提高驾驶员队伍行车安全素质。

（4）总结行车规律，指导行车实践。探索和总结行车事故的规律，推广和应用科学的事故防范驾驶操作技能，使驾驶人员迅速积累行车经验，掌握安全行车的主动权。

（5）应用新科技，开展安全防范。鼓励和支持行车安全科学技术研究，积极推广应用行车安全先进技术，提高科技防范能力。

第三章　城市轨道交通

第一节　城市轨道交通的基本特征

一、城市轨道交通的分类

城市轨道交通指在固定导轨上运行并主要服务于城市客运的交通系统。轨道交通由于具有快捷、安全、准时、容量大、能耗低、污染少的特点，在城市公共交通体系中的地位不断提升，特别是在长距离出行或在道路交通始终处于比较拥堵的城市中心区具有明显的优势。随着一系列新技术的采用，轨道交通对于不同规模和不同类型城市的适应性也在不断提高。轨道交通不仅是特大城市交通和城市公共交通的主体，也是许多大城市甚至中等城市公共交通系统的骨干。

1. 按建造形态或空间位置分类

（1）地下铁路。地下铁路是通过在地下空间开挖隧道，建成线路以及站点设施等提供服务。这种方式可以充分利用城市空间，分担地面交通的部分客流，缓解地面交通的压力。同时，也是投资建设最昂贵的一种轨道交通发展方式。

（2）地面铁路。地面铁路通过在地面上铺设轨道和建造站台来提供服务。其投资少、建设量相对较小，可以合理利用国家铁路的线路资源。但是，要占用地面道路资源，应当在道路不拥堵的地区开辟。

（3）高架铁路。高架铁路是在地面上建造高架桥，利用在高架桥上铺设轨道和建设站台的方式来提供服务。这种方式建设成本介于地面铁路和地下铁路之间，在空间的利用率方面也是介于两者之间。高架线路要考虑拆迁的难度、与周围建筑物的匹配，还要增设必要的隔声屏障，尽量减少车辆振动噪声对沿线居民和商业的不利影响。

2. 按列车运营组织方式分类

（1）市内轨道交通。轨道交通线路服务范围以中心城区为主，主要用于疏解市中心拥挤地区的客流，多采用地下形式，站距通常小于1km。

（2）市域轨道交通。轨道交通线路服务范围通常贯通整个城市，由一个新城（镇）经过市中心地区再到另一个新城（镇），主要用于联系远郊与中心城区，多采用中心城区地下形式结合远郊的地面和高架形式，站距通常较大。

3. 按运能分类

（1）重轨交通。使用的车辆轴重相对较重，单方向输送能力为30000人次/h以上，而且列车编组数量也较多。一般线路全封闭，可以实现信号控制的自动化，具有容量大、速度快、运输成本低等优点。这类轨道交通方式在市中心区全部或大部分采用地下形式，在其他地区也可以采用地面或高架形式。

(2) 轻轨交通。轻轨交通是在有轨电车的基础上发展起来的，使用的车辆轴重一般相对较轻，单方向输送能力为 15000～30000 人次/h。这类轨道交通方式多采用高架形式。

4. 按车辆走行部分、受电部分不同结构分类

(1) 常规轨道交通。车辆使用普通轮轨运行，在受电制式上有受电弓受电和第三轨受电的区分。

(2) 独轨交通。车辆的走行依靠钢轮钢轨，还需要利用橡胶轮引导。轨道梁比较窄，车辆运行噪声低，振动小，对城市景观及日照影响较小，通过小半径曲线能力和爬坡能力强。但是独轨车运能小、速度低、能耗大、粉尘污染较严重，发生事故时疏散和救援比较困难。

(3) 有轨电车。通常采用地面形式，有时有隔离的专用路基和轨道，地下或高架区间形式仅在交通拥挤的地带才被采用。

二、城市轨道交通系统的构成

1. 线路

按在运营中的作用，轨道交通线路分正线、辅助线和车场线。正线是指供载客列车运行的线路，是独立运行的线路，一般按双线设计，采用右侧行车制，大多数线路为全封闭式，与其他交通线路相交时一般采用立体交叉。辅助线为空载列车提供折返、停放、检查、转线及出入段作业所需的线路。车场线为轨道交通车站内车辆运行的线路。

2. 车辆

车辆是直接为乘客提供服务的设备，车辆一般按有无动力分为动车、拖车两类，也可按有无驾驶室分为带司机室和不带司机室两类。为提高效率，现代车辆大多按动车组（单元）设计。在一组动车组内，动车、拖车与驾驶室的分布是一个有机的整体，不能随意拆卸。

3. 车辆段

车辆段是轨道交通系统中对车辆进行运营管理、停放及维修保养的场所，是列车运营的起始与终止场所。一般地，1 条线路可设 1 个车辆段；线路长度超过 20km 时，可以考虑设 1 个车辆段、1 个停车场。

4. 限界

限界是指列车沿固定的轨道安全运行时所需要的空间尺寸。为保证列车运行安全，各种建筑物及设备均不得侵入限界范围。轨道交通地下隧道的断面尺寸及高架桥梁的宽度的设计都是根据限界确定的，限界越大，安全度越高，但工程量及工程投资也随之增加。因此，合理限界的确定既要考虑保证列车运行的安全，又要考虑系统建设成本。

5. 轨道

轨道是列车运行的基础，它直接承受列车荷载，并引导列车运行，标准轨距 1435mm。为保证列车运行的安全，轨道结构应具有足够的强度和稳定性、耐久性、绝缘性及适量弹性，且养护维修量小，以确保列车安全运行和乘客舒适。

我国铁路的钢轨主要有 43kg/m、50kg/m 与 60kg/m 三种类型。城市轨道交通在经济条件允许下，无论地面线、地下线或高架线，运营正线宜选用重型钢轨。对车场线

来说，由于主要是供空车运行，速度又低，考虑到经济性，可选用 50kg/m 或 43kg/m 钢轨。

6. 车站

城市轨道交通车站是旅客乘降的场所，一般应设置在客流量大的集散点以及与其他线路交会的地方，车站间的距离要根据实际需要确定。一般地，市区车站间距应在 1km 左右，郊区的车站间距不宜大于 2km。

车站规模与能力的大小直接影响到地铁工程造价的高低和效益的好坏。车站是线路上供列车到、发及折返的分界点，也是客运部门办理客运业务和各工种联合劳动协作进行运输生产的基地；同时，车站是乘客旅行的起始、终到及换乘的地点，是运输企业与服务对象的主要联系环节。

7. 其他系统

轨道交通系统还包括供电系统、通信系统、信号系统、环控系统、供水系统、列车自动控制系统。

三、城市轨道交通的特点

1. 运量大

一个城市能否建设轨道交通主要是出于运量的考虑，对于经济发达、人口稠密的大城市而言，客运量特别大的地区常规公共交通体系根本不能满足城市居民对交通运输的需求。一般的公共电车的运输能力是每小时 0.8 万～1.2 万人，而地铁的运输量为单向每小时 3 万～6 万人，轻轨则为单向每小时 1.5 万～3 万人。

2. 速度快，运输效率高

轨道交通的运行速度都在 30km/h 以上，比公共电汽车要快一倍以上。轨道交通由于其准时性和直达性，大大缩短了居民的乘车时间，与其他交通方式相比，具有更高的运输效率。

3. 安全性高

轨道交通本身不但具有较高的安全率，而且使地面的交通拥挤现象得到缓解，使其他交通工具和行人的安全率增大。

4. 无废气污染

城市轨道交通的建成具有不受交通堵塞的优势，可以促使原来的汽车用户转为乘坐该系统，随着汽车交通量的减少，可以降低大气污染，从而为环境保护带来了一系列的间接效益。

5. 具有能耗低、对城市噪声污染轻等特点

满足了市民对生存环境质量和时间速度的要求，保存了有限的地面空间，可以更合理地利用地面作为商业区和工业区。

四、各轨道交通系统的技术经济特征

1. 有轨电车

有轨电车是最便宜的轨道交通运输工具，它在混行车道上运行，速度低，载客量也较

少，每节车载客量在 100～200 人，乘客客票由车上的司机或售票员负责出售，车辆和轨道维修较为简单。地面有轨电车不具有完全独立路权，发车间隔一般为 5～6min，高峰时段可提高到 2～3min。

2. 地铁系统

"地铁"一般指单向高峰小时运量达到 3 万～6 万人次的大运量轨道交通系统。采用全封闭线路，运能大，无干扰。由于投资大，这些系统一般都由政府策划建设及经营，票价有统一票价和按距离计价两类。为保证高密度、高安全的要求，地铁一般需要装备先进的信号和控制设备，对旅客出入、通风、紧急疏散等方面也有较高的要求，故建设一条地铁线路需要多年的努力。大多数城市的实践表明，地铁的票价收入一般不能补偿总成本，说明地铁的建设与运营需要政府或其他方面的支持。

地铁线路行车密度最短可在 2min 左右；车辆最高速度可达 80km/h 以上，平均旅行速度可达 30～40km/h。列车的编组数为 6～8 辆，站距一般在 1km。

3. 轻轨系统

轻轨交通是由早期有轨电车发展而来，一般具有完全独立的行驶空间。轻轨交通线路形式灵活，可以是地面、地下、高架，根据行驶空间使用情况，可以与其他机动车辆共享路面，也可采用相对固定的行驶空间形式，还可以采用全隔离的轨道交通系统形式。乘客直接从地面或低站台上车，售票形式包括车上买票和下车买票两种。典型的三节双铰链车厢满载时可容纳乘客 800～900 人。现代的轻轨交通是一种集多元化先进技术于一身的系统工程，在信号自动控制和集中调度配合下，能保证快速而安全地运送中等运量的旅客运输任务。

轻轨系统站距一般在 500～1000m，郊区可适当加长；站台长度按车辆编组长度加 4m 预留。与地铁车站相比轻轨车站要简便得多，没有站厅层和售检票区，没有技术用房等，建设和设备投资少，最大运行速度可达 80km/h。

4. 独轨铁路

独轨铁路是指车辆在一根轨道上行驶的轨道交通系统。独轨铁路一般架设在道路上部空间，故土地占用较少。大多数独轨系统采用橡胶轮胎，可以适应急弯及大坡度，对复杂地形有较好的适应性，从而减少拆迁量。同时，独轨系统建设工期较短，投资也小于地铁系统。独轨系统的不足是运营费用偏高，而且，目前已投产的单轨系统的运量很少达到设计运能。由于其走行装置采用橡胶轮，与混凝土轨面的滚动摩擦阻力比钢轮钢轨大，所以能耗比一般轨道交通大 40%，且有轻度的橡胶粉尘污染。新建的城市独轨交通列车由 4 辆或 6 辆组成，单向每小时的客运量为 0.5 万～2 万人，其运量介于公共汽车与轻轨交通之间。

5. 市郊铁路系统

市郊铁路是沟通城市边缘与远郊区的手段，与城市间的长距离铁路相同。由于市郊铁路服务于人口密度相对稀疏的郊区，站间距比较大，它使得列车的运行速度可以提高许多。目前城市间高速铁路的速度已达到 250km/h 以上，一般地，市郊铁路线路的最高速度可以达到 100km/h 以上。市郊铁路由于速度快、线路长，每客公里的成本也相当低。

市郊运输的特点是装备重型化，最高速度较大，加、减速度较低，通常由机车牵引一列列车，当然也可以包括自带动力的车辆。线路长度一般在 40~80km，虽然市郊铁路的终点站可引入市中心区，但大多数车站仍在郊区。由于列车能以高达 130km/h 的速度行驶，座位数也能保证每人都有，有些列车还采用双层客车来增加座位数量，这是唯一能与高速公路比速度的出行方式。

6. 磁悬浮列车

磁悬浮是当今世界最新的地面交通运输技术，它是介于航空运输和常规陆路运输之间的一种新型运输方式，被誉为 21 世纪的交通工具。它彻底摆脱了轮轨关系的束缚，因而使速度、运量、功率、轴重、舒适度和安全性等实现了更好的结合。磁悬浮列车是利用电磁系统产生的吸引或排斥力将车辆托起，使之悬浮于线路上，利用电磁力导向，使用直线电机将电能直接转化成推动力，推动列车前进。

与传统的铁路相比，磁悬浮铁路去除了轮轨接触，因而无刚体直接摩擦阻力，可获得比一般高速铁路更高的速度，目前试验速度已经达到 500km/h 以上。磁悬浮列车无机械振动与噪声，无环境污染，可获得更高的舒适度和平稳性；由于没有钢轨、车轮、机械传动和接触导电轨等摩擦部件，维修费用大为降低。另外，磁悬浮列车还有爬坡、越障能力强以及更有利于实现全自动化控制等优点。

第二节　轨道交通客流预测

一、预测的必要性和预测内容

轨道交通客流预测是指在一定的社会经济发展条件下科学预测城市各目标年轨道交通线路的断面流量、站点乘降量以及站间 OD、平均运距等反映轨道交通客流需求特征的指标。客流预测是确定城市轨道交通系统线网规模、交通方式选择以及线路运输能力、车站规模、设备能力、运营组织、经济效益评价的重要依据。

轨道交通客流预测在城市轨道交通规划中占据相当重要的地位。

首先，从城市轨道交通的建设、运营考虑。城市轨道交通是城市建设史上最大的公益性基础性设施，是一项投资大、工期长、涉及面广、综合性强的系统工程，一经建成便很难改动，所以城市轨道交通建设的前期准备工作是非常重要的，而前期工作的重点就是客流的预测。

如何使城市轨道交通建设既收到良好的社会效益，又收到良好的经济效益，是城市轨道交通建设首要考虑的问题，而只有使城市轨道交通拥有足够的客流，才能实现经济效益与社会效益的最佳结合。客流预测结果的正确与否对于确定何种形式的线网规模、线路走向、站场位置及规模都起着至关重要的作用。

其次，从轨道交通设计的不同阶段考虑。工程可行性研究阶段，项目决策对城市轨道交通工程造价的影响度可达 80%~90%，而客流量又是决定城市轨道交通工程必要性和可行性的重要参数。在这个阶段中，客流预测工作做得科学细致，可以使城市轨道交通修建方面的许多不合理因素得到控制。

工程设计、建设阶段，系统的运输能力、车辆选型及编组、设备容量及数量、车站规模及工程投资等都要依据客流量的大小来确定，客流预测结果在相当程度上决定了线路的形式和造价。因此，准确地预测客流量，可使车站规模、类型、站间距和车辆编组等符合实际客流增长的需要。

对客流预测的结果可以归纳为以下五类基本内容：

（1）全线客流。全线客流包括全日客流量和各时段的客流量及比例。全日客流量是表现和评价运营效益的直观指标，也是进一步评价线路负荷强度的重要指标。各时段的客流量及比率，是为全日行车组织计划提供依据，在保证运营能力和服务水平的前提下，合理安排行车间隔，提高列车的满载率及运营效益。

（2）车站客流。车站客流包括全日及早、晚高峰小时的上下车客流，以及站间断面流量。高峰小时时段的站间最大单向断面流量，是确定系统运量规模的基本依据，由此选定交通制式、车型、车辆编组长度、行车密度及车站站台长度。

（3）分段客流。分段客流包括站间 OD 表、平均运距及各级运距的乘客量。通过此项数据进行分段客流统计，制订票制和票价，最终对建设投资、运营成本作财务分析、社会经济效益分析，并提出项目效益评价意见。

（4）换乘客流。换乘客流是指各换乘站分向换乘客流量。此项数据对线路主客流方向的评价很重要，并为换乘形式设计和换乘通道或楼梯的宽度的计算提供依据。

（5）出入口分向客流。根据每一座车站确定的出入口分布位置，对每个出入口作分向客流预测，并作波动性分析，为每个出入口宽度计算提供依据。

二、预测模式

城市轨道交通客流预测，在不同的阶段有不同的目标要求，因此预测模式也不同。总体上，城市轨道交通客流预测可分为以下四种模式。

1. 模式 A——"现状公交"—"虚拟现状轨道"—"远期轨道"

假设轨道交通线网已经存在，称"虚拟现状轨道"，接着分析现状公交线路与虚拟轨道交通线网的相关度，将相关公交线路纳入统计基础集合，累加"虚拟现状轨道"车站乘降人数。以上数据经过校核后，构造简单的数学模型，以现状交通流推算"虚拟现状轨道"的站间 OD 矩阵，然后以增长率法向预测年增长。

这一模式操作简便，属于简化的需求预测模式。它以现状公交为预测基础，可以考虑公交系统内部的转移交通量，但无法兼顾城市用地规模、交通设施变化对出行结构的影响，即未考虑诱发交通量，因此精度较低，主要用作其他模式预测后的辅助分析手段。

2. 模式 B——"现状 OD"—"虚拟现状轨道"—"远期轨道"

以 OD 调查为基础，在现状出行 OD 基础上，经方式选择虚拟出"现状轨道"客流，并推算出站间 OD。"远期轨道"推算方法与模式 A 相同。由于预测基础为城市客流 OD，对客流出行现状特征的反映比较全面，因此预测精度有所提高，适于城市客运交通发展相对稳定的城市。

3. 模式 C——"现状 OD"—"出行需求预测"—"远期轨道"

以居民现状出行 OD 调查为基础，对各规划年份进行全方式出行预测，然后通过出行方式划分、交通分配得到规划期城市轨道交通客流量。此模式遵循交通需求预测的四个步骤,即出行产生、出行分布、方式分担和交通分配,结合土地利用规划分析城市轨道交通客流,能较好地反映城市远期客流的分布,且精度相对较高。近年来,多数城市轨道交通建设项目的客流预测都使用这一模式,但该模型预测对数据要求高、操作复杂。

4. 模式D——"早期轨道"—"现状OD"—"远期轨道"

模式D的指导思想为:以初步的轨道交通线网为基础,以规划的各个站点为中心,按照小区划分的一般原则将交通小区进行细化;以交通小区为单元进行现状OD调查;利用传统四阶段法将小区的远期客流分配到城市轨道交通线路上来,根据预测结果,分析城市轨道交通交通线网规划的合理性,若不合理则进行调整,直至得到合理的远期城市轨道交通线网规划方案。

三、土地利用法流量预测

影响城市轨道交通客流量的因素是多方面的,主要有沿线土地利用状况、票价水平、轨道交通网络组成、社会经济宏观因素等,还与政府政策导向、线路走向、线路建设技术标准和水平、运营服务水平、人口密度、流动人口数量、替代服务的价格和质量、城市各功能区域的布局等因素相关。在考虑每日的客流时,节假日、重大时间和沿线重要活动、天气状况等都会影响客流量和客流分布。

土地利用法侧重的是对一条线和每一个车站周围一定范围内土地利用的研究,土地利用法的预测过程如图3-1所示。

利用土地利用法预测进站量、线路流量、换乘量时采用以下方法。

1. 进站量计算

在土地利用法中首先在线路两侧,划出一定宽度为吸引范围,研究各站点吸引范围内居住人口的变化情况、现状出行强度以及吸引率,然后推算各预测年度的人口数、出行强度、吸引率,进而计算各站吸引范围内的出行量和进站量。

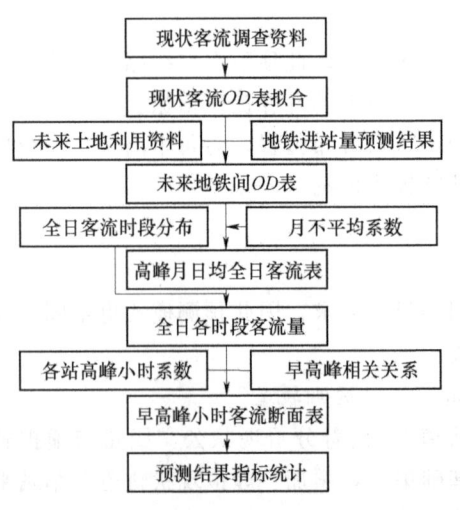

图3-1 土地利用法流量预测框图

2. 流量计算

首先,根据线路的地理位置,分别确定各自的方向系数模型,根据模型计算各站分方向进站量。然后,根据各站土地利用性质及对地铁时间分布及空间规律的研究,确定时间分布模型,计算各站分时段进站量及出站量。

3. 换乘量计算

对于换乘量的研究采用出行分布模型,对轨道交通OD分布矩阵进行预测,求出在该线节点处的换乘比率,用该比例与结点客运量相乘,反算换乘量。

土地利用法是建立在对原有轨道线路客流变化规律基础之上的,并且依赖于现状客流资料。对于拥有轨道交通历史较长、资料完善的城市,是可行的方法。但对于尚未建设轨道交通,并且现状客运资料缺乏的城市,要对新建的轨道交通客流进行预测,则有较大的难度。

第三节 轨道交通线网规划

一、轨道交通规划

轨道交通规划就是要回答"轨道交通需求"和"轨道交通供给"这两个方面的问题,包括二者间的动态平衡关系,同时,要协调它们与城市其他要素之间的关系。从"需求"角度来看,轨道交通规划要考虑的因素包括:新城建设、旧城改造等土地发展要求,人口、就业变化下的出行要求,交通发展目标要求,以及城市重要建设项目的交通连接等。从"供给"角度看,轨道交通规划要考虑到线网合理的规模,线网合理的构架,各条线路合理的运输能力、规模和制式,以及正线、联络线、车站、车场的位置等。

城市轨道交通耗资巨大,一条线的建设投入少则数十亿,多则上百亿,往往成为最大规模的基础设施建设项目,无论在强度和时间方面都会对城市经济发展产生巨大的影响。轨道交通规划将解决在城市哪些地方修建轨道交通的问题,从而为城市各项设施,尤其是城市基础设施的建设奠定基础。凡在轨道交通沿线兴建城市建筑、道路立交桥及大型地下管线,只要与轨道交通工程在规划设计上进行协调配合,做到统一规划、综合设计、分步建设,就可起到事半功倍的效果。

有了轨道交通规划,城市与轨道交通的建设就可以相互协调、有机配合、各得其利;有了轨道交通规划,才能知道对哪些路段及地块进行控制。轨道交通各线之间关系如何,换乘站分布、联络线分布、车辆段共用关系、线路走向是否合理,线路大概是何种规模等级,应该修建哪一条、哪一段,这些都必须以规划线网为依据。轨道交通规划为轨道交通建设提出分期建设顺序,为工程立项做好必要的前期准备,为各阶段设计研究工作提供了最基本的依据。

轨道交通规划按规划年限可分为近期规划和远景规划。近期规划与当前城市总体规划年限一致;远景规划无具体年限,以城市远景规划用地性质、范围及人口的发展规划为基础条件,使规划既能适应和支持城市总体规划,同时又有适当超前性和滚动性,引导和推动总体规划的实施,使两者相辅相成。轨道交通规划的指导思想是:"依据总体规划、支持总体规划、超前总体规划、回归总体规划"。

城市轨道交通规划原则上可分为两个阶段,即城市轨道交通战略规划阶段和城市轨道交通项目规划阶段。城市轨道交通战略规划是长期的指导性的规划,规划年限一般为20~30年,主要内容有:土地的使用、交通网络及交通政策的重大发展方向、交通需求与交通设施之间的供求关系、规划期的发展目标。城市轨道交通项目规划是根据城市轨道交通战略规划的要求,对5~10年内应进行的项目作出实施性规划,它包括土地的具体使用、项目的详细规划和系统管理三部分。

轨道交通规划是城市总体规划中的专项规划,在城市规划流程中,位于综合交通规划之后,专项详细控制性规划之前。轨道交通规划是长远的、指导性的专项宏观规划,规划研究可分为三个层次:

(1) 面,即整体研究。其中包含研究区域的整体性研究、规划区范围内的影响分析,涉及内容包括:区域内土地利用的功能定位和合理分布,区域内交通分布和交通方式划分的预测,轨道交通合理的需求和供给平衡,城市综合环境影响下轨道交通线网的整体形态,线网架构整合,线网架构内各线路的功能分析以及受此影响下的相对关系、建设顺序、制式搭配、系统运营。

(2) 点,即局部研究。其主要涉及内容包括:大型交通吸引点、发生点分布,具体工程实施方案,需要轨道交通疏解的交通瓶颈,以及工程难点。

(3) 线,即城市的主要交通走廊,是城市客流流经的主要线路,是串联"点",构成"面"的途径,其主要涉及内容包括:大型交通吸引、发生点,城市客运交通走廊分布,交通走廊沿线的土地利用和客流发展,交通走廊敷设轨道交通的工程条件。

轨道交通规划涉及专业面广、综合性强、技术含量高,从规划时间看,城市轨道交通规划主要内容包括三个层面:城市背景研究、线网构架的研究和实施规划的研究。在实际工作中,每项研究内容都要力求全面、专业,这样才能保证规划方案的科学与合理。轨道交通规划的具体层次及内容如图3-2所示。

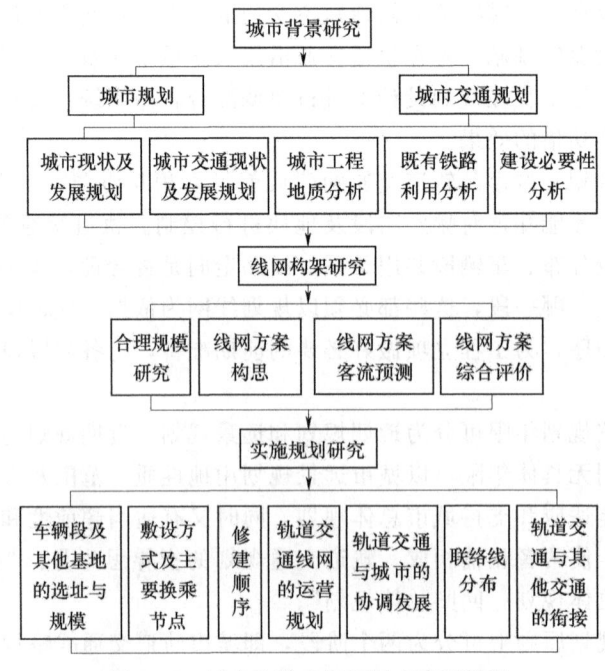

图3-2 城市轨道交通规划内容及流程

二、线网规模与架构研究

在进行城市轨道交通线网规划中,一个十分重要的问题就是如何根据城市的现状及发展规划、交通需求、经济发展水平等，从宏观上合理地规划轨道交通线网的规模。一个规模合理的轨道交通线网，不仅可以充分满足城市日益增长的交通需求，提高公交服务水平，而且可以用较小的投入取得最佳的经济效益。合理的城市轨道交通规模不仅是线网规划的宏观控制量，而且是一项至关重要的投资依据，也是决策者进行决策的辅助依据。

1. 线网合理规模的出行需求分析法

线网合理规模就是线路长度总量的宏观控制。"合理规模"需要在城市特征分析基础上，从"需求"与"可能"两方面来探讨："需求"一方面是以城市总体规划和居民出行数量分析为基础，从人口规划、出行强度和交通方式分配角度来分析城市交通需求的规模；另一方面，以城市结构形态为基础，按车站吸引范围和线网覆盖的合理密度，分析其服务水平和需求的规模。"可能"是指线网近期可能实施的规模，主要取决于城市财政经济实力，既要考虑工程施工的适度规模，又要考虑到整个城市的工程施工对环境影响的承受力。

轨道交通线网规模，可以从出行总量与轨道交通线路负荷强度之间的关系推导而来：

$$L = Q\alpha\beta/\gamma$$

式中　L——线网长度，km；

　　　Q——城市出行总量，人次/日；

　　　α——公交出行量占总出行量的比例；

　　　β——轨道交通出行占公交方式出行的比例；

　　　γ——轨道交通线路负荷强度，人次/日公里。

（1）城市出行总量。由于线网规划的远景年限往往超越城市综合交通规划远景年限，因此线网规划往往无法得到所需远景年限的出行总量，只能从远景人口和出行强度的关系去推算。

（2）公交出行量占总出行量的比例。城市远景公交方式出行比例应根据城市未来出行的需求与供给平衡关系，通过适合城市特点的数学模型进行预测得来。比较可行的办法是从分析城市居民出行特征入手，结合类比其他城市的情况，根据城市未来交通发展政策，以定性分析的手段进行估计。一般情况下，远景公交发展的要求就是大力发展以城市轨道交通为骨干、常规公交为主体的公共交通系统，远景公共交通的出行比例应该在50%以上。

（3）轨道交通出行占公交方式出行的比例。轨道交通占公交方式出行量的比重，与城市道路网状况、常规公交网密度、常规公交服务水平、轨道交通线网密度、运送速度及车站分布有关。对于轨道交通占公交出行的合理比例应根据城市相适应的交通发展战略来确定。依据城市交通发展战略中对轨道交通的功能定位，远景年轨道交通的合理出行比例应在30%~50%左右，各城市可依据其适应的交通发展战略对轨道交通的合理出行比例进行选取。

（4）轨道交通线路负荷强度。线网负荷强度的影响因素有社会的经济发展水平、城市结构和线路布局。对于轨道交通线路，我国一般采用低密度高负荷的模式，以最少的资金获得较大的经济效益，规划取值一般在2.5万～4万人次/日公里。从我国大城市已经投入运营的轨道线路来看，实际负荷强度一般为2万～3万人次/日公里。

2. 线网构架的基本形式

城市背景千差万别，线网形式也是不相同的，尽管每座城市线网的构架都有自己的特色，但总体上可归纳为三种最基本、最常见的形式。

(1) 放射型线网。该类型的线网一般是以城市中心区为核心，呈全方位或扇形放射发展。其基本骨架包括至少3条相互交叉的线路，逐渐扩展、加密。规划这类线网时，要避免在市中心区的线路过多，否则不仅会造成工程处理困难，而且容易产生换乘客流过于集中的现象。

放射型线网的突出优点是：方向可达性较高，符合一般城市由中心区向边缘区土地利用强度递减的特点。

(2) 设置环线的线网。在城市轨道交通线网中布置环线，一方面可以加强中心区边缘各客流集散点的联系；另一方面可以截流外围区之间的客流，通过环线进行疏解，以减轻中心区的交通压力。

轨道交通网络中的环线与城市道路网中的环线，其作用有明显的差异。轨道交通是方向固定的交通系统，受技术条件的限制，线路间的交通转换不能像汽车那样灵活，而是要通过旅客换乘的办法来实现，但换乘的时间损耗是明显的。因此，轨道交通环线的作用受到限制，尤其是交通屏蔽作用不如道路环线明显。轨道交通环线的客流取决于沿线人口和就业数量，也就是环线自身串联的客流集散点的规模。

根据城市特点，在城市道路网中设置环线往往能取得很好的效果，但设置轨道交通环线必须十分谨慎地进行充分研究，不能为了具备环线而设置环线。

(3) 棋盘式线网。棋盘式线网是对线网构架整体而言，其特点是平行线路多、相互交叉次数少。棋盘式线网适合于市区呈片状发展而街道呈棋盘式布局的城市。

棋盘式线网的线网布线均匀，换乘节点能分散布置，线路顺直，工程易于实施。但是，该类型线网平行线路间的相互联系较差，其客流换乘需要通过第三线来完成。因此，棋盘式线网的运输效率较放射线加环线线网低。

3. 线网构架研究过程

线网构架方案研究工作是从宏观分析逐层深入到各专题定性、定量分析的探索过程，大致可分为以下几个阶段：

第1阶段：方案构思。根据线网规划范围与要求，分析城市结构形态与客流特征，进行"点"、"线"、"面"层次分析，通过现场勘探，广泛搜集资料，从宏观入手对线网方案进行初始研究，构思线网方案。

第2阶段：归纳提炼。对初始构思方案进行分类归纳后，经内部筛选提炼，推出其中的部分方案，向各有关单位征求意见，并要求提出补充方案。经过"筛选—方案补充—再筛选"的提炼过程，形成基础方案。筛选过程中，保留各种有较强个性的方案，合并共性方案，尽量全面听取各种思路和观点，形成代表不同政策倾向、不同线网构架特征和规模的方案。

第3阶段：方案预选。以基础方案为基础，以线网规划的技术政策和规划原则为指导，根据合理规模和基本构思要求，进一步选择出几个典型的、不同线路走向和不同构架类型的方案，成为初步预选方案。

第4阶段：预选方案分析与交通测试。前几阶段的方案深化主要以定性分析为主，从这一阶段开始，需要通过定量分析对方案作进一步的论证，用交通模型进行测试，并进行定性与定量分析相结合的系统分析。

第5阶段：调整补充预选方案，并选出候选方案。通过分析和测试，预选方案均各自存在优点和不足，需要对其进行优化完善。在此基础之上可以对方案进行补充。对补充方案进行同等条件下的交通测试，进一步以定量分析论证，确认补充方案是优化方案，并推荐为候选方案。

第6阶段：推荐最终方案。在定性与定量分析的基础上，采用线网方案评价系统，对预选方案分组评价、排序，推选出优化方案。

三、线路规划

1. 线路的走向与路由

在轨道交通线网规划中，各条线的走向和路由一般已经有了较粗略的规划。线路的走向与路由的确定受以下几个因素影响：

（1）线路的性质、作用及地位。其主要包括线路在轨道交通线网中的作用及地位、所承担的客流性质以及工程建设规模和线路等级等。

（2）客流集散点和主客流方向。其主要包括设计年限内，线路所经过的大型集散点的建设状况、可能形成的客流走廊状况以及主客流方向等。

（3）城市道路网及建设状况。城市轨道交通线路必须与城市的规划道路网建设密切配合，在未建成规划道路的地段建设轨道交通时，要注意轨道交通线路与规划道路的关系，在能力运用上要配套、合理。

（4）线路的敷设方式和技术条件。线路的敷设方式以及采用的技术条件对线路的走向及路由也会产生很大影响，在不满足线路技术要求的地段，需采用绕行或另选路由。

（5）与城市发展的近远期结合。选择线路走向和路由时一个重要的方面就是要考虑城市建设的近远期发展条件，要与城市建设发展时序相协调，发挥轨道交通建设对城市建设的牵引作用。

线路规划是在已经确定的城市轨道交通线网构架的基础上，研究某一条或某一段线路的具体位置。在规划过程中应注重与城市发展的协调，不断征求有关部门的意见，才能使线路规划方案趋于完善。

从国外经验看，轨道交通线路走向大体分为两类。

一类是"SOD"，即客流追随型。采取"线跟人走"的准则，使轨道线路的布局充分结合老城区的改造和人流、物流、商流的特点，以妥善地疏导交通流，形成通畅的交通骨架。

另一类是"TOD"，即规划引导型。贯彻"人跟线走"的准则，将轨道交通的建设与新城区的规划有机结合,让每个站点都发展成为一个新的人流、物流、商流集散中心,形成链珠式的卫星城区。不仅可以实现城市土地的集约式开发,还可为城市轨道交通系统创造源源不断的客流。

2. 线路的敷设方式选择

轨道交通线路主要有地面线、高架线、地下线三种敷设方式。

(1) 地面线。地面线适用于非城市中心区、城市绿化隔离带和地质条件差的地区。地面线要求道路红线不小于60m,并需协调好与相交道路的关系,保证道路的行人、车辆通行需求。地面线的特点就是可以节省大量的土建费用,但会占用一定的土地,并给沿线两侧居民带来一定的不便。

轨道交通地面线是造价最低的一种敷设方式,一般敷设在有条件的城市道路或郊区野外。在连接中心城与卫星城之间或城市边缘地带,应尽可能创造条件,设置地面线,以减少工程造价。为保证轨道交通车辆的快速运行,地面线一般为专用道形式,与城市道路相交时,一般应设置为立交。

(2) 高架线。高架线适用于非城市中心区。高架线要求道路红线不小于60m,并需协调好与规划道路网、交通设施的关系,具有全封闭、全立交、占地少、造价低、工期短等特点,更有利于穿越地质情况比较复杂的地段。但高架线除了噪声、振动等对环境的影响之外,还对城市景观、沿线日照等有一定的影响。

高架线是介于地面和地下之间的一种线路,既保持了专用道的形式,占地较少,又对城市交通干扰较小,高架线是城市轨道交通中一种重要的线路敷设方式。

(3) 地下线。地下线适用于旧城市中心区、建筑密集度高的地区、规划的重点地区以及对环境要求高的地段和区域。地下线路多处于城市中心以及街道较窄、车辆和客流较多的地段,能较好地解决立交问题和城市景观问题,可节省土地,使土地资源得到合理的利用。

轨道交通地下线的建设一般选择在城市中心繁华地区,是对城市环境影响最小的一种线路敷设方式。地下线埋置深度的选择应根据地质情况和地下构筑物情况确定。在城市中,一般以浅埋为好。

轨道交通线路采用不同的敷设方式,其用地规划控制条件是截然不同的,而且对城市用地、环境以及轨道交通系统自身的工程造价产生重大的影响(见表3-1)。

线路敷设方式主要取决于线路在城市中所处的地理位置和铺设条件。应结合城市总体规划以及线网沿线土地利用规划和开发计划,按照城市景观需求,根据城市现状以及工程地质、环境保护等条件,从空间布置、整体连续性、生态、建筑、经济(工程造价和运营费用)、工程实施等方面来综合考虑,重点研究线型、坡度、车站与区间的衔接、与周围建筑环境和建筑空间配合等。在建筑密集、道路狭窄、交通拥挤、环境及地面景观要求严格保护的城市中心区,以及沿线土地利用规划和开发计划严格控制的地段,轨道交通均应考虑采用地下线方案;在市郊结合部和郊区,地面建筑稀少、路面宽阔,应结合沿线土地利用规划和开发计划,考虑以高架线和地面线为主;城市间、城市与卫星城之间的快速客运轨道交通应以地面线为主。

表 3-1　各种线路敷设方式特点一览表

比较项目	地 面 线	高 架 线	地 下 线
使用范围	非城市中心区	非城市中心区	旧城市中心区、建筑密集度高的地区；规划的重点地区以及对环境要求高的地段和区域
对城市土地利用的影响	隔断了线路两侧土地	对沿线一定范围存在不利影响	与城市规划配合最好，能促进沿线土地利用
对道路红线的要求	道路红线不小于 60m	道路红线不小于 60m	无特殊要求
对城市交通的影响	隔断了沿线两侧的横向交通，需根据情况处理	影响较小	基本无影响
对工程地质条件的适用性	好	好	地质不良地带将付出较高工程代价；岩溶、煤层采空区等不良地质地区不适用
占地	大	较大	在地下，地面以上占地较少
对环境的影响	城市景观上有影响；运营时产生的噪声和振动对沿线一定范围有影响	对城市景观有影响；运营时产生的噪声和振动对沿线一定范围有影响	城市景观上无影响，对沿线主要影响是运营产生的振动
工程造价	最低	较低	高

3. 联络线规划

联络线是连接两独立运营线路之间的辅助线，它的作用如下：

（1）联络线是车辆送修的通道。线网中可进行大修的综合检修基地数量很少，一般每个基地负责 1~3 条线的车辆大修任务，各线需要做大修的车辆，都要经过联络线送到综合检修基地进行修理。

（2）联络线是调转运营车辆的通道。当一条轨道交通线路采用分期建设、分期运营，其车辆段尚未建成，需借用相邻线路的车辆段临时运营时，在两线之间须设联络线用于短期调转车辆，或在运营过程中，各线根据运量需求，通过联络线重新调配各车辆段原配属车辆。

（3）联络线可作为临时运营正线。线网中两条交叉独立运营的线路，因城市发展要求，需分段建设临时合并运营时，可在交叉点处设双线联络线，作为临时正线使用。

（4）联络线可作为后建线路的设备运输通道。轨道交通工程建设中许多大型材料及设备（包括运营车辆）一般是由国家铁路通过铁路专用线运入车辆段内，但大部分车辆段因受地形环境的限制没有修建铁路专用线的条件，这就要求通过联络线与有铁路专用线的车辆段连通。

作为临时运营的联络线应按正线标准建设为双线，作为辅助线的联络线按下列要求设置：

（1）联络线是一种辅助线路，利用率较低，因此，一般都按单线双向运行设计。

（2）为大修车辆使用设置的联络线，要尽可能设在最短路径的位置上，同时要考虑到工程实施的可能性。

（3）联络线的设置要考虑线网的修建顺序，使后建线路通过联络线从先建的线路上运送车辆和设备。

（4）联络线的布局，应从线网的整体性、灵活性和运营需要综合考虑，使之兼顾多种功能，发挥最大的经济效益。

（5）联络线的设置应根据工程条件并考虑和其他建设项目的关系，在确保联络线功能的同时，减少对其他项目的影响。

（6）联络线尽量在车站端部出岔，便于维修和管理。若条件不许可，也可在区间出岔，但应注意避免造成敌对进路。

（7）联络线的设置应考虑运营组织方式，要注意线路制式及限界的一致性。

四、线网建设顺序规划

轨道交通修建顺序规划是线网实施规划中的一项重要工作，科学的修建顺序规划是对线网规划稳定性、连续性、灵活性的重要保证。

（1）线网实施规划是一项长远规划，因此既要有预见性，又要有灵活性。近期线网（一般为10年）要突出可实施性；远期线网要适应远景的城市总体规划的发展，既有宏观的控制性，又留有相应调整的可能性。

（2）线网实施顺序必须与城市发展规划相结合，与土地开发、重点项目建设相结合，支持城市总体规划实施。制定实施顺序受工程投入、交通效果、城市政策制约。

（3）线网实施规划必须有重点、有层次，先建核心层，再向外延伸，循序发展。实施规划的重点是近期，近期实施的线网规模应注重需求因素和综合实力分析。

（4）线网规划的实施顺序要讲实效，应考虑工程和运营的连续性、效益性，首先要支持现有线路的客流增长。

（5）线网中各条线路实施规划，必须同时考虑车场的配置、行车组织方案，以及所需的配套线路工程。

轨道交通修建顺序规划的过程如图3-3所示。

线网修建规模可按如下方法进行分析：

（1）按客运需求分析。按城市交通规划，通过对交通结构的估算，预计轨道交通的客运需求量，可以推算线网规模。

（2）按线网覆盖密度分析。按规划年限城市规模，考虑线网一定的覆盖密度，可以推算近期线网规模。

（3）按投资可能性计算。轨道交通是一项耗资巨大的系统工程，其建设速度很大程度上受城市财力所限。

（4）按工程实施常规进度分析。轨道交通工程建设安排，应逐年逐段按计划地推进，保证正常、连续的修建速度。

以上四种线网规模的计算方法中，前两种方法反映的是"需求"，后两种方法则反映的是"可能"。一般说来，由于我国城市轨道交通起步晚，因此线网的规划需求规模与可能的实施规模之间有一定差距，这是一对"需求与可能"的矛盾。轨道交通属于城市基础

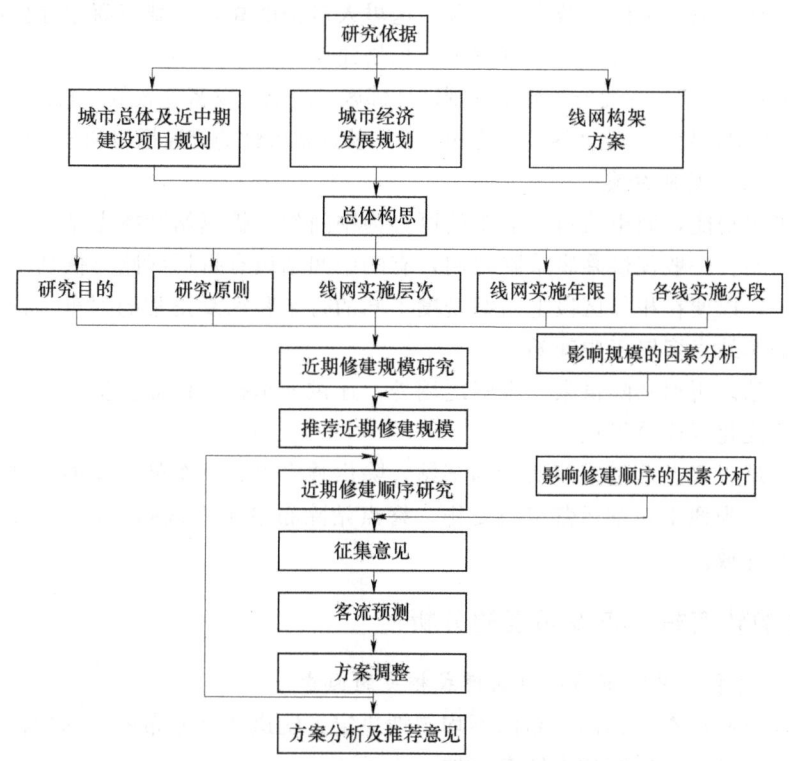

图 3-3 轨道交通修建顺序研究过程

设施中的重点建设项目,应超前于城市平均的发展水平。因此,工作中既要从实际情况出发,考虑财政、工程允许范围内轨道交通建设的可能性,也要考虑城市建设决策者对城市轨道建设的政策,预计超前的可能。

第四节 轨道交通站点规划

一、轨道交通站点的分类

1. 按网络功能分类

按网络功能,城市轨道交通车站可分为枢纽站、换乘站和一般车站。

(1) 枢纽站一般位于城市大型客流集散点、区域商业活动中心或对外交通枢纽处,枢纽站至少有两条轨道交通线路相交,并集地面公交、出租车、小汽车、自行车等多种交通方式于一体,实现城市客运交通系统的一体化换乘,并与城市交通和对外交通有良好的衔接。

(2) 换乘站一般是两条轨道交通线路交汇点,其主要功能是实现两条轨道交通线路间的相互换乘。

(3) 一般车站是单条轨道交通的站点,实现乘客上下车的基本功能。

2. 按建设形式分类

按建设形式,城市轨道交通车站可分为地下站、地面站和高架站。

（1）轨道交通地下站位于城市中心区，这里人口密度高，是城市商业办公中心，地下车站与周边商业开发、周边主要建筑应统一规划建设。

（2）地面站和高架站一般位于城市外围区和郊区，这里开发密度较低，轨道交通车站与主要居住区、大型购物超市、地区活动中心相结合，构成地区性的交通枢纽和公共活动中心。

3. 按运营组织功能分类

按运营组织功能，城市轨道交通车站可分为中间站、折返站和终点站。

（1）中间站。一般仅供乘客乘降之用，有的中间站设有折返线路可供列车折返和进行列车运行调整，以便在相邻区段上组织密度不同的行车和恢复正常的列车运行秩序。轨道交通路网中的车站大多属于中间站。

（2）折返站。折返站除供乘客乘降之用外，还供列车折返作业。折返站一般位于轨道交通线路客流变化区段分界点。

（3）终点站。终点站是线路两端的车站，除供乘客上、下车外，还能供列车折返、停留和临时检修。为便于列车运营组织安排，终点站除布设折返线路外，一般还有存车线，以备列车暂时存放。

二、影响轨道站点布设因素的分析

1. 与城市发展、用地布局及规划模式相关的因素

（1）客流分布形态。客流分布的不均匀性决定了轨道站点分布的不均匀性，客流的动态变化性要求为站点的后续建设留有余地。

（2）城市土地利用结构及分布形态。土地利用结构及用地规划模式直接关系到客流集散点的集散强度及分布状态，进而影响着站点的分布状态。轨道交通线路及站点影响区内的用地功能组织和建筑规划组织，对乘客选择交通工具具有极其重要的影响，并直接关系到居民的出行时间消耗。

（3）城市性质及空间扩展形态。城市的性质与地位，决定着轨道交通是否有规划建设的必要性。城市轨道交通站点的分布状态与城市形态的发展态势是相互影响、相互制约的。

（4）城市的经济水平。城市的经济水平不仅需要能够承担轨道交通的建设费用，而且对吸引客流规模有直接的影响作用。轨道交通吸引客流规模的大小直接制约着轨道站点的规划布局，城市的经济水平对轨道站点的布设也有着重要的影响。

2. 与路网结构形态相关的因素

（1）城市道路网和常规公交网的形态结构。轨道站点必须通过道路网和常规公交网来集散客流，以达到与周边用地衔接并为之提供可达性的目的。它的实现是通过轨道站点与常规公交站点及对外交通枢纽的衔接换乘来实现的，常规公交枢纽与对外交通枢纽对轨道站点的布设也具有重要影响。轨道线路一般沿城市道路进行布设，道路网的格局将影响轨道线路的走向，而道路网的节点处通常也是客流的主要密集场所，这也为轨道站点的选址提供一种参考。

（2）轨道线网自身结构。轨道线网自身结构对站点布设的影响主要体现在轨道线网结构和线路的形式对站点布设的要求上。轨道站点的规划布局与轨道路网的规划布局是分不

开的,两者相辅相成,必须同时进行。

3. 其他影响因素

(1) 列车行驶技术的要求。列车在站间行驶,单纯从列车性能发挥角度来说,希望站间距均匀分布,并且在一定范围内站间距越大越好,这样能充分发挥列车运行速度快的优势。但受客流分布等其他因素的影响,站间距的均匀分布是不太现实的。站间距只能当做一种约束条件来考虑,需综合考虑多种影响因素来布设轨道站点。

(2) 工程影响因素。地铁线路的线型、坡度(如既要考虑排水又要使车辆不产生滑溜)及车站的埋深、数量、车辆类型等直接影响着轨道交通的工程造价及运营效率和安全。因此,站点布设时也要考虑施工的可能性。

(3) 城市人文、地理条件。城市的地质、地形、地貌等自然条件会限制轨道站点的规划选址以及站点内部设施的布局形态,并对站点的建筑结构形式产生深远的影响。站点的规划布局必须遵守国家对历史文物、自然风景区等方面的保护性法规,当站点的选址与之相抵触时必须避让。另外地面标志性建筑物及地下设施等对站点的选址也有一定的影响,在进行站点布设时,也要考虑保护城市人文地理不被破坏。

三、轨道站点间距的影响分析

1. 对吸引客流的影响

对同一条线路,小的站间距可以使部分步行吸引范围外的客流转化为步行吸引范围内的客流,因而可以吸引更多的步行到站客流。另外,就轨道交通吸引的客流总量来说,小站间距增加了换乘节点,提高了乘客交通出行选择的灵活性,总客流量也会相应增加;而大的站间距主要吸引中长途客流。

2. 对乘客出行时间的影响

通常,较大的站点间距可以提高列车的平均运营速度,减少乘客的车上时间和由于频繁停车而造成的身体不适,但同时也增加了乘客从起点到达车站和从车站到目的地的距离,给出行带来不便。反之亦然。站间距过大或过小都会导致总出行时间较大,而这之间存在某个最优站间距(或者最优站间距的某一邻域)使总出行时间最小。最优站间距理论上是存在的。

3. 对工程造价、运营及沿线土地开发的影响

从工程造价角度来看,大站间距可以减少车站数量,从而节约土建工程投资,但同时也将引起部分客流向邻近车站转移,导致邻近车站规模增大;而小站间距由于车站数量较多,故车站的总投资会相应增大,这样从整条线路上看,大站间距会降低工程造价。

从运营角度来看,站间距小于 1km 时,列车区间平均运行速度是随站间距的增长而迅速上升的。站间距过大过小都会造成居民总出行时间增大。对于地铁而言,站间距只有保持在大约 800~1200m 时,到达车站处的步行距离或交通距离才比较合理,能够缩短整个出行时间,提高其运营效益。

从沿线土地开发角度来看,较密的车站设置将进一步带动沿线的土地开发,促使周边土地升值,从而给沿线区域带来巨大的社会经济效益。

4. 对城市轨道交通与其他方式衔接的影响

城市轨道交通与其他交通方式换乘的矛盾主要集中在轨道交通与其他交通方式衔接的协调性上，尽管加密轨道交通车站是轨道交通与其他交通方式实施良好衔接的途径之一，但改善换乘条件的根本出路在于其他交通方式如何与轨道交通配合。

5. 对城市空间结构和城镇体系布局的影响

从车站分布在城市中的作用看，一方面较大的站间距可以使车站附近发展成为综合的公共活动中心及交通枢纽，并逐渐集中生产、行政、商业及文化生活等职能于一体，发展成为吸引居民居住和工作的核心，即"串珠式"的发展模式。另一方面，大站间距可以促进城市土地利用空间结构优化，以轨道车站为核心形成具有相当规模的城市次中心或称边缘城市，使城市发展模式由单中心结构转向多中心结构。而如果站间距设置过密，也可能导致城市"摊大饼"式发展，形成轨道交通沿线长长的"建筑走廊"，增加城市基础设施、城市管理和公共交通等组织管理的难度，还易造成城市土地集聚效应下降，点轴开发模式效应难以发挥。

四、给定轨道线路上站点布设方法

轨道交通车站直接服务于旅客，轨道交通车站分布应尽可能靠近大型客流集散点，为乘客提供方便的乘车条件。轨道交通车站应与城市道路网及公共交通网密切结合，为乘客创造良好的换乘条件；应与城市建设密切结合，与旧城房屋改造和新区土地开发结合；尽量避开地质不良地段，尽可能减少对周围环境的干扰；兼顾各车站间距离的均匀性。

轨道交通的站间距在市内繁华区一般可控制在1km左右；市区边缘或城市组团之间，一般可在1.5~2.0km；有特殊原因时，也可增大到2km以上。

由于车站造价高，车站数量对整个轨道交通的工程造价影响较大，在进行线路规划时，对车站数量与分布一般要进行多方案比选。比选时要分析乘客使用条件、运营条件、周围环境以及工程难度和造价等几个方面，通过全面、综合地评价，确定推荐方案。

站点的布设要按照客流需求，满足技术可行的站间距约束条件，进行逐个站点布设。具体思路为：通过寻找线路上的客流集散点等备选站点生成线路的虚拟站点分布，在此基础上，采用站间距约束逐个布设除固定站点之外的其他站点，形成多种站点分布方案；推算线路的覆盖出行量（以下简称线路覆盖量），在站点数目相同情况下，寻找线路覆盖量最大的方案，若存在站点个数不同的方案就需进行综合评价决策得到最佳站点分布方案。其具体步骤如下。

1. 寻找备选站点

轨道线路上的备选站点主要由两部分组成：一部分是线路上的客流集散点（包括现在的和未来的）；另一部分是根据用地规划以及线路的运营效益发挥等考虑需要增加的备选站点，如一些道路网节点、公交枢纽点等。具体寻找方法如下：

首先，对远期预测出行 OD 矩阵进行处理，寻找线网上主要客流集散点。进而寻找在拟建线路上的客流集散点，将其在线路上标出。在考虑备选站点时，可将线路上所有客流集散点都纳入考虑范围内。

其次，对客流集散点进行分析。通过定性分析非主要客流集散点的区位和在城市规划中的重要程度，并根据线路影响范围内的用地规划以及考虑轨道线路的运营效益的发挥，结合轨道线路影响区域内的公交站点客流状况，判定是否遗漏了潜在的备选站点。如果存在，将其纳入备选站点集，并做相应调整。

2. 生成线路虚拟站点分布

充分分析城市客流的分布状况，研究确定线路上备选站点后，进一步生成轨道线路虚拟的站点布局。在城市道路网远期规划图上，根据备选站点的位置确定虚拟站点的具体位置。

3. 形成站点分布方案

首先选择满足站距约束的备选站点作为轨道站点的候选位置，然后采用逐点布设的方法沿线路从固定站点逐个布设，形成各站点分布方案。

假设轨道线路上共有 w 个备选站点，其备选站点分布如图 3-4 所示。拟选择 N 个站点进行建设，N 可由线路长度和平均最优站点间距初步确定：

$$N=\text{int}(L/\overline{d})+1$$

式中　N——线路站点个数；

　　　L——轨道线路的长度；

　　　$\overline{d}$——平均最优站间距，介于最小站间距 d_{min} 和最大站间距 d_{max} 之间，即 $d_{min}\leqslant \overline{d}\leqslant d_{max}$，可根据具体城市发展情况由经验或考虑行车技术等因素确定。

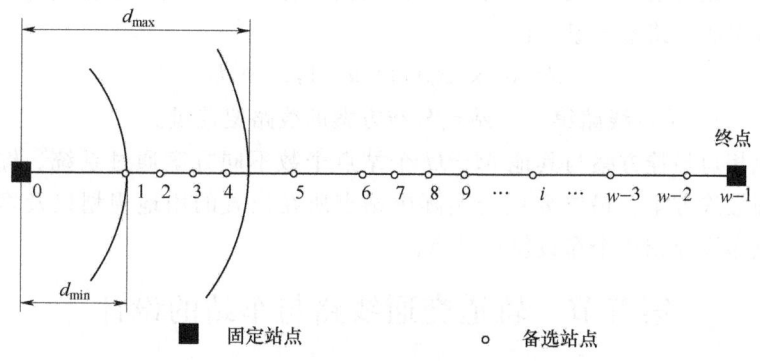

图 3-4　线路站点布设示意图

以线路起点为中心，分别以最小站间距 d_{min} 和最大站间距 d_{max} 为半径画弧，与路线相交界定出相对于起点的第一个站点的候选站位区间。若此区间内只有一个备选站位，则该备选站位就作为第一个站点的理论位置；若此区间内有多个备选站位（图 3-4 中点 1、2、3、4 均为第一个站点的备选站位），则分别以各备选站位为起点，继续以 d_{min} 和 d_{max} 为半径界定下一候选站位区间内的可行站位，依次类推，直至线路的终点，这样可形成多种站点分布方案，如图 3-5 所示。

4. 对形成的各方案分析

采取以上方法所形成的各站点分布方案，站点个数不一定都是 N 个，如果 d_{min} 和 d_{max} 跨度比较大，则可能会形成站点个数多于 N 个的方案。假设通过站点布设方法共形成 M 种方案，每个方案拥有站点个数 N_m 个（$m=1, 2, \cdots, M$）。考虑到线路平均站间距的约束以及站点布设的目标（以尽可能少的站点覆盖尽可能多的客流范围），只需对站点个数

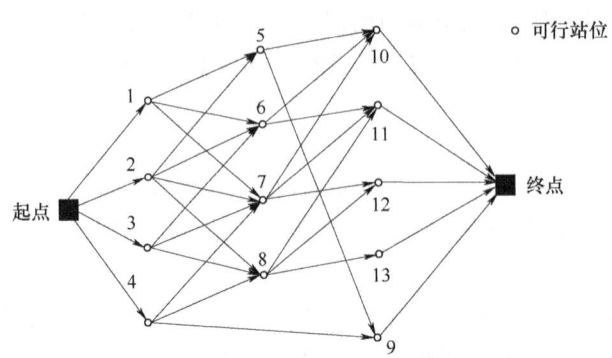

图 3-5 站点方案形成示意图

$N_m \leqslant N+2$ 的方案进行比选最优方案。

对于站点个数相同的方案,以提高线路对出行者的吸引力为目标,通过计算路线覆盖量最大获得最佳方案;对于站点个数不同的方案,则需综合评价决策得到最佳方案。

5. 最终方案的确定

通过对各可行方案的线路覆盖量计算分析,可获取站点个数相同方案中的线路覆盖量最大的方案作为相对最佳方案,假设 M 个方案里面有 U 个站点个数相同的可行方案。则此相对最佳方案的线路覆盖量为:

$$R = \max\{R_u(l)\} \quad u = 1, 2, \cdots, U$$

式中 $R_u(l)$——给定线路第 u 个站点分布方案的线路覆盖量。

进而将此相对最佳方案与其他 $M-U$ 个站点个数不同方案通过系统、综合的评价决策确定最优即最终方案。最终要结合实际中站点所在位置的用地规划以及客观交通条件等,按照站点布设原则逐个布设轨道站点。

第五节 轨道交通线路与车站的设计

一、线路设计

1. 线路设计的主要原则

(1) 线路的路径必须以城市轨道交通线网规划为依据,路径调整需要有充分的理由。

(2) 拟建新线应有一定长度规模,一般情况下不宜小于 10km,以保证运营效益。

(3) 线路敷设形式要根据城市环境、地形条件和总体规划要求,因地制宜地选择。在城市中心区,宜采用地下线;在城市中心区外围,且街道宽阔地段,宜首选地面和高架线;在地面和高架线地段,应注意环境保护和景观效果,并维护地面道路的交通功能。

(4) 轨道交通线路与其他线路相交,必须采用立体交叉方式。

(5) 线路位于地下线时,其平面位置和埋设深度应根据地面建筑物、地下管线和其他地下构筑物的现状与规划、工程地质与水文地质条件、采用的结构类型和施工方法以及运营要求等因素,经技术经济综合比较确定。

(6) 车站应布设在主要客流集散点和各种交通枢纽点上,尤其是轨道交通线网规划的换乘点。

2. 线路的平面位置

(1) 地下线。根据与城市道路的关系,地下线路一般可分为三种,如图 3-6 所示。

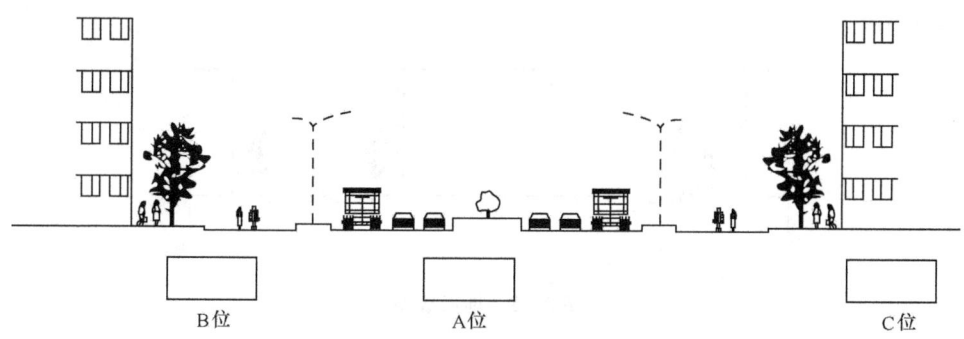

图 3-6 地下线路

A 位:线路位于道路中心,它对周围建筑物干扰较小,施工相对容易,是较为普遍采用的一种线路位置,但若采用明挖法施工时,对道路交通干扰较大,不如 B 位。

B 位:线路位于规划的慢车道和人行道下方,施工时能减少对城市交通的干扰和对机动车路面的破坏,但由于 B 位距建筑物较近,市政管线较多且线路不易顺直,设计中需结合站位统一考虑。

C 位:线路位于通路规划红线以外,是在特殊情况下采用的一种线路位置,如果线路上方建筑物较多,施工时需采用特殊的处理方法或带来较大的拆迁量。

(2) 高架线。高架线在城市中穿越时一般沿道路设置,一般应结合规划道路的横断面考虑,设于车行道分隔带上,如图 3-7 所示。

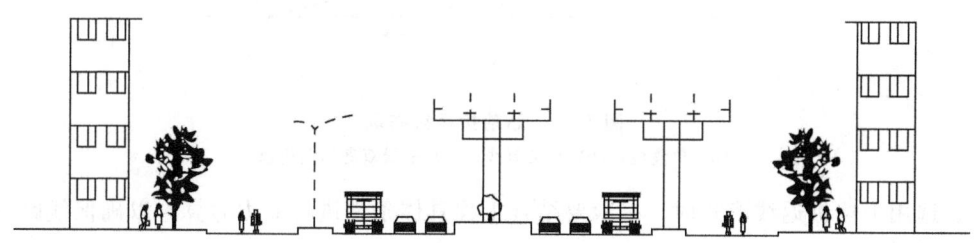

图 3-7 高架线路

高架一般有两种方案:一种是线路位于道路中心的方案,对道路景观较为有利,环境干扰也相对较小,是采用较多的一种线路形式;另一种是线路位于快慢车分隔带上,对一侧建筑物干扰小,但对另一侧干扰大,适用于道路两侧环境要求不一样的地区。除上述两种位置外,在环境特殊的地段,如广场、公园、绿地、河湖等,采用高架线时,应选择适当的位置,使其与整个环境融为一体。

(3) 地面线。地面线是在穿越城区中较少采用的一种线路位置,它通常用在沿铁路、河流或城市绿地带的线路上。在城市街区,如道路条件允许也可采用地面线,但必须保证线路运行的安全。

在城市道路上设地面线,一般有两种位置,如图 3-8 所示。地面线位于快车道一侧［见图3-8（a）］，可减少道路改移量，但快车道另一侧需建辅路，增加了道路交通管理的复杂性。地面线位于道路中心带［见图3-8（b）］上，可保证道路两侧街区车辆右行方向出入，对城市交通及环境干扰小，但其不足之处是两侧乘客均需通过天桥或地道进入车站。

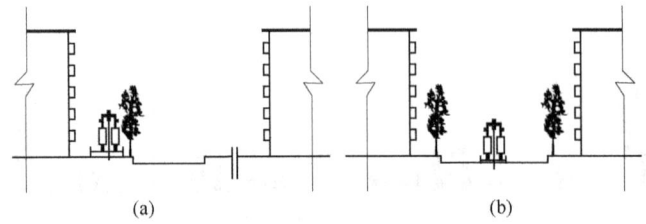

图3-8 地面线路

3. 辅助线类型及其设计

根据线路使用功能的不同，辅助线大致可分为以下三种类型。

（1）折返线。折返线是在列车正常运行中折返掉头时使用的。它的基本要求是要满足列车折返运行能力的需要。折返线一般应结合车站线路形式统一布置，常见的布置形式如图3-9所示。

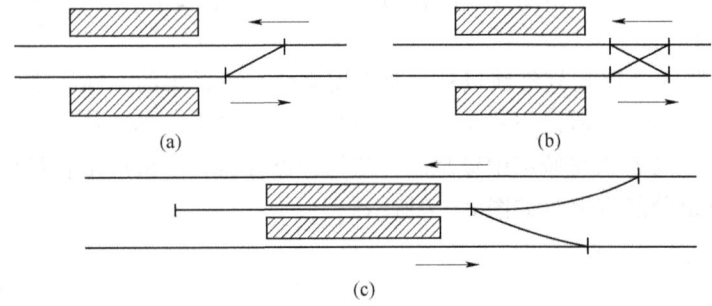

图3-9 站前折返线布局
(a) 单渡线；(b) 交叉渡线；(c) 三线双岛站前折返

在选用上述折返线形式时，一般要结合工程具体条件进行能力验算，以确保线路条件满足运营需要。

临时折返线一般用于故障车掉头或调整列车运行，由于它使用频率不高，能力上一般不做要求，通常条件下，可选用如图3-10所示的布局形式。

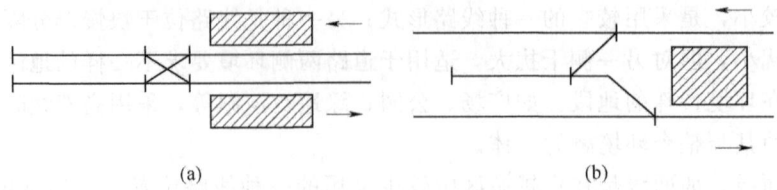

图3-10 站后折返线布局
(a) 侧式车站站后折返；(b) 岛式车站站后折返

(2) 存车线。轨道交通线线路配线除考虑折返线和临时折返线外，在正线一般要考虑一处或多处存车线，以便创造方便灵活的运营组织条件。典型的存车线形式一般有两种方案，如图 3-11、图 3-12 所式。

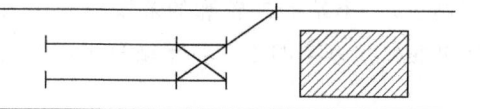
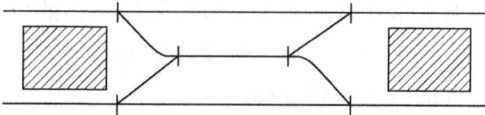

图 3-11　存车线与折返线结合方案　　　图 3-12　存车线单独布置方案

其中，存车线单独布置方案可以为运营创造更好的方便条件，已越来越得到普遍采用。

（3）车场出入线。车场出入线是为列车进出车场而设置的线路，它一般应尽可能靠近车站出岔，以减少对正线运营的干扰。典型的车场出入线布置有如图 3-13 所示的几种形式。

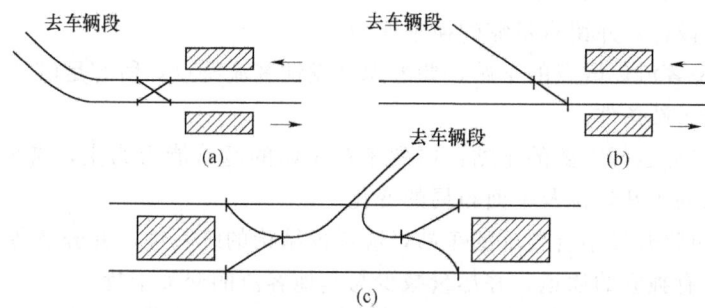

图 3-13　车场出入线

其中，图 3-13（c）所示形式使用时比较灵活，对正线干扰小，应尽可能采用。除以上三种基本配线形式外，在一些特殊情况下，如岔线运营、两条线路之间设置联络线、与铁路接轨等，需结合功能要求，合理设计配线形式。

二、车站设计

1. 车站站台形式

大型轨道交通系统的车站一般由四部分组成：①车站大厅及广场，通常是乘客、游客和商人聚集的地方；②售票大厅，为乘客出售列车客票；③站台，直接供乘客乘降车使用；④旅客不能到达的地方，如车站办公室、仓库、维修设施及铁路股道等。

车站按站台形式可分为岛式站台和侧式站台两种基本类型。

（1）岛式站台。站台位于上下行线路之间，可供上、下行线路同时使用。站台两端有供乘客上、下的楼梯通至地面。岛式车站的优点是可以充分利用乘客候车空间，站台端部可借助自动扶梯或楼梯直接通至地面，便于乘客上下和改变行进方向。

（2）侧式站台。站台位于线路两侧，线路用最小线间距通过两站台之间。侧式车站站台最小宽度视其上有无立柱而定，一般为 4～6m。站台宽度较小时需在车站一端设前厅，站台与前厅用楼梯相连，前厅出口设置自动扶梯与地面联系。当车站位于地面或高架桥时，修建侧式站台可能比较有利。特别是高架轨道线路在中间，可使最大载荷位于桥梁结构的中间，增加结构稳定性、节省造价。

2. 地下车站设计

地下车站总平面布局包括车站中心的位置（站位）、车站的外轮廓的范围以及出入口风亭的确定等，它是车站设计的关键环节。为尽可能减少方案的重复，车站总平面布局的设计可按以下步骤进行：

（1）分析影响因素，确定边界条件。影响车站站位和总平面布局的因素主要有周围环境、建筑物拆迁和管线改移条件、施工方法、客流来源及方向以及综合开发的条件几个方面。

（2）根据功能要求构思总体方案。在构思总体方案时，首先要弄清车站整体的功能要求，弄清车站的特点与性质，才能有的放矢地进行总体方案设计。

不同的车站，除提供乘客上下车场所这一相同的功能外，各有其特点，大致可分为以下几种具有某种典型功能的车站：

1）以换乘为主要功能的车站，主要应考虑乘客的换乘条件，以尽可能减少换乘距离为主要因素进行设计，并留有足够的换乘能力。

2）接驳大型客流集散点的车站，要考虑突发性客流特点，留有足够的乘客集散空间，并创造快捷的进出站条件。

3）有列车折返运行需要的车站，以列车在车站的运营能力为主，考虑车站配线的设置以及由此带来的车站站位及平面布局的变化。

4）有与建筑物开发结合要求的车站，应考虑结构的统一性，并分清各种客流的流向，要使进出站客流有独立的通道，并尽量减少与其他客流的交叉干扰。

5）有其他特殊功能需要的车站，包括远期需进一步延伸的起点站、与其他交通系统的联运站等。

当然，车站的功能需要远不止以上几种，一般是以上几种或其他功能需要合在一起的组合，在确定站位和布局时，对此都要加以细致的考虑。

（3）确定出入口与风亭的数量及位置。在完成总体构思并大致确定站位后，最重要的工作就是确定车站出入口和风亭的数量和位置。车站的出入口和风亭位置的确定，往往对总平面布局有很大影响，有时甚至是决定性的影响，"有出入口才有车站"在某种意义上也反映了出入口的重要性。

车站的出入口数量可根据进出站客流的数量以及方向确定，首先要满足进出站客流的通过能力；其次应尽可能照顾各个方向的客流，以方便乘客进出站。车站出入口的数量，应根据客运需要与疏散要求设置，浅埋车站不宜少于4个出入口。当分期修建时，初期出入口不得少于2个。小站的出入口数量可酌减，但不得少于2个。风亭的数量与采取的通风和空调方式有关，一般由环控专业确定。

出入口和风亭位置的选择应注意以下几点：

1）单独设置的车站出入口的位置一般选在城市道路两侧、交叉口及有大量人流的广场附近，出入口宜分散均匀布置，以便最大限度地吸引乘客。

2）单独修建的地面出入口和地面风亭，其位置应符合当地城市规划部门的规划要求，一般设在建筑红线以内。如有困难不能设在建筑红线以内时，应经过当地城市规划部门的同意，再选定其位置。地面出入口的位置不应妨碍行人通行。

3) 要考虑城市人流流向来设置出入口，不宜设在城市人流的主要集散处，以免发生堵塞。车站出入口应设在较明显的位置，便于识别。

4) 车站出入口和地面风亭不应设在易燃、易爆、有污染源并挥发有害物质的建筑物附近，与上述建筑物之间的防火安全距离应符合有关规范的规定。

5) 应尽可能创造条件使车站出入口、风亭与周围建筑物结合，尽可能减少用地和拆迁。

6) 车站出入口应尽可能与城市过街地道、天桥、下沉广场结合，以方便乘客、节约投资。

(4) 绘制车站总平面布置图。在以上工作的基础上，要根据设计的方案进行车站总平面布置图的绘制，根据设计阶段的不同，图纸内容深度也不同。

车站总平面设计过程是一个各种因素互相影响的过程，它也是车站总体设计的首要工作，应予以充分重视。

3. 高架车站设计

高架车站主要是根据所在位置和设置的站房来确定车站形式。高架车站也可分为岛式和侧式两种形式。岛式车站中，双方向客流可以同站台乘降，站台利用率较高，但线路结构较复杂，站台宽度也较侧式站台的任一侧要求要宽，从而需要较多的、集中的空间，可能造成地面土地利用的困难。

侧式站台双方向客流流线分开考虑，不易造成客流的混乱，站台在建筑空间上可以适当分散处理，如横列或纵列处理等，有时也容易与地面客流及换乘方向结合。因此，实际工作中，高架车站较多地采用侧式站台形式，尽可能减少车站宽度，降低车站造价。

4. 地面车站设计

当轨道交通线路在市区边缘或郊区时，由于地面交通量不大，为降低成本，可以考虑将轨道交通车站设置在地面，尤其是轻轨系统。

地面形式的轨道交通主要是基于既有的街道，线路设计相对简单，重点是处理与道路交通的关系及先行权问题。

地面轻轨车站设计的重点是要考虑乘客及行人穿越道路时的干扰以及安全问题。地面车站一般分为单层、双层或结合周围环境进行开发的多层车站，其形式主要根据功能要求和环境特点确定。地面车站主要要解决好乘客进出车站的流线，在此基础上，应尽可能简捷，缩小站房面积，降低车站造价。

三、城市轨道交通换乘站设计

1. 城市轨道交通换乘站形式

城市轨道交通换乘是指出行者为到达目的地，进行轨道交通间的换乘或轨道交通与其他交通方式换乘的一种行为活动。轨道交通换乘主要包括：轨道交通线路之间的换乘、轨道交通与地面公交的换乘、轨道交通与私人小汽车和自行车等交通方式的换乘。此处轨道交通换乘特指城市轨道交通之间的换乘。

换乘站是线网中各条线路的交叉点，提供乘客转线换乘的场所。除供乘客上、下车外，还要实现两线或多线车站站台之间的人流沟通。根据换乘车站的平面位置，可将换乘车站形式分为以下几种。

(1)"一"字形换乘。两个车站上下叠设置构成"一"字形组合的换乘车站，一般采取站台直接换乘或站厅换乘。图3-14描述了这种换乘站的简要示意图。

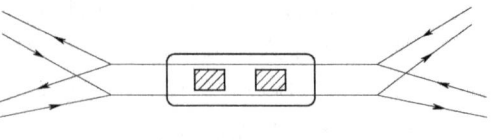

图3-14 "一"字形换乘站示意图

(2)"L"形换乘。两个车站平面位置在端部相连构成"L"形，高差要满足线路立交的需要，这种车站一般在相交处设站厅进行换乘，也可根据客流情况，设通道进行换乘，如图3-15所示。

(3)"T"形换乘。两个车站上下相交，其中一个车站的端部与另一个车站的中部相连，在平面上构成"T"形，一般可采用站台或站厅换乘，如图3-16所示。

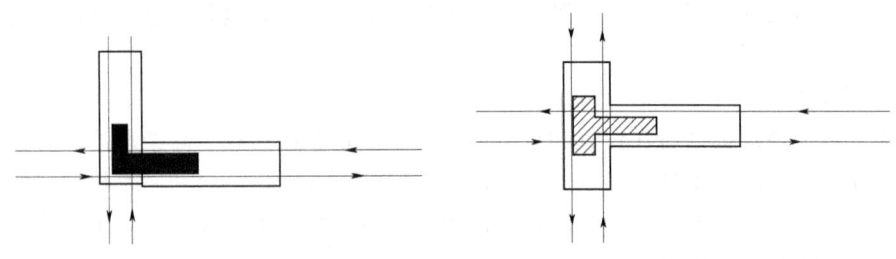

图3-15 "L"形换乘站示意图　　　　图3-16 "T"形换乘站示意图

2. 换乘方式

换乘方式首先决定于两条线路的走向和相互交织形式，一般常见的有垂直交叉、斜交、平行交织等多种形式，但归纳到换乘方式，可分为同站台换乘、结点换乘、站厅换乘、通道换乘、站外换乘等基本形式（见表3-2）。

表3-2 换乘方式比较

换乘方式		功能特点	线路数	优缺点
站台换乘	同平面站台	某些方向在同一站内换乘，其他方向需通过联络系统换乘	两线换乘	换乘直接，换乘量大，但部分客流换乘距离较大
	上下平行站台			
站厅换乘		通过各线公用站厅换乘，或将各站厅相互连通进行换乘，乘客需上下楼梯	两线换乘或多线换乘	客流组织简单，换乘速度快，但引导标志设计重要
结点换乘	十字形 岛式与岛式	通过一次上下楼梯或自动扶梯，在站台与站台进行直接换乘	两线换乘	一点换乘，客流交通方便但交叉
	十字形 岛式与侧式			二点换乘，换乘量中等
	十字形 侧式与侧式			四点换乘，换乘量大
	T形、L形换乘			相对十字换乘，步行距离长
通道换乘	T、H、L形站位	通过专用的通道换乘	两线换乘或多线换乘	换乘间接，步行距离长，换乘能力有限，但布置灵活
混合换乘		以上四种换乘方式的两种或两种以上方式组合	两线换乘或多线换乘	保证所有方向的换乘得以实现
站外换乘		没有设置专用设施，在付费区以外进行换乘，增加一次进出站手续	两线换乘或多线换乘	步行距离长，客流混合，由线网规划的系统缺陷造成

（1）同站台换乘。同站台换乘一般适用于两条线路平行交织且采用岛式站台的车站形式。乘客换乘时，由岛式站台的一侧下车，横过站台到另一侧上车，完成转线换乘。同站台换乘的基本布局是双岛站台的结构形式，可以在同一平面上布置，也可以双层立体布置。

采用这种换乘方式，乘客在同一站台即可实现线间换乘，对乘客最为便利，特别是换乘客流量较大时；但由于需要两线有足够长的重合段，需要第一条线路建设时，将车站预留线及区间交叉预留好，线路交叉复杂，工程投资大。

（2）站厅换乘。设置两线或多线的共用站厅，或相互连通形成统一的换乘大厅，乘客下车后，无论是出站还是换乘，都必须经过站厅，再根据导向标志出站或进入另一个站台继续乘车。由于下车客流只朝一个方向流动，可减少站台上的人流交织，乘客行进速度快，在站台上的滞留时间减少，可避免站台拥挤，同时又可减少楼梯等升降设备的总数量，增加站台有效使用面积，有利于控制站台宽度规模。

站厅换乘一般用于相交车站的换乘，它的换乘距离比站台直接换乘要长，在很多情况下，乘客在垂直方向上要往返行走，带来一定的高度损失。

（3）结点换乘。在两线交叉处，将两线隧道重叠部分的结构做成整体的结点，并采用楼梯将两座车站站台直接连通。乘客通过该楼梯进行换乘，换乘高差一般为5~6m，乘客换乘十分方便。这种换乘方式一般适宜用于侧式站台间换乘，与其他换乘方式组合应用可以达到较佳效果。

（4）通道换乘。在两线交叉处，车站结构完全脱开，用通道和楼梯将两车站连接起来，供乘客换乘。连接通道一般设于两站站厅之间，也可以直接设置在站台上。不相邻的两座车站，通道换乘为最佳选择，但换乘通道长度一般不宜超过100m，宽度可以根据换乘客流量的需要设计。

通道换乘设计要注意上下楼的客流组织，更应避免双方向换乘客流与进出站客流的交叉紊乱。

（5）混合换乘。在换乘方式的实际应用中，往往采用两种或几种换乘方式组合，以达到完善换乘条件、方便乘客使用、降低工程造价的目的。例如，同站台换乘方式辅以站厅或通道换乘方式，使所有的换乘方向都能换乘；结点换乘方式在岛式站台中，必须辅以站厅或通道换乘方式，才能满足换乘能力；站厅换乘方式辅以通道换乘方式，可以减少预留工程量，等等。

（6）站外换乘。站外换乘方式是乘客在车站付费处以外进行换乘，实际上是没有专用换乘设施的换乘方式，往往是无线网规划而造成的后遗症。由于乘客增加一次进、出站手续，再加上在站外与其他人流交织和步行距离长而显得极不方便，对轨道交通自身而言，是一种系统性缺陷的反映。因此，站外换乘方式在线网规划中应注意尽量避免。

在换乘车站的几种主要换乘方式中，通道换乘方式，通常换乘距离长，占地不合理，服务水平低，只能作为弥补车站之间未同期实施的补救办法，路网规划中应尽量避免。站厅换乘不是比较好的换乘方式，在实际的地铁站设计中不经常被使用。

同站台换乘方式的换乘距离短，换乘量大，但必须在路网规划中使二线平行走行一段距离，才能够实施；另外，同站台平行换乘有一半方向的换乘量存在高度损失。从网络规划优化来看,追求平行换乘,牵一发而动全身,硬将两线凑成平行的办法实属下策。

结点换乘方式中的"十字"换乘方式是网络优化的产物,换乘车站的布置合理与否,将直接影响网络优化的实现与否。而且,"十字"换乘方式换乘距离短,无高度损失,方向性强,盾构施工上、下无限界之虞,规模紧凑;只是目前一般认为岛式车站"十字"换乘的换乘能力有限。

3. 换乘车站设计

(1) 线路之间换乘的设计原则。轨道交通系统中,线路之间换乘应尽量遵循下列原则:

1) 线网中任意两条线路应尽可能相交1~2次。

2) 换乘节点应适当分散,避免过分集中在城市中某个狭小区域。

3) 换乘节点最好为两线交叉,有利于分散换乘客流,合理控制换乘站规模,简化换乘站客流组织,降低工程施工难度,节省工程造价,有利于车站维持良好乘车秩序,组织高密度行车,有利于提高运行质量。

4) 换乘节点应尽量避免3条以上线路交叉于一点,否则,一方面换乘客流干扰较大,另一方面工程难度较大。

5) 换乘点应主要分布于城市重点区域,如中心区或外围特大型客流集散点。

(2) 换乘站的设计原则。作为轨道交通系统与其他交通方式联系的纽带,换乘站设计原则主要有以下几方面:

1) 尽量缩短换乘距离,换乘路线要明确、简捷,尽量方便乘客。

2) 尽量减少换乘高差,降低换乘难度。

3) 换乘客流宜与进、出站客流分开,避免相互交叉干扰。

4) 换乘设施的设置应满足换乘客流量的需要,且需留有扩、改建余地。

5) 应周密考虑换乘方式和换乘形式,合理确定换乘通道及预留口位置。

6) 换乘通道长度不宜超过100m;超过100m的换乘通道,宜设置自动步行道。

7) 应尽可能降低造价。

(3) 换乘站设计需注意的问题。换乘站的设计要在通常车站设计的基础上,重点考虑以下几个问题:

1) 依据线路位置和客流方向,确定换乘关系。两条线之间的换乘关系一般取决于两条线路的走向和站位条件,在两条交叉的线路上一般采用"十"字形换乘、"T"形换乘或"L"形换乘。在两条平行的线路上,可选择"一"字形换乘或"工"字形换乘。

换乘站周围的客流来源和方向是在考虑换乘站关系时要重点考虑的因素,一般来说,"T"形、"L"形、"工"字形照顾的客流面比较大,可以使车站的客流吸引范围增大,但其客流换乘条件不如"十"字形和"一"字形。"十"字形和"一"字形换乘站可以提供很好的换乘条件,在以换乘客流为主的车站应尽可能采用。

2) 根据车站形式,设计客流流线。通常来讲,根据车站站台形式确定的换乘方式可分为"岛岛换乘"、"岛侧换乘"和"侧侧换乘"等几种换乘方式。

"岛岛换乘"是指两个岛式站台车站之间的换乘。由于在这种方式中两车站之间直接换乘的节点只有一个,换乘能力受到局限,所以一般需要辅以通道换乘来解决客流换乘问题。

"岛侧换乘"是指岛式站台车站与侧式站台车站之间的换乘。由于其比"岛岛换乘"增加了一个换乘节点，在一些换乘客流量比较小的车站可以设计为站台到站台直接换乘的方式。

"侧侧换乘"是指两个侧式站台车站之间的换乘，其换乘节点可增加到 4 个，为换乘客流创造了更方便的条件，可以根据站位和环境情况自如地处理客流的换乘。

无论采取哪种换乘方式，换乘客流流线均应与进出站客流分开，并尽可能便捷顺畅。

3) 根据预测客流量，计算换乘楼梯（通道）宽度。换乘楼梯（通道）宽度的计算应根据换乘客流的特点，加以具体分析。

换乘客流一般属于集中的间断型客流，它是随着两条线列车的到发而形成的，因此，在一段时间内，其换乘客流量除取决于预测的小时客流量，还与两条线列车的运营间隔有关，在计算换乘楼梯（通道）宽度上，要重点考虑这一因素，为换乘客流提供足够的条件。

如换乘客流不需重新购票，一般不会形成集聚客流（即排队），但由于通道间的输送能力不同，如楼梯与通道交接处会形成客流聚集，应在此要考虑一定的空间集散条件。

4) 结合车站结构和施工条件，考虑远期预留。随着施工技术水平的进步，换乘车站的预留逐步从土建全部做成，过渡到只预留将来可能施工的条件，即从土建预留到条件预留，这样可大幅度降低初期工程造价，避免投资的浪费。

要做到条件预留，必须对近远期的车站方案和工程实施方案进行周密的考虑，尤其要考虑在远期实施换乘车站时，不能影响已运营车站的使用，并确保运营安全。

4. 城市轨道交通枢纽接驳换乘设施

城市轨道交通枢纽接驳换乘设施大致可由交通工具接驳设施、乘客服务设施和信息诱导设施三部分组成（见图 3-17）。这些设施作为城市轨道交通枢纽接驳换乘系统的有机组成部分，相互制约、相互协调，充分发挥各自的功能和优势，促使系统达到整体功能的优化，为实现出行者换乘舒适、安全和换乘时间最短这一总体目标而服务。

(1) 交通工具接驳设施。交通工具接驳设施大致可分为轨道交通工具接驳设施、地面常规公共交通工具接驳设施和私人交通工具接驳设施三类。

1) 轨道交通工具接驳设施。在多条轨道交通线路汇聚的枢纽处，其接驳系统首要解决的是不同轨道交通线路间的接驳换乘问题。枢纽内轨道交通线路交叉和衔接的形式较多，车站站台又有岛式、侧式、岛侧混合式站台等多种形式。通常，两条线路同向换乘，可共用同一个侧式站台，也可共用同一岛式站台的两侧；两条线路异向换乘时，可共用同一岛式站台的两侧，也可分在两层站台上，用步行或自动扶梯相连，但必须重视梯道上的换乘客流的远期流量与梯道的通行能力相符合，否则一旦梯道堵塞，会造成站台上交通秩序混乱，影响列车运行。总之，站位选择、站台布置、换乘形式要根据实际需要，经济合理地综合考虑。

2) 地面常规公共交通工具接驳设施。地面常规公交的载客能力相对较小、人力成本高、准点率往往不高，但与轨道交通相比，具有较大的弹性，更改线路和站点比较容易，

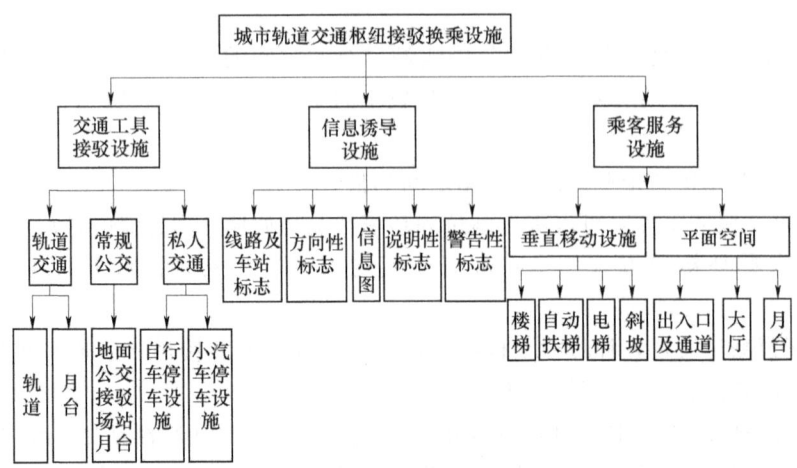

图 3-17　城市轨道交通枢纽接驳换乘设施构成

是为轨道交通提供接运最合适的方式。由于其载客量比私人交通工具大得多，对公共汽车与轨道交通之间的换乘，需要在公共汽车的进入路线、停靠站台、换乘站内的行车路线以及车辆的班次等方面予以充分重视。轨道交通与地面常规公交及其他交通方式交汇衔接时，一定要有清晰的线路信息，使换乘客流流向明确、通道畅通、换乘便捷无误。由轨道交通车站换乘地面公共汽车的客流，应通过行人天桥或地道直接进入街道外的公共汽车站台，使人流与车流分别在不同的层面上流动，互不干扰。因此，大型换乘枢纽站的建筑必须与其周围的道路、广场等进行以下综合设计。

3）私人交通工具接驳设施。与城市轨道交通接驳的私人交通工具大致可分为非机动车（以自行车为代表）和机动车（以小汽车为代表）两大类型。

对自行车交通网的设计应考虑近距离出行方便，远距离出行限制的原则，并减少其对干道的冲击。但应注意这种换乘只适合于城市外围的车站，以有利于提供自行车的停放场地；对于市区尤其是市中心的车站，由于路面空间和停放空间的不足，不宜采用自行车直接与之换乘的方式，地面常规公交与自行车的换乘设置也应避免与轨道交通枢纽站重合和过分接近。

私家车与轨道交通之间的换乘在小汽车拥有率较高的国家非常普遍，即由居住点开车前往大容量轨道交通车站，再利用轨道交通前往目的地。存车换乘 P（Park）+R（Rail transportation）是现代化公共交通系统中不可缺少的一个组成部分。这种 P+R 系统已使换乘站成为一种交通建筑物，即整栋大楼从地下到地上都是为公交换乘服务的，其间分层布设了各类交通工具的换乘设施，包括联系不同公交线路下客站与上客站及私人交通停车场之间的交通设施、便捷的通道及自动电梯等，给乘客提供各种方便。

(2) 信息诱导设施。信息诱导设施分为静态信息诱导标志和动态信息诱导标志两部分。根据其功能又可以分为线路及车站识别标志、方向性标志、信息图、说明性标志、警告性标志等。采用信息诱导系统的目的主要是为确保乘客由进站、乘车、下车、离站的整个过程均能顺利且安全地完成。

1) 线路及车站识别标志。为了提高旅客对行车方向所在路线的识别性，可以不同的颜色代表不同的路线。这些颜色作为车站站名标志的背景色（底色）以及沿线车站装修上的主要强调色彩，以加强旅客对所在路线的印象。

设置车站识别标志的目的是能够使乘客在进口处及搭乘列车到站时均可以识别所在的车站，以加强乘客的心理安全感。除车站本身的建筑造型及装修可以提供车站的识别外，在车站的每一个出入口上方或与其他设施空间的交接处、轨道侧墙、月台柱面等位置标志车站站名，以提供进站及到站的车站识别。

2）方向性标志。方向性标志主要是提供乘车（往月台方向、车行方向）、出站（往出口方向）、换乘及无障碍路径、紧急逃生等主要路线及相关设施的引导。方向性标志需配合站内旅客行动路线的规划设计。其设置形式可分成标志灯箱、独立式标志、贴纸式标志等。

3）信息图。信息图能够提供详细的辅助信息，轨道交通系统的信息图主要有轨道交通系统路网图、车站位置图、车站信息图、单一路线图、票价图、出口信息图等，其配置位置根据信息图服务的内容与性质，配合进出站的路线设置。

4）说明性标志。说明性标志是说明各设备空间的使用性质及方法，包括空间或区域的说明、车站内各固定设施装备的标志及说明、车站内各机电设施的标志及说明、车厢内固定设施的说明标志。

5）警告性标志。警告性标志是禁止或警告乘客行为的标志，如车站内禁烟禁食标志、自动扶梯的使用注意事项、"小心月台间隙"、"禁止进入"、"高压电危险"等警告标志。另外，根据轨道交通运营需求还有部分惩罚性的警告标志。

(3) 乘客服务设施。地铁车站内提供乘客使用的设施空间，根据乘客的移动方式可分为平面空间与垂直移动设施两类。其中主要提供乘客使用的平面空间，包括车站出入口及通道、大厅、月台等；垂直移动设施则有楼梯、自动扶梯、电梯及斜坡。

1）平面空间。地铁车站内部空间的组成，可区分为主要供乘客使用的公共区与供营运人员使用的非公共区。公共区包括车站出入口及通道、大厅、月台等平面空间，其中大厅又以验票闸门为界划分为非付费区和付费区；非公共区则是地铁公司营运人员执行工作的区域，包括员工办公室、营运室及机房等。

2）垂直移动设施。地铁车站内部垂直移动设施包括楼梯、自动扶梯、电梯及斜坡等。需配置楼梯、自动扶梯及电梯的处所主要有两处：一处设置在地铁车站进出口处，以连接地面与车站大厅；另一处设置在大厅付费区，以提供乘客通往月台。斜坡则大多配置在电梯出入口处，与站外路面衔接，方便残障乘客通行。对于地铁车站内向上及向下流动的乘客，如何设置自动扶梯或楼梯供其通行，应视各车站预测的乘客流量、垂直移动距离、车站可用空间及构造上的限制作最后决定。为了减少乘客步行距离，楼梯、自动扶梯或电梯建议应由地面直达车站大厅。

四、出入口设计

1. 地铁出入口形式的分类

(1) 独立式出入口。独立修建的出入口称为独立式出入口。独立式出入口布局比较简单，建筑处理灵活多变，可根据周围环境条件及主客流方向确定车站出入口的位置及入口方向。

1) 地铁出入口独立布置在路边人行便道上（见图3-18）。

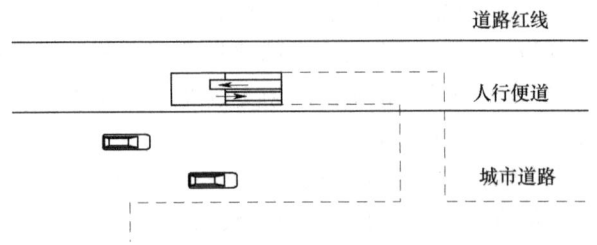

图3-18　地铁出入口在路边人行道上

地铁出入口就近布置在道路边，地铁水平通道短，节省投资，方便换乘，因拆迁量少或没有拆迁，而且是独立式，可一次建成。地铁出入口需占用市政管线敷设地段，因此一般情况需加宽道路红线，减少建房地段，土地使用不够经济。

2) 地铁出入口与道路红线内的绿化隔离带结合（见图3-19）。

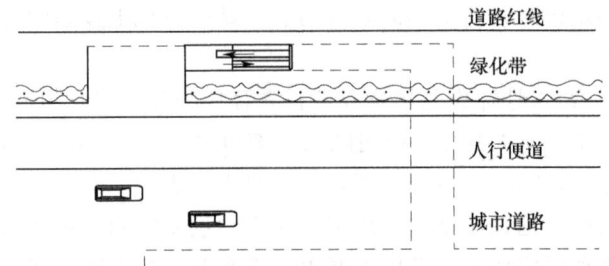

图3-19　地铁出入口在绿化隔离带内

这种形式换乘方便，有利于乘客接近绿化环境。地铁出入口可作为绿化带中的建筑小品，有机地与绿化带结合，丰富街景，布局合理。地铁出入口布置在道路红线内，不占建房地段，不影响管线敷设，有利于合理使用土地。地铁出入口为独立式，没有拆迁，近期可一次实现。

3) 地铁出入口与道路红线外建筑地段环境结合（见图3-20）。

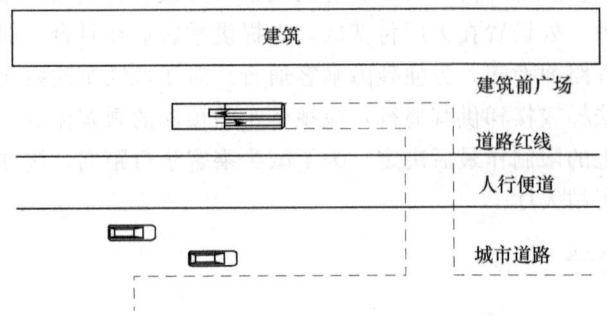

图3-20　地铁出入口与红线外建筑结合

当地铁车站附近建筑退建筑红线布置时，地铁出入口可以伸入建筑红线内与建筑红线内的广场或环境结合。这种形式更有利于乘客进出站,人行便道的行人不会对乘客有影响;而且可结合建筑前广场或环境,减少出入口对城市景观的影响。

(2) 合建式出入口。地铁出入口设在不同使用功能的建筑内或贴附在该建筑的一侧的出入口称为合建式出入口。合建式出入口应结合地铁车站周围地面建筑布设情况修建。出入口与建筑物如果同步设计及施工,其平面布置及建筑形式容易取得协调一致;如果不同步进行,设计及施工将会受到一些条件的限制,往往会产生一些不尽合理的情况。合建式出入口包括地铁出入口与路边建筑合建和出入口通道与地下人行过街通道结合两种。

1) 地铁出入口与路边建筑合建(见图 3-21)。

这种方式结构关系合理,可节省建筑材料及基建投资。在功能布局方面,地铁出入口与人流集散点,如旅馆、商业、服务设施等地面公共建筑物完全结合,可方便乘客,并有利于战时及地震时的人流疏散。在土地使用方面,可节省地铁出入口单独占用的地段。在规划布局方面,地铁出入口与地面建筑有机地结合在一起,有利于建筑形式的统一。

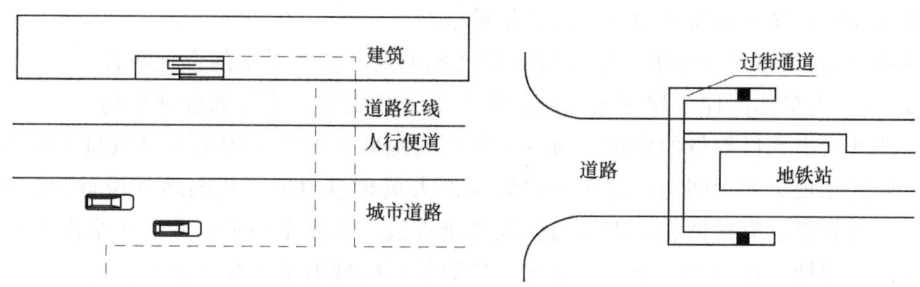

图 3-21 地铁出入口与路边建筑合建　　图 3-22 地铁出入口与人行过街通道结合

2) 地铁出入口与地下人行过街通道结合(见图 3-22)。这种方式有利于地上、地下交通联系,利于多功能使用,可经济地使用地下建设地段。出入口地面部分因位于道路红线内,可避免对地面建房的影响。地下构筑物有机结合,可整体设计,统一施工,减少建设程序,节约投资。地铁出入口与人行过街出入口合用,可采用露天式,开敞,不遮挡视线,对街景有利。地铁出入口的自动扶梯,只提升到地下人行横道的高度,然后利用楼梯步行出地面,一般可在 3m 以下设置自动扶梯。在地下市政设施有条件部位,地铁出入口与地下人行过街道结合是比较有利的。

(3) 下沉式出入口。这是地铁出入口与下沉广场结合,由地铁直接通到下沉广场而直接到达室外的出入口形式。这种出入口形式需与规划结合紧密才能与环境结为一体。要与下沉广场结合紧密,最好同时设计与施工。同时,需要地面有足够面积来做下沉广场。下沉式出入口结合下沉广场布置,人们进出站需要通过下沉广场,有一种空间过渡感。(见图 3-23)。

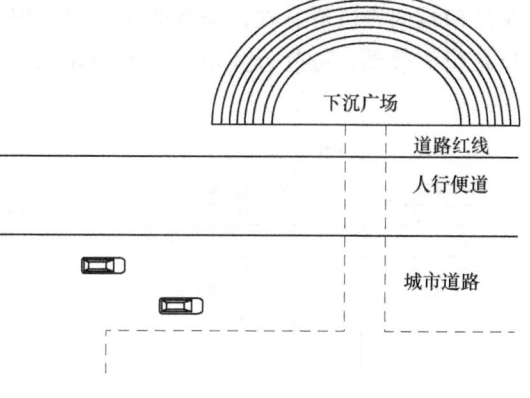

图 3-23 下沉式地铁出入口

2. 地铁出入口的规划设计

(1) 地铁出入口规划应注意的问题。

1) 地铁在线路设计时就应该判断好车站的站位，使站位与路面有良好的位置关系，地铁可与城市结合更紧密，出入口可以发挥更大的作用。例如，在路口的地铁站出入口可兼做地下过街地道。

2) 地铁出入口布局需要与站位周边建筑紧密结合。要考虑与地面大型公共建筑如旅馆、影剧院、体育场、商业贸易中心、会议中心等人流集散点结合。这样既可方便平时使用，也可提供特殊时期人流疏散的需要。同时，由于出入口与建筑结合，也可减少出入口对路边景观的影响。要考虑与地下建筑如地下商业街、地下公共服务设施等结合。

3) 地上、地下交通系统要统一考虑。地铁出入口要考虑与地面交通站点衔接、与地面交通的衔接以及与地下构筑物的出入口结合。在设有地下人行过街道的部位，要综合考虑地铁通道与其结合，使用地下建设地段。地铁出入口最好能起到过街地道的作用，这样既可以美化环境，又可以减少地面人行天桥的数量。

4) 地铁出入口布局应考虑道路红线宽度及地上地下各项设施的合理布置。

5) 地铁出入口如需伸入建房地段时，要考虑干线规划及建筑的合理布局。

(2) 地铁站出入口数量的确定。每个车站直通地面室外空间的出入口数量不应少于2个，并能保证在规定的时间内，将车站内的全部人员疏散出去。我国地铁设计规范规定，车站出入口的数量，应根据客运需要与疏散要求设置，浅埋车站不宜少于4个出入口。当分期建设时，初期不得少于2个。小站出入口数量可酌减但不得少于2个。

(3) 地铁站出入口与路面的位置关系。

1) 跨路口站位，指车站跨主要路口，在路口各角上均设有出入口，乘客从路口任何方向进入地铁均不需要穿马路，增加乘客安全，减少路口人车交叉。这种方式可使地面公交线路衔接好，换乘方便，但路口是城市地下管线集中交叉的交点，需要解决施工冲突和车站埋深加大的问题。如果与周围城市空间综合设计，跨路口站位是可能获得最大城市效益的地铁站位。跨路口站位对于解决城市空间密集问题、促进地下空间发展比较有利（见图3-24）。

2) 偏路口站位：车站偏路口一侧设置。车站不易受路口地下管线的影响，可减少车站埋深，方便乘客使用，减少施工对路口交通的干扰，减少地下管线拆迁，工程造价低。但车站两端的客流量悬殊，会降低车站的使用效能。如果将出入口伸过路口，获得某种跨路口站位的效果，可改善其功能（见图3-25）。

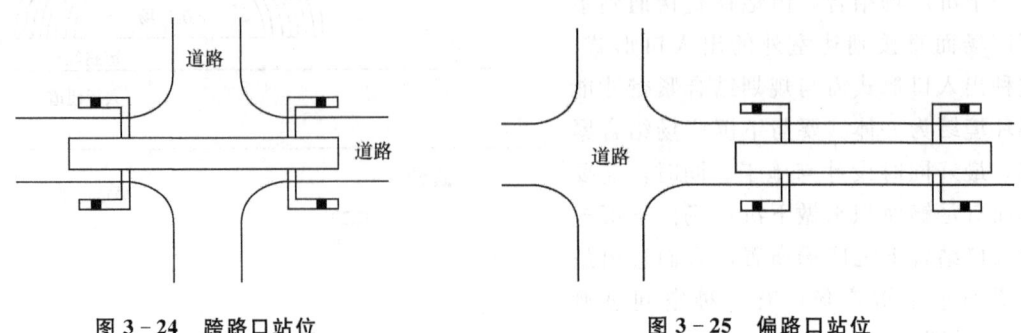

图3-24　跨路口站位　　　　　　图3-25　偏路口站位

3) 两路口站位：当两路口都是主路口且相距较近（小于400m），横向公交线路及客流较多时，将车站设于两路口之间，以兼顾两路口（见图3-26）。

4) 贴近道路红线外侧站位：一般在有利的地形地质条件下采用。这种站位基础埋深浅、道路红线外侧有空地或危旧房屋改造相结合，将车站建于红线外侧的建筑区内，可少破坏路面，减少动迁地下管线，减少交通干扰（见图3-27）。

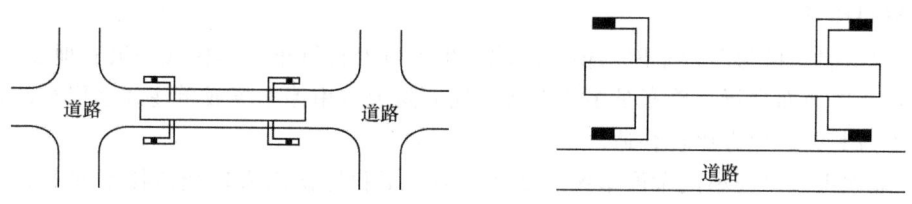

图3-26 两路口站位　　　　图3-27 贴近道路红线外侧站位

(4) 地铁站出入口与周围建筑物结合。地铁出入口要尽量与周边建筑结合，这样可以产生多方面的优点：吸引更多乘客搭乘地铁；使地面建筑成为地铁出入口的标志，提高地铁站的外部识别性；增强城市交通的疏解作用，使大量人流不需溢出地面就可快速集散，缓解地面交通压力；提高建筑的可达性和空间价值，支持高强度开发和城市功能的地下化；减少地铁基建投资。地铁出入口结合周边建筑，应根据城市地段和功能区位要求统一规划。

1) 附着式，其出入口与建筑紧贴相建，但单独布置楼梯、扶梯，占用合建建筑的底层面积。地铁出入口与该建筑之间可建立联系，也可不建立联系。附着式地铁出入口需要将其与建筑合建或建筑建设时预留出空间来（见图3-28）。这种形式在商务办公楼类型的建筑中常被采用。

2) 融入式，即地铁车站的地下出入口通道分叉出一条进入建筑内部，接建筑物地下室或地下中庭，乘客进入建筑物，再由建筑物内的楼梯、扶梯进行疏散；而另一条接城市地面出口。一般当周围建筑规模较大时可采用这种方式，这种方式与城市关系最好，但经济性和综合性是解决这类方式的关键，通常需要有预先的规划（见图3-29）。这种形式在商业建筑和大型综合公共性建筑中应用广泛，这类建筑希望能吸引大量人流，同时希望人流在建筑中有所停留。

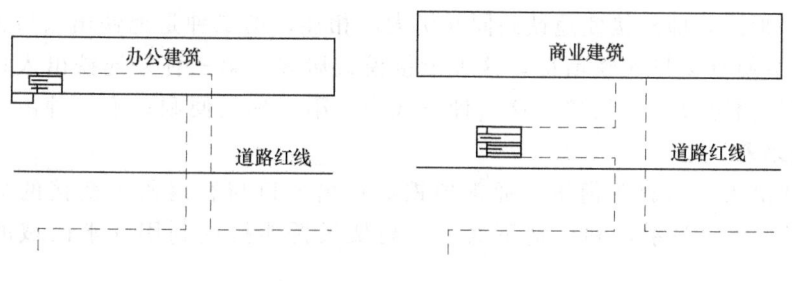

图3-28 附着式地铁出入口　　　　图3-29 融入式地铁出入口

3) "零"出入口式，这种形式是在整个地铁站上建建筑的形式，地铁车站就位于合建建筑的地下层，没有我们平时意义上的出入口，只通过自动扶梯和楼梯将地铁车站与建筑连接。

(5) 地铁出入口与其他交通系统结合。

1) 地铁出入口与城市步行系统的衔接。在城市中心区或城市边缘的居住区，地铁主要是吸引步行的人流。地铁出入口与城市步行系统的形式有：独立出入口连接路边人行道或广场；出入口连接地下通道、过街天桥和地下街；下沉广场，该方式可使城市获得良好的开敞空间环境。

2) 地铁出入口与自行车库的衔接。地铁出入口处自行车停车模式一般有地面、地下、半地下，其中地面自行车停车是主要形式。地面露天专用停车场或单建式多层车库在城郊处用地不太紧张的地方比较合适。

3) 地铁出入口与小汽车停车场的衔接。小汽车和地铁出入口相衔接基本上有两种形式。一种是停车衔接（Park and Ride），简称 P+R，乘客停车换乘地铁，经过较长时间（如上班等）后回到原地点开车。停车场出入口一般要求与主要人流流线、自行车流线分开，并与车站出入口紧密联系。另一种是接送衔接（Kiss and Ride），简称 K+R。该方式设有大量的停车空间并供接送地铁乘客瞬时使用，一般车行道上的汽车单向行驶，乘客上下完汽车需立即离开，让出车位供下一辆车使用。在地铁出入口前上下车，要求有一定的集散空间和回车空间。

4) 地铁出入口与公交站点衔接。地铁出入口与公交站点衔接方式有两种：一种是集中式，即两者的站点集中在一起或立体化布局于一栋建筑中；另一种是水平式展开布局，即在地面或地下城市步行系统中展开，这是最常见的。

5) 地铁出入口与火车站衔接。地铁与火车站相结合的方式有三种：第一种是地铁出入口与车站前广场结合，地铁出入口接到站前广场；第二种是地铁直接引入火车站与之相结合，形成"零"出入口形式衔接，换乘人流通过大厅直接完成地铁与火车之间的转换；第三种是通过地下步行系统完成地铁与铁路的换乘。

第一种方式是客流量大时的解决方案，处理不好有换乘距离长，交通组织不畅等缺点。第二种方式相当于地铁出入口直接与火车站大厅相结合，这种方式最高效。第三种方式，人流可从各方向直接从地下进入火车站，干扰少，可减轻地面交通的巨大压力，但必须建立在地铁线网的成熟和城市地下空间的充分开发之上。

6) 地铁出入口与航空港衔接。地铁出入口与航空港衔接的方式有三种：第一种是"零"出入口形式，即直接使地铁站同候机大厅相连；第二种是地铁出入口设在停车广场，通过通道使机场与地铁衔接，这种衔接模式居多；第三种是地铁出入口设在航站区以外，利用固定公交车衔接。这三种方式中，第一种最便利；第三种由于换乘距离长，换乘效果差。

7) 地铁出入口与码头衔接。通常地铁通过出入口与客运码头衔接的关系表现为水平地段上的并列关系，利用地下通道、高架天桥连接或利用滨水区域的开敞空间衔接。

8) 地铁出入口与长途客运站衔接。地铁与客运站垂直叠加布置，用垂直集散厅联系，地铁站台与长途客运站的站台处于同一水平面上，通过水平大厅联系，换乘方便；地铁靠近长途客运站，形成并列的空间关系，利用地道、天桥等城市步行系统相连。

(6) 地铁出入口与地下构筑物的关系。

1) 与地下管线。城市地铁一般设于城市主干道中心线下，出入口需要在地下连接地铁与城市便道，由于市政管线基本上是沿着城市道路旁埋设，而地铁出入口在地下空间与其垂直交汇，如何处理地铁出入口与管线的关系是出入口规划设计的一个问题。若地铁出入口与市政地下管线发生矛盾，应协调城市市政部门进行管线改移，或在出入口设计当中进行躲闪，例如可提前提高出入口通道标高，为地下管线留出空间。

2) 与地下过街通道。地铁出入口的功能除了具有为地铁车站输送人流的作用，同时它应具有兼作过街地道的要求。若在地铁出入口通道附近存在地下过街通道，地铁出入口应尽量与其连接。

3. 地铁出入口的外观设计

(1) 按外观分类的地铁出入口类型。

1) 敞口式出入口。口部不设顶盖及围护墙体的出入口称为敞口式出入口。从行人安全考虑，除入口方向外，其余部分设栏杆、花池或挡墙加以围护。敞开式出入口应根据当地情况设置，采取措施妥善解决风、沙、雨、雪、口部排水及踏步防冻、防滑问题。

2) 半封闭式出入口。口部设有顶盖、周围无封闭维护墙体的出入口称为半封闭式出入口。这种出入口适用于气候炎热、雨量较多的地区。

3) 全封闭式出入口。口部设有顶盖及封闭维护墙体的出入口称为全封闭式出入口。全封闭式出入口有利于保持车站内部的清洁环境，便于车站运营管理。在寒冷地区多采用这种形式的出入口。

(2) 地铁出入口宽度设计。地铁规划小时客流量需根据地铁出入口位置、主客流方向以及可能产生的突发性客流以 1.1~1.25 的不均匀系数确定。车站出入口的宽度总和，应大于该站远期小时客流量所需要的总宽度。出入口的最小宽度不应小于 2.5m；兼做人行过街道的车站出入口，宽度应根据城市过街客流量加宽。

(3) 地铁出入口的无障碍设计。作为城市公共建筑的重要组成部分，地铁车站必须考虑无障碍设施的建设。而从服务对象分析，地铁的无障碍设施，其服务对象不仅包括残疾人，而且包括老年人、孕妇、儿童等与正常人相比，相对处于弱势的所有社会群体。

1) 地铁出入口无障碍设计的连续性。地铁出入口作为地铁与城市联系的纽带，其无障碍设计要联系城市无障碍设计和地铁内部无障碍设计，弱势群体才能有可能从城市无障碍系统安全地转入地铁车站的无障碍设计系统，以继续完成交通出行行为。无障碍设计中的连续性，是指在盲道及轮椅的通行过程中，应使其保持连续，不应有其他任何设施造成无障碍通路的中断，否则将使无障碍设施失去其应有的作用。

2) 地铁出入口信息无障碍设计。信息无障碍主要指为视觉障碍、听觉障碍的乘客所设的各种服务标示系统，以及根据其特点所设计的紧急疏散标志系统。例如，服务于视觉障碍者的盲文信息标示、盲道诱导；服务于听觉障碍者的声诱导标示系统；在电梯配置的盲字板和声导系统，可帮助所有视力障碍的人方便地使用设备。在车站的入口处设有触摸图导向板以保证有视力障碍的人明了车站内各种设施的位置。只有做到了信息无障碍，才能构建真正意义上的无障碍系统。

3）轮椅平台式升降机。在地铁出入口楼梯处，设置轮椅平台式升降机，可以在每个出入口安装，经济实用。轮椅平台式升降机主要为使用轮椅者提供上下楼梯的服务，操作方式有自助式操作和他助式操作。自助式操作指由使用者自行操作、使用楼梯升降机，他助式操作指由他人协助操作、使用楼梯升降机。两种操作方式相比较，他助式操作安全性好，设备易于管理。

（4）楼梯和自动扶梯。楼梯是地铁出入口的重要组成部分，乘客使用的人行楼梯宜采用26°34′倾角；其宽度单向通行不小于1.8m，双向通行不小于2.4m。当宽度大于3.6m时，应设置中间扶手，地铁出入口处楼梯踏步的尺寸应为300mm×150mm。

自动扶梯是乘客出入车站乘坐地铁的主要运输工具，是保证车站高效、快捷疏散旅客的重要设备。当出入口通道提升高度超过6m时，应设上行自动扶梯、下行楼梯；当提升高度超过12m时，设上、下行自动扶梯。

（5）地铁出入口标示。地铁出入口的标示作为视觉传达设计，文字、图形、色彩是其三要素。出入口处的标示，各城市地铁车站不相同。但为了加强地铁出入口对地铁的标示作用应加强醒目性。出入口标示设计要在地铁车站环境中能够给乘客产生强烈的视觉冲击，要能抓住乘客的眼睛与注意力。

（6）出入口防灾。地铁出入口是从地铁灾害中逃生的通路。地铁的地下工程及出入口均按一级耐火等级进行设计，所有建筑装饰材料满足防火要求。在疏散通道和区间隧道内每隔20m左右处应设置疏散照明灯。出入口通道及楼梯的宽度，均满足在远期高峰小时客流量时发生火灾的情况下，一定时间内将一列车和站台候车旅客及工作人员疏散完毕。地铁出入口要防止水淹，地铁出入口的地面标高一般应高出该处室外地面。当高程未满足当地防水淹高度时，应加设防淹闸槽，槽高可根据当地最高积水水位确定。

第六节 轨道交通的运营管理

一、运输计划

运输计划是轨道交通系统运营组织的基础工作，它包括客流计划、列车运营组织方式、行车计划、车辆配备计划、人员配备计划以及列车交路计划等。

1. 客流计划

客流计划的主要内容包括站间到发客流量、各站双向上下车人数、全日高峰小时和低谷小时的断面客流量、全日分时最大断面客流量等。在既有线路上，客流计划一般根据客流统计资料和客流调查资料进行编制。

2. 列车运营组织方式

列车运营组织方式分为全线独立运营方式和分段延伸运营方式。轨道交通各线原则上应采用独立的运营方式，根据线路长短和客流分布情况采用分段运行。分段延伸运营方式是一种临时性、过渡性的运营方式，根据路网实施规划采用分期施工、分期运营时，可采用建成一段、运营一段，逐渐延伸的方法。

3. 行车计划

行车计划是指营业时间各个小时开行的列车对数计划。行车计划根据营业时间内各个小时的最大断面客流量、列车定员人数和车辆满载率以及希望达到的服务水平编制。

4. 车辆配备计划

车辆配备计划的目的是为了推算完成全日行车计划而制定的车辆保有数安排计划，包括运用车辆数、在修车辆数和备用车辆数。

运用车辆是为完成日常运输任务而需配备的技术状态良好的车辆。在修车辆是指处于定期检修状态的车辆。备用车辆主要是作为车辆临时发生故障时的替代物而储备，备用车辆的数量一般控制在运用车辆数的 10% 左右。

5. 人员配备计划

轨道交通公司主要包括运营部门、设备部门以及辅助部门，运营部门人员主要是乘务员和站务工作人员。设备部门人员主要是车辆设备检修工作人员、变电站、触网、轨道等维护人员。辅助部门人员主要是从事信息、数据及研究工作的人员。

6. 列车交路计划

列车交路计划规定了列车的运行区段，折返车站和按不同列车交路运行的列车对数。列车交路可以分成长交路、短交路和长短交路三种。长交路主要适用于各区段客流量比较均匀的情况，其行车组织简单。短交路主要适用于各区段客流量相当不均匀情况，其运营比较经济。长短交路适用于各区段客流量不均匀，或在高峰期间各区段客流量比较均匀，而在低谷期间各区段客流量相差悬殊时，它的特点是既能满足运输要求，又能提高运营效益。

7. 列车折返方式

列车折返方式根据折返线的布置分站前折返和站后折返两种方式。站前折返的优点是列车空车走行少，折返时间短，乘客能同时上、下车，缩短停站时间；缺点是出发、到达列车存在着进路交叉，影响行车安全和站台秩序。站后折返的优点是列车出站速度高，有利于提高运行速度。

二、行车调度管理

1. 轨道交通系统控制中心

行车调度是轨道交通系统日常运输工作的指挥中枢，它的好坏直接影响地铁运输工作的完成情况。为保证轨道交通能安全、均衡、有节奏地完成运送乘客的任务，凡与之有关的各部门、各工种都必须在行车调度的统一指挥下，进行日常生产活动。

轨道交通系统设立控制中心，在日常运输组织工作中，实行高度民主集中，统一指挥，以确保各个环节紧密配合，协调动作。为了对复杂的运输生产活动进行全面的指挥和监督，控制中心实行分工管理原则，将运输生产活动划分成若干部分，设置不同的调度工种，如在控制中心，设有行车调度、电力调度和环控调度等调度工种。

2. 列车调度的控制方式

轨道交通系统的行车调度控制方式主要有行车指挥自动化和集中调度两种，调度控制方式的选择与采用的行车调度指挥设备类型有关。

(1) 行车指挥自动化。在行车调度员监控下，行车自动监控系统（ATS）完成列车运行的控制任务，基本闭塞方法为自动闭塞法，还采用列车自动保护（ATP）系统和列车自动运行（ATO）系统，三个系统构成列车自动控制系统（ATC）。ATC系统具有列车运行自动化和行车指挥自动化功能。在ATS子系统因故不能使用时，改为调度集中控制。

(2) 集中调度。行车调度员通过调度集中控制设备控制所管辖线路上的信号和道岔，办理列车进路，组织和指挥列车运行。基本闭塞方法为自动闭塞法，列车运行以驾驶员操纵为主。在调度集中控制因故不能实现时，改为车站控制。车站值班员在列车调度员的指挥下，办理列车进路，接发列车。

3. 调车计划

在轨道交通系统的日常运输生产活动中，除列车运行以外，为了满足列车运转、解体或编组以及取送车辆等需要，列车或车辆在线路上的调动都属于调车。

轨道交通系统的调车作业通常是在折返站和车辆段范围内进行。在折返站主要是利用站内正线、折返线等线路进行调车作业，在车辆段是利用牵出线和车库线等线路进行调车作业；调车作业的动力除机车外，通常是轨道牵引车或动车。

调车计划是调车的行动依据，由调车领导人编制，以书面形式下达。调车计划包括作业车组号、作业线路、作业钩数及作业方法等内容。原则上，调车计划应由调车领导人亲自向调车指挥人传达，以确保调车安全、提高调车效率。

在调车中要变更计划时应停止调车作业，由调车指挥人将变更后的计划向调车驾驶员及有关人员传达清楚后，方可继续进行调车。如果计划仅作局部变更，也可在保证安全的前提下，允许调车指挥人用口头方式进行计划变更的传达。

4. 调车信号

调车作业必须按照调车信号或调车手信号的显示要求进行。没有信号，调车驾驶员不准进行调车作业。在作业中，调车驾驶员要时刻密切注意确认信号，不间断地进行瞭望，认真执行呼唤应答制度，按信号显示要求进行作业；如遇信号显示不清，调车驾驶员应立即停止调车。

三、客运管理

客运管理直接面对乘客，是反映轨道交通运营管理水平的标志之一。对车站客运管理的基本要求是：站容整洁、向导标志完善、服务质量第一、严格按规章办事、掌握客流变化、搞好联防协作。站台客运管理的主要内容是接送列车与站台管理。

(1) 接送列车。对站台候车乘客做好宣传疏导工作，提醒乘客在安全线内候车，确保乘客人身安全。列车到达前，组织乘客尽可能在站台上均匀分布候车，以缩短列车停站时间。列车到达后，提醒乘客先下后上，对下车乘客迅速疏导出站。对通过或特殊用途列车，应根据行车调度的通知及时广播，做好候车乘客的组织工作。列车到达终点站后，要及时做好清车工作，严禁列车带客进入折返线或车辆段。因特殊原因需要在中间站临时清车时，要做好宣传解释工作，迅速清车。

(2) 站台管理。工作中要加强站台巡视，严防乘客跳下站台和进入隧道，防止乘客和闲杂人员在站台上长时间停留。注意乘客乘车动态，发现有可疑情况，以及发现有携带各种危险品的情况，及时与有关人员取得联系，进行处理。经常保持站台的清洁卫生。

四、城市轨道交通的效益

1. 轨道交通效益分类

城市轨道交通常用的效益分类见表 3-3。

表 3-3　城市轨道交通的效益分类

分类标准	分类指标	含　义
是否可采用经济尺度来计量	有形效益	指能在市场上定值的效益
	无形效益	指不易用货币衡量的效益，或者量化只存在理论上可能的效益
与项目主要目标效益相关程度	直接效益	指与项目主要目标效益密切相关的效益
	间接效益	指与项目非主要目标效益相关的效益
效益的功能	项目效益	指社会资本积累项目建设过程中产生的效益
	设施效益	指已建成的城市轨道交通给周围及所在地区带来的影响
受交通影响的主体	交通效益	主体是交通的使用者
	经济效益	主体是交通的经营者
	社会效益	主体是周边居民、地方政府和国家
	环境效益	主体是自然生态环境

2. 交通效益

城市轨道交通的交通效益是指由于城市轨道交通的运营为乘客提供了高质量的交通运输服务，同时也缓解城市交通压力、解决了地面交通拥挤、节约了出行时间所产生的效益，其评价主体是交通的使用者。城市轨道交通的交通效益用来衡量和评价其交通优势和客运效果，体现其对城市交通和居民出行的改善。

城市轨道交通通过多条途径对地面交通产生影响，包括地面交通延误的减少、车辆速度的提高、拥挤成本的减少和交通事故的减少。城市轨道交通还有利于道路设施和停车设施建设维护成本的节省，节约了大量的城市土地资源。

可定量计算的交通效益主要有以下几项：

（1）节约乘客出行时间的效益。由于城市轨道交通比地面公共汽车的运营速度高，乘客可以节省乘车时间而产生的效益。

（2）减少乘客疲劳、提高劳动生产率的效益。由于城市轨道交通比较舒适、准点、快捷，减少了乘车劳累从而提高工作效率带来的效益。

（3）减少交通事故损失的效益。由于城市轨道交通对地面公交客运量的分流，缓解了地面道路交通的拥塞程度，从而间接减少了地面机动车辆发生交通事故的频率。

3. 经济效益

城市轨道交通的经济效益反映城市轨道交通系统投资成本及消耗的费用与所产生的效益之间的关系，是评价系统运行状况的重要指标，其评价主体是交通的运营者。

(1) 城市轨道交通的总费用。这是指为完成规划方案的建设、管理、运营所付出的经济代价，即所投入的全部物质资源和人力资源，它是可以以货币形式计量的，主要包括以下几项：

1) 城市轨道交通建设费。轨道交通建设费就是项目的基建投资，它包括建筑安装工程费、设备及工具器具购置费、其他基本建设费和预留费等几项。工程投资费用计算通常依据概算书进行，计算时用影子价格对费用进行调整，也可用市场价格进行调整。

2) 城市轨道交通使用费。城市轨道交通使用费是指城市轨道交通寿命年限内的养护及交通管理费。包含生产人员劳动工资和福利费用、运营电力费用、材料消耗费用、车辆修理费及大修提存、企业管理费（管理人员工资及福利费、办公费）。

3) 城市轨道交通大修费。城市轨道交通大修费是指在城市轨道交通使用一段时间后进行大修的费用。

4) 残值。所谓残值是指评价期末城市轨道交通残留下来的价值。残值通常是在项目评价期末以负值计入费用。

5) 其他费用。城市轨道交通投资项目应缴纳的税金及附加税金包括营业税、城市维护建设税和教育附加费。

(2) 城市轨道交通的总收入。运营收入指系统获得各种资金的回报，可用运输收入、利润率和其他收入来反映。运输收入主要为系统收取的运费，以货币形式表现，反映了系统是否满足运输需求；利润率指纯利润与运营收入的比值，反映系统的财务状况；其他收入指通过系统获得的其他收益。

4. 社会效益

城市轨道交通的社会效益是指从社会总体利益出发来衡量城市轨道交通的建设和运营所产生的效果和收益，体现了城市轨道交通系统对社会经济和城市发展的作用。其评价主体是周边居民、地方政府和国家。

可定量估算的城市轨道交通的社会效益如下：

(1) 减少公交车辆经济成本的效益。由于轨道交通的修建，相应减少了采用公交车辆解决同样大的客运量时需要的投入。主要包括三部分：一是购置公交车辆（包括公共汽车和出租车）的费用；二是保证公交车辆通行需要拓宽道路的投资；三是为满足公交车辆停车需要修建的泊车位。

(2) 带动沿线土地、房产升值的效益。城市轨道交通体系的建成通车，由于其大运量将会吸引大量的旅客，并提高沿线居民和企业可达性，因此将会对沿线的经济产生很大的带动作用，造成轨道交通沿线土地和房产的需求增加，而这些效益最终反映在沿线土地和房产的升值上。

(3) 节约能源的效益。城市轨道交通系统使用的是无污染、廉价的电能，较之公交车，它不仅具有无污染、噪声小等优点，而且节能、运量大、方便快捷、运输效率高。无论是从环境保护、可持续发展等国家大政方针而言,还是从节约燃油等国家能源政策讲,其未来发展前景是公共汽车难以比拟的。

(4) 拉动城市经济增长的效益。发展城市轨道交通将形成轨道经济,会在较长时期内带动一批产业发展,刺激内需并拉动城市经济增长。

5. 环境效益

城市轨道交通的环境效益是指从自然生态环境出发来衡量城市轨道交通的运营所产生的效果和收益,体现了城市轨道交通系统在改善城市居民生活环境方面做出的巨大贡献,其评价主体是自然生态环境。

由于城市轨道交通使用绿色环保的电能,且一般采取地下行驶的方式,所以城市轨道交通的环境效益主要体现在减少城市空气污染和噪声污染两方面。

(1) 减少城市空气污染的效益。汽车尾气污染的危害主要有:损害呼吸系统,危害人体健康;使城市气温急速增高,产生温室效应,破坏臭氧层。城市轨道交通作为一种绿色交通工具,使用的是无污染的电能。

(2) 减少城市噪声污染的效益。噪声不仅对人们正常生活和工作造成极大干扰,使人们的工作效率降低,引起工作事故,更严重的是噪声可使人的听力和健康受到损害。城市轨道交通的线路铺设于市中心区的地面或高架时,对城市将产生噪声等环境问题,产生社会负效应,需采取必要的防护和治理措施。

6. 综合效益

综合效益是全面评价城市轨道交通效益的总括性的成果,是交通效益、经济效益、社会效益和环境效益共同作用的结果,是交通效益、经济效益、社会效益和环境效益的统一。综合效益,即通过系统的交通效益来反映城市轨道交通系统的交通状况,通过系统的经济效益来体现其运营效果,以系统的社会效益来说明系统对社会、经济和城市发展的影响,通过系统环境效益来体现系统在改善城市居民生活环境方面做出的贡献。

城市轨道交通产生的交通效益、经济效益、社会效益和环境效益这四种效益之间存在着辩证统一的关系,如图3-30所示。城市轨道交通的综合效益体系如图3-31所示。

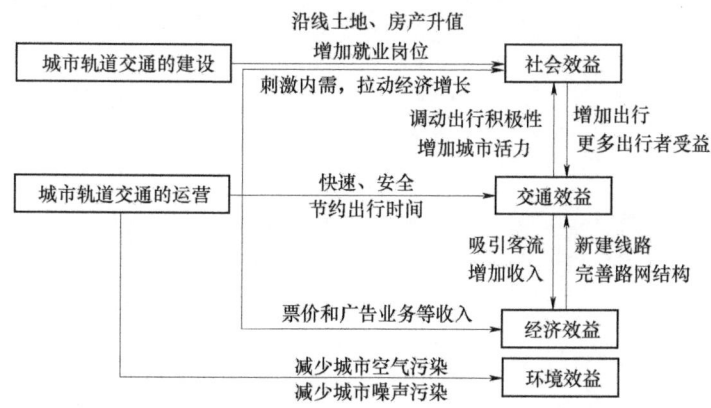

图3-30 交通效益、经济效益、社会效益和环境效益之间的关系

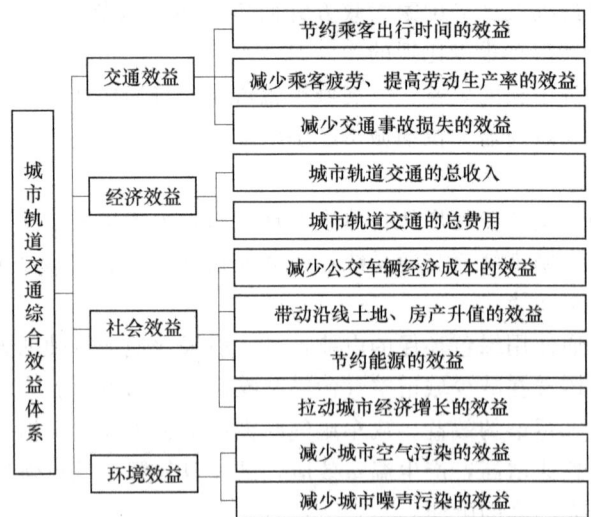

图 3-31 城市轨道交通的综合效益体系

第四章 快速公交系统

第一节 概 述

一、BRT 系统核心

20 世纪 70 年代，快速公交系统（Bus Rapid Transit，简称 BRT）开始出现在巴西的库里蒂巴市。它利用现代巴士技术，如大容量、低地板、低成本的巴士和先进的光学导向巴士，在城市中开辟公共交通专用道，再配合智能交通技术，采用轨道交通的运营管理模式（如加大站距、车站买票上车等），实现轻轨交通的服务水平。这种新的公共交通模式既保持轨道交通具有的快速、大容量的特点，同时又具有传统巴士公共交通的灵活性、便利性和经济性。

BRT 实质上是传统地面公共汽车在车辆技术、基础设施和运营组织等方面的系统改进和提升。依据实施条件与设计服务水平的差异，BRT 系统组成要素包括 6 个部分，即 BRT 运行车道、车站、收费系统、车辆、智能交通技术和运营组织与管理（见图 4-1）。

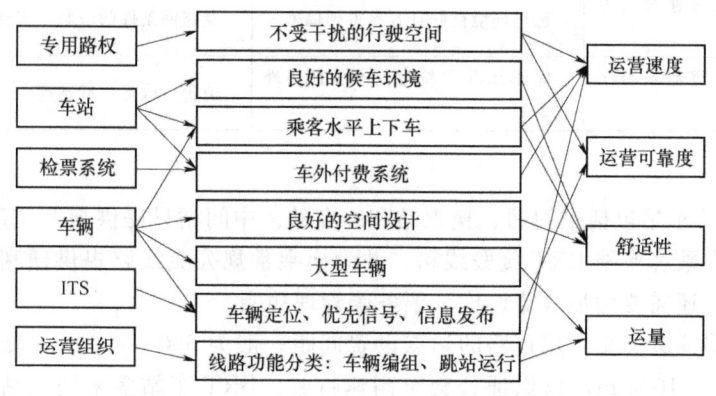

图 4-1 BRT 核心要素及服务特点

BRT 是由相互联系、相互作用的诸要素组成的具有一定功能的有机整体，是先进的公交车辆、专用的运营线路、设备齐全的公交车站、经济合理的票价系统以及合理的运营保障体系的有机组成。BRT 系统的核心如下：

(1) 在城市道路上开辟公共汽车专用路或公共汽车专用道，形成快速公交线网。

(2) 在道路交叉口实施公交优先通行。

(3) 提高公共交通运营效率，对线路、车辆、车站及枢纽进行优化，完善公交的管理体制等，提高运营速度和整体服务水平。

二、BRT 系统组成

1. BRT 系统专用行车道

BRT 系统采用专有路权，在主要交通走廊上使用公交专用线或专用车道，使得 BRT 系统与其他车辆从空间上分离，体现了道路使用权的优先分配，从而确保了 BRT 实现快速、省时的目的。BRT 按照道路运行形式的不同分为三类，即公交专用路、公交专用道和与合乘车共用。公交专用路是指在特定的城市道路上，公交车享有全部的、排它的绝对使用权；公交专用道是指在特定路段上，通过标志、标线等划出一条或几条车道给公交车专用，同时，公交车享有在其他车道行驶的权利；与合乘车共用是指在特定道路上划出公交车与合乘车共同使用的道路。

BRT 使用道路空间的形式依据 BRT 车辆与其他车辆的分隔程度以及专用车道位置确定。BRT 车辆的道路专用权限可分为 4 个等级（见表 4-1）。

表 4-1 BRT 系统专用车道形式

专用级别		优　点	缺　点
一级	混行车道	实现容易	易受干扰
二级	路外侧专用车道	便于公交站点布设；符合乘客使用习惯	受右转车辆和出租车上下客干扰；不利公交车辆左转
三级	路中央专用车道	免受出租车、右转车以及行人、非机动车辆的影响；运行车速高	对左转车辆通行有影响；车站用地不易保证；乘客到站不便；需配置左开门车辆
四级	路面快速公交专用路	运行环境良好且容易得到保障	受路网条件的限制，实施困难
	高架道路或地下隧道	保证 BRT 系统运行不受任何外界影响	造价（改造）成本高

2. 车站

BRT 系统的车站包括中间站、换乘站和终点站。中间站只提供乘客使用 BRT 系统服务；换乘站提供乘客换乘 BRT 接驳线路，并为换乘常规公交线路提供便利；终点站除乘客服务设施外，还需要增加线路调度、票务等管理功能。

沿高速公路或者公交专用道路的站点设置间距一般为 600～2200m；城市干线的车站设置间距为 300～1000 m，以保证公交车高速行驶。BRT 车站多采用低站台，同时配备等待中乘客的安全庇护设施及提供 BRT 公交车线路的实时运行情况。BRT 采用车外购票系统，为乘客提供交通信息及水平上下车。

BRT 车站是对于常规公交车站的改进，最主要的改进内容如表 4-2 所示。

3. 公交车辆

BRT 系统多采用标准的或铰链式改良设计的车辆，如清洁环保车、双燃料（柴油/电驱动）运行系统、低底盘、多门、宽门车、专门设计的专用 BRT 车辆等。BRT 专用车辆将占到 BRT 系统费用的 50% 以上。

BRT 车辆是影响系统运行速度、运输能力以及综合服务水平的重要因素。与传统公交车辆相比，BRT 系统对于车辆的改进如表 4-3 所示。

表 4-2　BRT 车站特点及改进

序号	改进内容	主要特点	目的
1	增加车站停车位	满足多辆公交同时进站上下服务	提高通行能力
2	增加车站超车道	满足车辆的跳站运行	提高运行速度和运量
3	建设独立车站	为乘客提供更舒适的候车空间；为更高级的车站设施布设提供平台	提高舒适性
4	提高站台高度	实现乘客水平上下车	提高运营速度
5	整合智能技术	乘客实时出行信息和车辆运行信息	保证运行可靠度
6	整合检票系统	实行车外售票	提高运营速度
7	车站综合开发	结合交通、商业、居住等实现整合式的土地发展	实现可持续发展

表 4-3　BRT 车辆特点及改进

序号	改进内容	主要特点	目的
1	普通公交车辆	与常规公交采用车辆相同，一般为单铰普通型	降低成本
2	加长公交车辆	采用单铰或双铰车辆	提高车辆载客能力
3	增加车门	配合车辆加长，增加上下车辆通道	减少停站时间
4	车辆车内设计	车辆底板平面化设计，增加舒适座椅、优化空间布局	提高乘客使用舒适性
5	车辆外观改进	独特标志性外观形状设计	加强系统形象塑造
6	增加先进辅助驾驶技术	结合智能交通技术实现车辆精确定位和自动导航	提高运行速度
7	采用新型环保推动系统	选择清洁燃料（电力、天然气等）	提高运行速度、降低环境污染

4. 智能交通系统（ITS）

BRT 系统应用智能交通技术包括以下几个方面：

(1) 动态调度。通过车辆自动定位技术实现车辆的动态调度，应用收费系统实现客流出行数据的统计。

(2) 辅助车辆驾驶技术。自动导向技术帮助车辆在路段运行期间保持平稳快速。精确靠站技术提高车辆在车站内的停靠准确度，缩短车站延误时间。安全保障技术保证车辆行驶过程中不受冲撞。

(3) 信号优先技术。基于智能控制技术和车辆自动定位技术，在交叉口使 BRT 车辆优先通行。

(4) 乘客出行信息服务。在车站上提供线路信息、车辆到站信息、换乘信息。车内提供实时运行信息，通过互联网、电话或客源集散点的查询终端提供 BRT 系统服务信息。

(5) 服务方式。服务方式根据不同公交道路形式和不同的公交车辆有所不同。多采用增加特种快车，且部分限站停靠，在现有线路基础上再增设其他站点形成辅助线路。通过在 BRT 车站设置自动售检票系统、精确车辆停靠装置、显示到站公交车载客量以及与车辆地板平齐的高站台都使乘客能快速上下车。

5. 线路运行组织与管理

BRT系统的运营管理改进包括利用先进技术的中央调度中心、系统内车辆实现统一调度，以及对BRT、客运通道上的常规公交线路进行整合。

（1）配套地面公交线网调整。对原有道路上的常规公交线路进行调整，包括对一些平行线路的撤销和转移，建立与BRT干线相适应的接驳公交系统。

（2）中央动态调度。在BRT系统中利用先进的智能监控系统，针对需求和道路交通条件来控制车辆的运行状况，实现车辆运行严格按照计划时刻执行，确保系统的运营可靠性，避免乘客等候时间过长，减少车站车辆到站不均衡而引起的运行时间增加。

（3）跳站式运营。根据客流出行需求的特点，设计区间车和大站车运营模式，提高线路的运营效率和客运量。

（4）控制专用车道的运营车辆数。为提高BRT车道的使用效率，在系统运行初期，可以考虑常规公交车辆也在BRT专用车道上行驶，限制专用车道上的公交车辆数，确保BRT系统运营车速在25km/h以上。

（5）售票方式。为保障其快速运营，采用车外售票方式，将售票系统置于公交候车站台内，在公交车辆进站前完成收费，从而实现快速简单的售票。

三、BRT系统特点

1. BRT系统的优点

BRT系统通过新型大容量的交通工具、专用路权、交叉口信号优先、ITS等交通运营管理方式，与其他交通方式相比具有以下优点：

（1）容量大。BRT的车厢座位容量为40~120人左右，为普通公交车厢容量的2~3倍。BRT系统独特的大容量公交车辆使得单车载客率上升，单方向小时断面流量将有较大提高，可达到与轻轨系统大致相当的运力。

（2）投资低。投资一般是轨道交通的1/5~1/20，运营成本是轻轨的1/4。

（3）灵活性好。BRT系统线网可分阶段实施、交叉口信号优先、乘客信息系统等技术也可以逐步引入。路面行驶方式保证了线路可以比较方便地修正或更改，当所吸引的交通流量达到系统上限时，可利用专用道建设容量更高的轨道交通系统。

（4）充分考虑乘客需求。新型的公交车辆车内宽敞、噪声振动减少，乘坐更为舒适。水平上车系统的采用，使公交乘客能够方便地乘车。乘客信息系统的采用，使乘客能了解公交系统乃至整个交通系统的情况，减少了不确定性，增加乘客对公交方式的信任度。

（5）速度快，准时性高。普通公共汽车运营速度为16~25km/h，轻轨为20~35km/h，地铁为30~60km/h，而BRT运营速度为20~40km/h，普遍高于常规公交，甚至可以接近轻轨和地铁的水平。BRT系统受其他交通方式的干扰较小，易于和计划时间表保持一致。

（6）安全性高。专用道和交叉口优先使BRT系统与其他交通方式完全分离，降低了拥堵时可能发生的追尾、碰撞等事故的可能性；车内及站内安全系统的设置，更进一步减少了抢劫等暴力行为的发生。同时，车辆追踪系统和交通事故管理系统的采用，使得在事故发生时能够及时迅速地救援,增加了对乘客人身安全的保护。

(7) 污染小,耗能少。新型公交车辆的设计,使得低耗能、低排放成为可能;同时专用道和路口优先提高了车速,避免了拥堵时反复的加减速和停车,也能有效地减少车辆的废气排放。在能耗方面,BRT 只有普通公共汽车的 60% 左右。

2. BRT 的缺点

BRT 系统的缺点如下:

(1) 占用独立的道路空间,制约其他车辆使用。BRT 系统一般都要占据专用的车道,使本就稀缺的道路资源变得更加紧张。BRT 高效能的发挥在一定程度上也是以限制其他车辆对道路的使用为代价的。由于受发车频率和线路组织方式的影响,专用道的利用率较低。

(2) 交叉口优先通行,增加其他车辆的路口延误。BRT 系统普遍采用的交叉口信号优先和优先通行措施,必将给其他方向和其他车道的车辆带来影响,增加其路口延误时间。此影响可以通过对交叉口的协调设计来降低到最低限度。

(3) 可能会增加乘客出行的换乘次数。目前国外 BRT 发展多采用干线和支线相结合的线路组织形式,在降低专用道占地率、增加站点覆盖率、减少运营车辆、降低运营成本的同时又可能会增加乘客出行的换乘次数,增加出行时间。此影响可采用一票制的收费制度和合理规划换乘设施的方法来加以弥补。

(4) 系统稳定性不高。BRT 专用道多采用物理隔离措施,但仍属于半封闭系统,尤其是交叉口为平交方式时就很容易受到其他交通流的影响。在车流高峰期,BRT 专用道为非物理隔离时,受其他车辆抢占车道、行人过街等横向干扰会明显增加。

四、BRT 系统与其他公交系统比较

1. 与轨道交通的比较

与轨道交通比较,BRT 具有实施容易、服务灵活的优势,但规划建设的困难是专用车道对已有道路资源的占用、专用车站对于空间的占用以及可靠性与运量提高的限制。

(1) 易实施性。相对于轨道交通,BRT 的主要优势是易实施。BRT 建设利用城市已有的道路空间进行局部改造,建设周期仅为轨道线路的 1/5~1/3,建设成本为轨道交通的 1/20~1/10。

(2) 服务灵活性。与轨道交通相比,BRT 运行不受行驶轨道的限制,在 BRT 运行期间可以根据客流变化的特点调整线路走向、延伸或缩减线路的长度。BRT 系统的灵活性避免了轨道交通一次性投资过大的风险,以及建成之后无法灵活更改线路的不足。

(3) 道路资源的占用。轨道交通系统运营与其他交通方式基本不产生时空资源的共享冲突问题。BRT 规划建设则须考虑道路专用权实现方式,以及 BRT 实施占用已有道路资源对城市道路交通造成的影响。在一些道路资源匮乏的城市或城市局部区域,推行快速公交面临的实际困难。

2. 与公交专用道的比较

BRT 系统本质上是公交优先措施的组合,即在专用道的基础上,通过一系列技术手段的整合,增加系统运营车速、提高运营效率和运行可靠性。

(1) 运行可靠性和运送速度。BRT 运行通过系统的整合设计，确保车辆按照运行组织计划执行。同时，乘客出行信息技术可帮助乘客实时了解车辆到站信息、换乘信息等，减少乘客出行的等候时间。而公交专用道仅能提供专用车道，由于过多的线路集中在公交专用道上运行，即使使用基于 GPS/GIS 的动态调度技术，也难以取得与 BRT 相似的运营可靠性，难以向公交乘客提供充分的车辆运行信息。

(2) 高运量。一般情况下，BRT 系统单向高峰运载能力可以达到 1 万～1.5 万人次/h，甚至更高。而公交专用道由于车站和车辆尺寸偏小等因素，制约了公交专用道的客运能力，在一般可接受的服务水平条件下，公交专用道的公交车通行能力只能达到 120～150 辆/h，超过该数值时，专用道上的公交车辆运营将极大地增加公交车辆进站延误和降低公交系统的运营可靠性。

3. 与常规公交系统相关性分析

BRT 作为城市公共交通系统的一部分，介于轨道模式和常规公交之间，其与常规公交应该是相互补充、相辅相成的关系，而非竞争关系，主要体现在以下几方面：

(1) 针对不同出行距离，形成对服务的细分。BRT 主要服务于中长距离出行；常规公交的功能将逐渐蜕变为提供中短距离出行服务，以及为边远地区长距离出行提供服务。

(2) 针对不同客流大小，形成对市场的细分。BRT 适宜布置在有一定客流保障的客流主干线上；对于客流量较小的长距离出行则适宜采用常规公交开行大站快车的形式，甚至由小巴开行快线。

(3) 常规公交形成 BRT 的喂给客流。常规公交应作为对 BRT 的喂给客流，保障 BRT 线路有充足的客流支撑。

第二节 BRT 系统的适用条件分析

一、BRT 系统的基础适用条件

1. 客流需求

(1) 客流需求下限。拥有足够的客流量是公共交通系统获得正常效益的前提，如果客流量较低，BRT 专用道的设置就会使人均占用的道路资源增多（与混行的公交车相比），影响快速公交可持续发展作用的发挥。因而只有在客流量达到一定水平时，才有必要设置 BRT 专用道。

1) 从充分利用道路资源的角度考虑。参照我国普通公交专用道的设置标准，一般认为一条 BRT 专用道所运送的乘客数必须大于一条普通机动车道行驶饱和小汽车流时所能运送的旅客人数，即

$$Q_B \geqslant Q_N$$

将车道的设计通行能力作为该路段行驶饱和小汽车流时的车流量，则有

$$Q_N = C_{设} \; q_c$$
$$Q_B \geqslant Q_N = a_c a_m a_a C_{可} \; q_c$$

式中 Q_B——BRT 专用道所运送的乘客人数，人/h；

Q_N——普通车道行驶饱和小汽车流时所运送的旅客人数，人/h；

$C_设$——一条车道的设计通行能力，pcu/h；

q_c——一辆小型车的平均载客数，人/pcu；

a_c——道路分类系数；

a_m——单向通行能力折减系数；

a_a——交叉口折减系数；

$C_可$——一条车道的可能通行能力，pcu/h。

设有 BRT 专用道的道路宽度通常都在双向六车道以上，通过参数选取计算后认为，从保证道路资源利用率的角度出发，可认为当预测平均单向断面客流量 Q_B 达到1850人/h以上时，则有必要设置单向一车道的 BRT 专用道。

2）从满足市民心理接受水平角度考虑。通过对当前国内快速公交运营实践经验的分析可以看出，当快速公交的客流量较小时，公众往往对其特别敏感，会批评 BRT 车道"行驶车辆太少"、"空空荡荡"，并由此对快速公交产生反感。

市民对客流条件的心理承受水平是比较模糊和难以直接度量的，可将客流量转换为平均车头时距 h_t 并对其使市民接受水平加以分析。

BRT 车辆的平均车头时距可采用下式加以计算：

$$h_t = 3600/V_B$$

式中 h_t——BRT 车辆的平均车头时距，s；

V_B——单位时间内的 BRT 车流量，辆/h。

通常来讲，如 BRT 车道上车辆的平均车头时距 h_t 能保持在市民习惯的时间范围内时，市民反响则较好，社会舆论对 BRT 的运营也会较为支持。经验表明，平均车头时距 7.2s 是能够被公众接受和习惯的，可作为市民车头时距接受水平的下限。

将车头时距水平换算成客流量水平：

$$V_B = 3600/h_t$$

$$Q_B = V_B q_B \lambda$$

式中 Q_B——一条公交专用道运输的乘客数，人/h；

q_B——BRT 车辆额定载客人数，人/辆；

λ——平均满载率。

一辆车额定载客160人，车辆满载率 λ 按经验值取下限45％，即 BRT 单车载客人数以72人计算，Q_B 为3600人/h。

3）取两项分析结果的较大值作为客流需求的下限值。对比上述两个角度得出的分析结果后，当预测平均单向断面客流量达到3600人次/h以上时，建设 BRT 系统是较为合理的。当客流近期暂时达不到这一水平，但从其他方面考虑认为确实有必要建设 BRT 线路时，可以在运营 BRT 线路的同时将其他公交线路引进专用道内行驶。

（2）客流需求的上限。如公交走廊的通行客流量较大，当超过 BRT 系统的运送能力时，则不宜将快速公交系统作为该地区主要的公共交通方式。快速公交系统运能的上限也就是客流需求的上限条件，只有在客流量水平能够控制在快速公交系统的最大运能以内时，才能考虑设置 BRT。

1) 快速公交站的停靠能力。快速公交站的停靠能力是指在单位时间内所能停靠的最大车辆数，它与车辆加减速性能、车辆结构和车站的停车泊位、上下乘客量、车站秩序等多因素有关，停靠能力是停靠时间的倒数。对于单个泊位，当前后两车以车辆停靠需要的最短时间为车头时距行驶时，车站停靠能力达到最大，即

$$S_{max} = \frac{3600}{T_{min}}$$

其中

$$T_{min} = T_1 + T_2 + T_3 + T_4$$
$$T_1 = \sqrt{2l/b}$$
$$T_2 = \sqrt{2l/a}$$
$$T_3 = k\bar{t}/n_d$$

式中　S_{max}——最大停靠能力，辆/h；

T_{min}——最短停靠时间，s；

T_1——车辆进站时间，s；

l——车辆驶入公交站时，车辆之间的最小间隔，取等于车辆长度，m；

b——进站时刹车减速度，一般取 $1.5m/s^2$；

T_2——车辆启动和离开进站时间，s；

a——离开公交车站时的加速度，可取 $1.0m/s^2$；

T_3——乘客上下车时间，s；

k——上下乘客总数，人；

$\bar{t}$——一名乘客上下车平均时耗，s；

n_d——车门数，个；

T_4——开关门时间，s。

快速公交一般采用单铰接车辆，车身长 18m，加减速性能良好。由此计算出 $T_1 = 4.9s$，$T_2 = 6s$。T_3 主要由上下车乘客人数决定，因而不固定，取 T_3 与 T_4 之和为 20s，则 $T_{min} = 30.9s$，$S_{max} = 3600/30.9 = 116$ 辆/h。一般来说专用道的通行能力远大于快速公交站的停靠能力，不起限制作用。

2) 快速公交系统运能的上限。快速公交系统的通行能力受沿线各站通行能力的制约，其中通行能力最小的停靠站，是控制线路通行能力的站点。在理想情况下，当 BRT 车流量刚好达到控制车站的最大停靠能力时，BRT 系统运送的断面客流量最大。当然，系统运能还与车体容量、高峰满载率和停车位的多少有关。在实际运营中，路口信号控制和路段横向干扰等不确定性因素，将对发车间隔的波动性、满载率的均衡性以及停车位的有效利用率产生重要影响（尤其是 BRT 方向信号红灯较长、发车频率较高时，在交叉口前易形成车辆排队的情形）。由此 BRT 的最大运送能力为

$$C_B = S_{max} f_b q \lambda' K n$$

式中　C_B——BRT 系统最大运送能力，人次/小时/方向；

S_{max}——控制车站的最大停靠能力，辆/h；

f_b——发车间隔波动系数；

q——BRT车辆额定载客人数，人/辆；

λ'——高峰平均满载率；

K——相邻泊位干扰系数，$n=1$时$K=1$，$n=2$时$K=0.8$；

n——车站的有效停车泊位数，个。

当取车站最大停靠能力为116辆/h、车辆额定载客人数160人、发车间隔波动系数为0.75、高峰满载率为0.85、有效停车泊位2个、相邻停车泊位干扰系数0.8时，推算BRT的最大设计运输能力为18931人次/小时/方向。参考已投入运营的BRT系统的运能情况，可认为设置BRT最大的交通走廊的客流需求水平不宜超过20000人次/小时/方向。

2. 道路条件

(1) 道路饱和度。当路段饱和度较高时，如果再划出一条车道作为BRT专用车道，则可能会导致其余车道的交通过度拥挤甚至瘫痪。当路段饱和度较低时，社会车辆对公交车的干扰较小，此时设置快速公交和专用道的意义就不大了。因此，参考普通公交专用道的设置条件，在路段饱和度为0.5~0.8时适合建设BRT。

(2) 交叉口饱和度。交叉口饱和度是衡量交叉口拥挤程度与服务水平的重要指标。通常认为交叉口饱和度值低于0.7时为不拥挤状态，大于0.9时则交叉口能力接近饱和，此时设置BRT专用进口道则需谨慎，因为造成饱和度变化的因素有些是难以控制的，在设计上要留有一定的余地。可见，交叉口饱和度在0.7~0.9时，适宜设置快速公交专用进口道。

(3) 车道数。一般来讲，为保证设置BRT专用道后，道路上的社会车辆仍可以超车和交织，剩余的机动车道数单向不应少于两车道，路段原本的双向机动车道数不宜低于6条。相应地，在无禁止转弯措施时，设置BRT专用进口道时交叉口进口道数不宜小于4个。

(4) 车道宽。为保障BRT快速、顺畅通行，专用道的宽度最好设置为4m。但许多城市的道路条件都较为局促，则路段上单条BRT专用道的适宜宽度应为3.75m，最低不小于3.5m。交叉口进口道宽度适宜为3.5m，最低不小于3.25m。如增设进出站加速车道时，则车道宽适宜为3.25~3.5m，进出站车道宽建议为3.0m以上。站台宽度应满足乘客安全候车的客量要求，宽度最小不低于3.0m。此外，如考虑路段其他机动车道宽不小于3.25m，且双向不少于4条，行人和非机动车道单向宽度不小于3m和3.5m，则可以得出：计划修建BRT的道路，其道路红线宽度最低不宜小于36.5m。

(5) 其他条件。一般情况下，设置快速公交的道路还应满足以下条件：

1) 交叉口平均间距较大或适中。交叉口间距较短时，快速公交受车辆转弯影响较大，专用道则不能很好地发挥作用，在这种情况下可以考虑将支路口封闭。

2) 路侧横向干扰较少。当路段开口处有大量的社会车辆进出，或者设有路边停车场时，快速公交行驶时会受到很大的干扰，也不能很好的发挥效用。

3. 行驶速度

(1) 速度下限条件。当城市中常规公交车辆的速度水平处于以下情况时，应考虑将其进行调整或升级改造为快速公交：

1) 公交车的平均行程车速低于当地城市机动车的平均行程车速。
2) 公交车平均车速过低，影响居民出行顺利。
3) 公交车的平均行程车速低于自行车速。

（2）速度上限条件。公共交通车辆沿途需要停靠站点，其速度变化受到站距的限制。车辆在两个停靠站之间只有一小部分时间以高速行驶，平均行驶速度要比最高速度低很多。在站距不变的情况下，如要提高平均行驶速度，必须延长加速行驶的时间。

由于公共汽车加速阶段的油耗和排出的废气量都大大高于等速行驶阶段，在站间距不大时，采用较高的平均行驶速度是不经济的。从保证乘客舒适的角度考虑，也要避免剧烈的加减速。根据经验，公交车平均车速达到 30km/h 就可以满足大多数城市的出行要求了，所以在公交车平均车速为 30km/h 以上的路段，没有必要再设置快速公交系统。

（3）综合分析。综上，当城市的常规公交平均车速低于 10~13km/h，影响居民顺利出行时，应考虑设置快速公交系统；而当常规公交车平均车速在 30km/h 以上时，则再无设置的必要了。

4. 城市规模和经济实力

（1）交通走廊长度条件。快速公交线路应能够覆盖城市交通走廊，其合理长度与居民公交平均出行距离有关。对乘客而言，适宜的线路长度应大致是平均乘距的 2~2.5 倍。我国城市居民的公共汽车平均出行长度为 3.8km，地铁平均出行长度为 8.82km。通常来讲，普通公交的线路长度在 7.6~9.5km 较为适宜，地铁的线路长度在 17.6~22km 较为适宜。对于快速公交系统，由于缺乏居民的平均乘距数据，难以确定其适宜的线路长度值，这一值显然应在公交和地铁之间，即在 9.5~17.6km 以内。

（2）城市用地规模与人口。公共交通线路长度通常也与城市面积有一定的比例关系。大城市线路平均长度相当于城市面积的当量半径，小城市线路平均长度相当于城市面积的当量直径。市区公交线路的平均长度一般为城市当量半径的 1/2~2/3。

对于中小型城市，建设快速公交一般是将其作为城市公共交通的骨干，线路贯穿城市的主要城区。已知适宜建设快速公交的交通走廊长度条件在 10km 以上，将这一数值算作城市的当量直径，则该城市建成区的面积至少应为 78.5km^2。

根据城市用地规模，还可以进一步推算城市人口的下限，一般来说，城市人口的密度为 1 万人/km^2，由此可得建设快速公交的城市城区人口应在 80 万人以上。

（3）城市经济实力。考虑到快速公交建设在我国尚处于起步阶段，需要适当增加建设资金加以扶持，尽快使线网初具规模，并且根据国内城市相关经验，快速公交的运营效益较好，因此认为把城市 GDP 的 1% 用来建设快速公交是可行的。由此推算，城市所能实现的地区年生产总值（GDP）应在 330 亿元以上，投资建设快速公交才算合理。

二、BRT 系统的应用形式

快速公交系统在城市公共交通系统中的应用形式可以根据各个城市的交通需求、城市土地规划以及城市的财政状况来决定。快速公交系统的应用形式可以归纳为五种应用形式。

1. 快速公交系统成为公交的主体

快速公交在建设成本、运营速度和居民出行成本方面，都处于适中的水平，这正符合许多中型城市的交通发展需要。在此类城市中，可以适时地建立完整的、覆盖城市大部分的快速公交网络，并配合常规公交线路作为接驳和线网加密，成为公共交通的主体。此类城市短期内没有必要再建设轨道交通系统，快速公交系统完全能够满足居民的出行需求。

2. 快速公交系统应用于轨道交通的延伸

有些城市在规划建设轨道交通时盲目地将线路延伸到城市边缘，从城市用地、客流需求或是缓解道路拥堵方面来考虑这样建设轨道交通都是不经济的。建设快速公交以延伸地铁或轻轨，或加密轨道线网，这一举措可以扩大轨道交通线网的覆盖范围，将更多乘客用更少的时间输送到轨道交通线路中去，降低轨道交通出行的成本。借助轨道交通的高品质形象，也能够提升快速公交的吸引力，引导更多使用其他交通方式的乘客改乘"轨道＋BRT"这一混合系统，形成系统内两种交通方式的双赢。

3. 快速公交系统作为轨道交通的过渡

在资金有限、客流尚未达到轨道交通建设规模时，先期建设快速公交，待条件成熟时再加以改造。应用这一发展策略，能够在城市急速扩张和交通出行方式转型期的关键时刻，掌握先机迅速占领市场，与私人交通形成有效竞争。

4. 快速公交系统与地铁和轻轨混合使用

在轨道交通线路短期内不能实施时，可以通过建设快速公交系统缓解交通压力，既可以为今后建设轨道交通保留用地空间，又能为未来的轨道交通运营培养客流。当经济条件具备时，在客流量提高到 BRT 无法承担时将快速公交系统升级为轨道交通系统。在城市外围地区或是新开发区，人口密度相对较低，建设快速公交所需要的道路条件比较成熟，可以使用快速公交作为轨道交通线路的延伸。而辅助汇集线路由常规公交承担，线路的布设以 BRT 和轨道线路为主干进行。

5. 独立式的快速公交系统

独立式的快速公交系统指的是建设一条或多条互不关联的快速公交走廊，从技术角度来说主要是建设几条主要客运走廊的公交专用道，这种系统往往在快速公交建设初期被广泛使用。中国目前大部分的快速公交系统采用这种形式。随着快速公交系统的逐步发展与健全，独立式的快速公交可以改变成快速公交网络。独立式快速公交系统有利于增加民众对快速公交这种新型的交通方式的认识和了解，并增强认可程度，培养潜在的客流。

三、不同类型城市 BRT 发展形式

快速公交系统的应用形式可以混用也可以单独使用，不同类型的城市对快速公交系统的发展形式也不相同。

1. 特大型城市

特大型城市发展轨道交通是必然趋势，但是轨道交通只有形成网络，才能发挥更大的作用。然而建成一个完整的轨道交通网络的时间是漫长的，快速公交的发展模式应在不同轨道交通的发展阶段进行考虑。

（1）轨道交通发展的初期。此时轨道交通的规模小，尚未形成网络，应首先在城市的

重要客运走廊上布设快速公交线路,与城市已有的地铁和轻轨共同作用于城市较大的客流走廊上,满足城市客流中长距离出行需求,发挥城市的客运骨干作用。其次,应该发展一些快速公交线路作为今后建设地铁或轻轨的过渡交通方式,既可以为轨道交通预留用地,还可以为今后建设的轨道交通保住客流。最后,在部分公交线路密集的路段上可考虑布置线路,用以代替常规公交。

(2) 轨道交通发展的后期。此时轨道交通已经发展成具有一定服务水平的网络,城市交通需求大的交通走廊均被轨道交通覆盖,此时快速公交应该布设在轨道交通没有覆盖的放射线以及一些客流需求相对较小的交通走廊上。同时,考虑有些线路发挥衔接轨道线网的作用,往返于不同轨道线路之间,或应用于地铁或轻轨的延伸,逐步提高轨道交通服务对象和服务范围。

2. 大型城市

一般大城市由于受到经济能力或国家政策的制约不能建设大容量的城市轨道交通,故快速公交系统更适用于我国一般大城市。在城市建设初期,快速公交可以作为城市的骨干系统,满足一定程度的客流需求。随着城市道路条件的改善和客流需求的不断增加,远景可以考虑将快速公交系统发展为城市公共交通的主体,与常规公交共同发挥作用,用快速高效的公交服务网络引导城市居民出行方式的逐步转变,促进城市交通的可持续发展。

3. 中小型城市

在中型城市,快速公交的适用范围较小,宜采用独立式的快速公交系统,建设一条或多条互不关联的快速公交走廊。而在一些规模较小的小型城市,发展普通公交足以满足客流要求,没有必要再花费相对于普通公交较高的费用去建设快速公交。

从宏观层面分析,应当根据城市的发展规模、城市形态、经济基础、管理体制、政策环境、机动化程度、交通规划、公交系统等实际条件,结合城市交通的发展趋势和规划确定的城市交通发展战略,从系统的角度确定 BRT 系统在城市公共交通系统中的功能定位。不同城市条件的 BRT 系统适应性程度归纳如表 4-4 所示。

表 4-4 不同城市条件 BRT 系统适应性分析

条件类别 \ 适应程度	较好	一般	较差
城市规模	特大城市	大城市	中小城市
城市形态	带状、组团式、多中心	圈层式	单中心、地形特殊受限
经济基础	强	一般	弱
管理体制	一体化	不统一、可协调	部门分割、多头管理、难以协调
政策环境	宽松、政府和公众支持	无明显倾向	存在障碍
机动化程度	低	中	高
公交系统	不发达、缺乏快速大运量方式	有轨道交通不够发达、常规公交欠发达	发达
交通规划	规划可行	规划可调整	规划不可调整

第三节　BRT系统规划

一、规划的层次与程序

BRT系统规划分为BRT系统总体规划、BRT项目规划和施工方案设计三个层次。各个阶段的主要工作内容如图4-2所示。总体规划是从宏观层面上确定BRT系统在城市交通系统中的发展方向和设施形态，规划主要内容包括：确定BRT在城市客运交通系统和公共交通系统中的功能定位以及与轨道交通、常规地面公共交通的关系，客运走廊选择和BRT系统布局，BRT系统核心要素对城市其他规划的要求。在项目规划阶段，需要根据道路条件与运行标准，确定BRT路权形式、车站布置，车辆选型和车场布局，以及BRT线路运营组织方案，以及BRT走廊的地面公交线路、站点调整规划等。

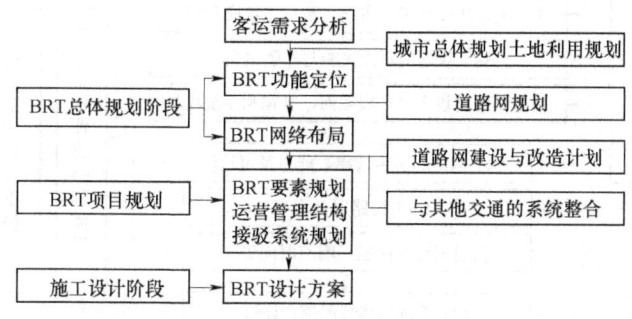

图4-2　BRT系统规划层次与主要内容

BRT系统规划由调查分析、需求及服务水平预测、系统规划、评价四个阶段构成。

1. 调查分析

调查资料的获取涉及BRT的源和流、BRT设施以及与BRT有关的社会、经济、自然、土地利用等方面。调查的主要内容包括：社会经济发展情况、人口结构与用地规划、BRT设施现状及规划情况、BRT流量情况。

2. 需求及服务水平预测

BRT出行需求预测是利用资料调查与分析的成果建立各种预测模型，并运用这些模型预测规划各时期BRT需求状况。对BRT用地、BRT运营企业及BRT基础设施布局、数量和容量进行调查分析，预测BRT系统的服务水平。需求与服务水平预测是为BRT系统的规划和评价提供依据。

3. 系统规划

系统规划包括BRT系统发展战略规划、BRT线路布局、BRT基础设施布局、BRT运营模式设计以及BRT信息系统规划。

(1) BRT系统发展战略规划。根据调查分析和BRT需求，制定BRT发展战略规划，包括BRT系统的定位、BRT基础设施发展规划、BRT发展的相关政策的制定。

(2) 根据BRT的整体发展规划确定BRT建设的线路布局，包括分布模式和数量；同时，相应布置BRT基础设施，包括站台、综合车场等。

(3) BRT 模式设计，即决定 BRT 的投资、建设和管理营运主体。

(4) BRT 信息系统规划。BRT 信息电子化是发展趋势，包括智能调度中心、站台售检票系统以及出行信息的发布等。

4. 评价

在空间分析上，要结合城市的规模、格局、社会经济发展水平和自然环境等因素，考虑整个 BRT 系统的建设水平、布局质量、数量规模和容量大小，分析整个网络的几何拓扑结构、联结服务质量、覆盖密度和 BRT 供给能力等性能。在时间分析上，不仅要考虑 BRT 网络的运输效率、能力及可达性等，还要分析 BRT 线路的服务水平，包括单条线路的高峰运送能力、与其他交通方式的接驳效率等，同时评价信息网络的时延、响应时间、带宽、资源利用率等性能。最后，在对 BRT 系统的空间、时间的静态、动态评价分析的基础上，进行综合分析。BRT 系统总体性能评价框架，如图 4-3 所示。

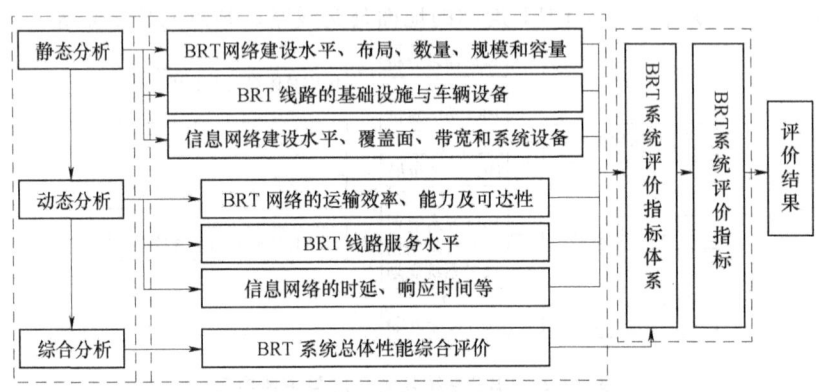

图 4-3 BRT 系统总体性能评价分析框架

二、线网布局规划

1. BRT 线网布局影响因素

影响快速公交线网布局的因素有很多，包括外部设施、公共交通政策、与其他交通方式的整合、交通需求、道路条件等。综合起来，城市快速公交线网规划应具体考虑以下几个因素的影响。

(1) 交通方面的需求。城市客运交通需求包括出行数量、出行分布和出行路径的选择，是影响快速公交线网规划的首要因素。在一定的服务水平要求下，客运需求量大的区域要求布置的快速公交线网客运能力较大，理想的快速公交线网布局应具有服务范围广、非直线系数小、出行时间短、直达率高（换乘率低）、可达性高等特点。

(2) 城市道路条件。城市道路是快速公交线网布置的物质基础和前提。并非所有的道路都适合快速公交车辆的行驶，还要考虑道路几何线型、路面条件等因素。在进行快速公交线网规划以前，可以将所有适合于快速公交车辆行驶的道路定义为快速公交线网规划的"基础道路网"，然后，将快速公交网布置在"基础道路网"之上。

(3) 不同交通方式间的整合。快速公交与轨道交通、常规公交的角色分工及功能定位，都是在进行快速公交线网布局时需要考虑的因素。因此，快速公交线网布局规划除考虑系统本身的效益之外，与其他交通方式之间的关系协调与整合也应一并考虑，以免公共交通内部形成恶性竞争，造成运输效率的整体下降。

（4）外部基础设施和运营条件。城市快速公交系统对基础设施和运营条件都有一定的要求，因此场站条件、快速公交车辆和城市道路等基础设施将是快速公交线网布局规划的重要限制条件。

（5）其他因素。现实环境中存在的其他因素也起到了一定的影响，包括相关主管部门的政策因素、投资力度、企业营运的既成范围、经济和文化因素等。

2. BRT 线网结构

BRT 线网结构形式一般根据各城市的地形结构、土地利用、道路网布局和主客流方向等因素确定。当城市规模不大或城市的地理情况比较特殊，城市主客流方向集中单一时，BRT 路网构架形式相对来说比较简单，即连接城市中心区与居住区之间。随着城市规模的增大，BRT 线路长度和条数的增加，所构成的路网结构形式就越复杂。

（1）放射状结构。放射形结构的路网由若干直径线组成，所有的线路都经过市中心向外呈放射状，如图 4-4 所示。

优点：郊区乘客可以直达市中心，从一条线路至另一条线路只需进行一次换乘。

缺点：增加了市中心的过境客流量和市中心的线路负荷，从某郊区至相邻郊区的乘客需绕行，增加了出行时间。

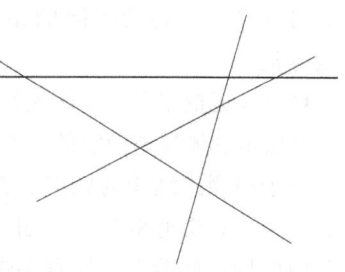

图 4-4　放射网状结构

（2）放射＋环状结构。当放射形路网规模较大时，往往在放射形路网的基础上增加一条环线，环线的基本作用是弥补放射形路网结构的不足。环线应放在客流密度较大的地方，并要尽量多贯穿大的客流集散点。

优点：除具备放射形的优点以外，环线起到了疏解市中心客流的作用，减轻市中心区的线路负荷，提高环线上乘客的直达性并减少换乘次数。

缺点：相邻郊区之间的乘客需进行两次换乘。

（3）棋盘形结构。由若干纵横线路组成路网，主要是由于城市的道路呈棋盘形所决定的。

优点：线路网布局均匀，纵横线间的换乘方便、在路网覆盖范围内连通性好，客流分布均衡、交叉点分散，使换乘客流分散。

缺点：线路走向单一，对角线、平行线间换乘次数较多。

3. BRT 线网布局方法

确定 BRT 网络形态的主要依据是客流需求，根据城市总体规划、用地布局确定客运走廊，在此基础上根据道路网布局形态和设施条件，确定具体的线路走向。为了保证规划方案的实施可行性，BRT 系统布局规划阶段必须同时确定主要构成要素的形式，包括道路断面、车站、车场布局和规模、线路服务形式等。

（1）潜在交通出行走廊的识别。

方法 1：经验判断法。根据城市人口与岗位分布情况，设定影响范围，通过对线网覆盖率的判断来确定线路的走向。将人口与岗位分摊到交通小区中形成相应的人口与岗位分布图，在此图上根据经验判断画出线路走向。这种方法目前使用较多，但仅考虑了人口密度的分布情况，忽视了人员出行行为的不同，因此在线网布设时可能与实际客流方向不完全吻合。

方法 2：出行期望径路图法。规划年出行预测得到远期全人口、全方式 OD 矩阵；将远期 OD 矩阵按距离最短路分配到远期道路网上得到出行期望流量图，按出行期望流量图上的交通流量选线，产生初始线网。

方法 3：两步聚类识别法。先通过动态聚类，将所有的交通流量对分类成 20～30 个聚类中心。而后通过模糊聚类法，以不同的 λ 截阵选择合适的分类，并进行聚类计算。最后可获得交通的主流向及流量并结合走廊布局原则及方法确定主要交通走廊。

(2) 主要枢纽点的确定。确定 BRT 线网初始方案的走向之后，关键是确定 BRT 线网枢纽点的位置，这种由"枢纽到网络"的做法改变了传统由"网络到枢纽"规划方法，可使产生的初始线网的站点与大型客流集散点有很好的衔接，有利于最大限度地吸引客流。

城市客运枢纽点包括两大类：一类是确定型枢纽点，一类是待定型枢纽点。确定型枢纽点是由城市总体规划确定的大型客流集散点，待定型枢纽点是城市范围内换乘量大的地点。

对于组团式结构的城市而言，确定型枢纽点主要包括以下五类：行政中心点，如市中心、区中心；交通枢纽点，如火车站、机场、客运港口、公交站场；文化商业点，如大型的公园广场、旅游点、体育场馆、大型商业中心、商业街等；大型企业点，如大型工矿企业和事业单位等；大型社区，如居住人口在 10 万人以上的居住中心等。将上述五类确定型枢纽点分别列出，分析各客流枢纽点的相对重要度，排定确定型城市客流枢纽点在城市中的地位，从而确定 BRT 线网初始方案中枢纽站点的设置。

BRT 枢纽站点的设置除了应考虑城市确定型枢纽站点外，同时应考虑待定型枢纽站点。对于待定型枢纽点来说，BRT 枢纽站点设置的位置至少包括两个方向或两种方式的客运交通线路，通常位于道路网的节点附近，从某种程度上说，分析 BRT 待定型枢纽站点的选址问题就转变成选择道路网的节点问题。

(3) 线网的生成。线网生成分三步进行，依次是市区级线网、市域级线网和局域级线网。

线网首先生成连通市中心与城市副中心的市区线网，一般为一条环线、数条径线的形式。数条径线将穿越市中心并在此相交，由市中心向城市的各个方向放射，在保持线路尽量为直线的情况下，尽可能地连接更多的城市大型客流集散点，环线连通城市的副中心与其他的大型客流集散点。这样形成的骨架线网将满足现状多数城市交通需求走廊的要求，但对一些城市而言，这些骨架线网需要以地铁为主的轨道交通，在这种情况下，快速公交必须与轨道交通有效配合组织线网，在空间上起到补充的作用、在时间上起到替代的作用。

在确定市区线网之后，开始连通卫星城与骨架线网的市域线网。枢纽之间客流量很大，但沿途客流量较小，快速公交将发挥大站快车的作用。市域线网尽可能利用郊区主要公路，尽可能地经过集镇，以方便乡间乘客的换乘和带动沿途经济的发展，形成沿快速公交线的经济增长带，有利于促进城市向多中心轴线式布局发展。

市域级和市区级线网形成后，一般还剩下局部区域的客流集散点的连接问题，在规模大、客流集散点多的卫星城内可按中心城区的骨架线网形式布设该区域的加密线网。在市区范围内用加密线网连接剩余的节点，覆盖交通走廊。

(4) BRT 线网布局优化。城市快速公交线网设置是否合理直接影响居民出行所需的时间、换乘次数以及系统运行成本。合理的布局，可以充分发挥快速公交的优势，提高运营效率，改善服务水平，方便居民的出行；同时，也可以减轻其他方式交通量对城市道路的占用，减轻城市道路系统的交通压力，发挥有限的城市用地的最大效能。

从对常规公交和轨道交通的研究中可以得知，无论是常规公交线网还是轨道交通线网的布局规划，它们的优化目标和约束条件都是根据各自的特征来确定的，因此对 BRT 线网进行优化也有其不同于其他交通方式的特征。BRT 线网规划要满足的目标很多，其中既有定性的也有定量的，定量目标和定性目标可以一起用来指导 BRT 规划，确定其发展重点和方向。为了实施有效的 BRT 线网优化，提高城市公共交通对客流的吸引力，必须选择合适的优化目标。

可以从城市快速公交系统快速和大运量两个特点出发来确定 BRT 线网布局的优化目标。从快速的特点考虑，由于 BRT 采用公交优先措施后大大减少了各种延误和不确定性因素，所以可以假设车速能稳定在较高水平，由此使乘客在 BRT 线路上的出行距离最接近空间直线距离，则乘客出行耗时最小，可以表示为直达客流平均绕行系数最小。从 BRT 大运量的特点考虑，为充分利用 BRT 的运输能力，希望单位线路长度完成的直达乘客运输量最多，可以表示为直达客流运输密度最大。

三、线路规划

1. 线路形态选择

(1) 穿越形线路。这种线路是穿越市中心区的线路，使车辆调度、交通的集散较为方便，直接满足城市中心区的运量需求，用以形成都市快速干线公交系统的主干线。通常这种线路形态不考虑与其他地区间的联系，因此容易造成城市中心区过多的转车次数，增加转乘的不便并且增加了市中心的交通负荷。

如果快速公交采用这种形态的线路，通常是单独使用快速公交，并在城市公共交通系统中发挥骨干作用。

(2) 衔扣形线路。衔扣形线路由呈 L 状的线路穿过市中心区，以成对相扣的方式形成线网，这种线网具有平衡路线两端运量、减少转车次数、使整体系统运转更具弹性的优点。与网格状线网相比，衔扣形线网形态可同时服务东西走向与南北走向两个方向的客运需求，而网格状线网需在东西向及南北向的穿越形线路都布设完成之后，才能发挥穿越形路网形态的功能；与辐射状路网相较，它的折线形线路在市中心区附近相互衔扣，使其服务范围可涵盖较大的面积，又可以满足市中心区外部运输走廊部分的客运需求，因此线路布设具有很大的弹性。

与穿越形线路一样，如果快速公交采用这种形式的线路，通常是单独使用快速公交，并在城市公共交通系统中发挥骨干作用。

(3) 切线形线路。切线形线路指垂直于穿越性线路或衔扣形线路,服务非向心的特殊客运需要,这种路线为不经过市中心区的过境路线,通常为外围边缘区的两个重要节点之间的连线。

如果快速公交采用这种形态的线路,通常情况下轨道交通为穿越形线路或衔扣形线路,承担大部分向心客流,而不经过中心区的客流则由快速公交的切线形线路承担。

(4) 主支形线路或接驳形线路。这种线路为主干线的延伸,主线与支线属于同一快速干线系统,主线一般为轨道交通,支线为快速公交线路,通常服务运输需求比较少的地区,满足接驳的旅运需求。有些城市在建设交通时盲目地将轨道线路延伸到城市边缘,从城市用地、客流需求或是道路交通状况等方面考虑可能建设轨道交通是不经济的。因为虽然根据城市的远期总体规划,在规划交通服务范围内会有较大幅度的土地开发以及人口与职工数的增加,但是近期的客流需求可能不需要使用轨道交通。另外,由于城市边缘或是城市新开发区,建设快速公交所需要的道路条件较成熟,因此,可以使用快速公交作为轨道交通的延伸来降低投资与公交运营成本,使快速公交的终点与轨道交通的起点紧密地结合在一起。

(5) 环状线路。环状线路是指城市外围,以中心区外一定半径范围成封闭环状的线路。通常配合环状线路的是连通城市的各个重要节点的轨道交通或快速公交的辐射线路和穿越性线路,并作为其他线路的辅助线路。环线的基本作用是弥补放射形线网结构的不足,起到缓解市中心客流的作用,减轻市中心区线路的负荷,并提高环线方向乘客的直达性。一般情况下,快速公交就能满足环线客流需求,且可以利用城市环状快速路,给快速公交提供较好的运营环境。

2. 车道布置

BRT车道是公交专用道的一种,其规划设计对保证运行车速、保证空间专用不受其他车辆影响的要求更为严格。车道布置应充分考虑道路条件和BRT运行要求,采取灵活的规划设计方案。

由于BRT线路服务于城市主要客运走廊,一般布置在主要干道上,根据BRT车道在道路横断面的相对位置,车道布置有以下几种形式:

(1) 多车道干道的中央车道作为BRT专用道。中央车道有利于保证BRT系统的运行服务水平,运行车速可在25km/h以上,并且不易受其他车辆的影响。但中央车道和车站的规划形式,必须考虑乘客到达的安全性,通常需要增加人行天桥或地道设施,并与车站进行整合设计。如果道路有中央绿化分隔带,则可以布置岛式车站,但中央车道与岛式车站的配合,要求车辆左侧开门。

(2) 主辅道结构的干道BRT车道布置在主线路侧车道。主辅道结构指通过车行道分隔,将地方短距离交通与中长距离出行车辆分离、出入主线车辆提前分离,减少由于车流合流、分流对道路运行的干扰。将BRT车道布置在主线边侧车道,不仅可以在保证运行车速的同时,兼顾乘客到达的便利性,也有利于BRT系统与其他公交线路的衔接。

(3) 在多车道干道的路侧布置BRT车道。在已建城市道路且中央无分隔带的情况下,布置中央车道以及路中车站所需的道路空间要求往往很难满足。采用路侧车道,道路改造量少且较易实施。但是，难于转向车辆必须穿越 BRT 车道，以及在 BRT 外侧的非机动车道，均会对 BRT 车辆产生干扰，使得平均运行车速较难达到 25km/h 的要求。

（4）在高架道路路侧布置 BRT 车道。在高架道路上设置 BRT 车道，可以彻底解决 BRT 车辆通过路口的延误问题，从而提高 BRT 系统的运行车速。但是，无论 BRT 车站布置在高架还是地面，出入高架道路的车流与 BRT 车辆在匝道区段均可能存在交织，对 BRT 车辆运行可靠性产生影响。

（5）BRT 专用道路。在规划的 BRT 通道上无法通过道路空间功能调整、辟出专用 BRT 车道的情况下，需要建设专用的高架道路为 BRT 系统提高设施条件。

3．线路营运规划

（1）BRT 线路与车站管理。线路与车站的管理，实际上是营运规划与运行环境的协调。线路投入运营前应明确以下几点要求：

1）营运线路与站台关系。根据客运能力设计，检验车站停靠泊位、线路数及各线路发车频率的匹配，并估计是否会出现车辆等待泊位的概率，评估对运行速度、按时刻表运行的影响。

2）确定收费方式以及对车站设施的布置要求。如果明确换乘免费（不再重新售票），车站布置也需要评估转换客流候车空间需求，以及对上下客的影响。

3）营运线路与车道关系，主要是车站区段的车道断面布置。如果车站采用港湾设计、行车道在车站区段作为超车道使用，可以设计线路不同的运营方式，从而提高车道客运能力。但车辆进入港湾站需要增加进站、离站时间，可能会降低运行车速。

4）车辆与站台关系。需要检验车辆技术参数与站台几何参数的衔接关系，包括车底板高度与站台高度、车门数、车门宽度与站台门、重要车站的客流量与车站停靠泊位。

5）系统运能配备。用高峰时间的发车间隔来计算所需投放的车辆，根据实际运行后的客流量，允许调整车型，也允许在高峰与平峰时段采用不同的车型。

6）车辆事故处置。BRT 车道与邻侧车道的分隔，应不妨碍救援车辆进入。

（2）线路运营模式。线路通过停站设计实现不同的运营模式，一般分为每站必停、大站快线和点对点三类。这三种运营方式可在 BRT 系统内局部或全段使用，主要根据客流需求的时间变化、依据站点 OD 的空间变化进行具体设计，详见图 4-5。

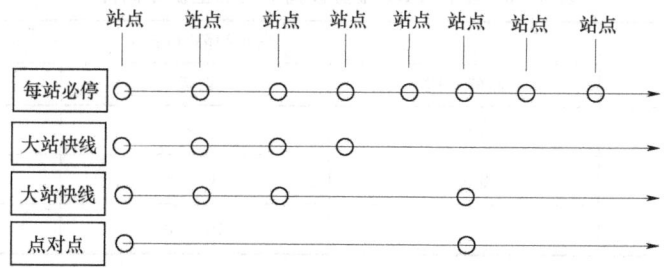

图 4-5 每站必停、大站快线、点对点等 BRT 线路营运模式

BRT 走廊所处的道路类型的不同，其服务的模式和营运时间也不尽相同（见表 4-5）。

表 4-5　不同道路类型的 BRT 服务模式和营运时间

道路类型	服务模式	营运时间	
		工作日	休息日
运行于主干道的 BRT 专用道	每站必停	全天	全天
快速路或高速公路	点对点	全天	全天
BRT 专用车道	大站快线	高峰小时	—
BRT 专用道路	每站必停＋大站快线	全天或高峰小时	全天

对于运行于主干道上的 BRT 线路，其走廊上的客流分布比较均匀，且穿越性的客流较少，因此基本考虑采用每站必停的方式。对于设置在快速路或高速公路上的 BRT 线路，为了尽可能减少对道路交通造成影响，一般采用点对点或大站快线的方式。对于营运于 BRT 专用道路的线路，当其在站点处设置超车道时，可以考虑采用全天每站必停方式，而在高峰小时加开大站快线方式。每站必停与大站快线两种方式结合，既提供了快速性又能充分考虑走廊沿线乘客的出行需求。

（3）营运时段。营运时段由客流分布时段决定，营运机构应根据客流需求、其他换乘衔接系统的营运时段确定首末班车时间。作为城市公交主干线路，BRT 营运时段至少是 6 时至 22 时，工作日和周末的营运时段尽可能保持一致，但班次密度可以做出调整。

基于交通安全考虑，局部同向 BRT 车道可以实施部分时段专用，逆向 BRT 车道应当全天专用，接驳线路也可实施高峰时段营运。

（4）发车方式。发车间隔和发车方式直接影响乘客候车时间和客运能力。为降低发生车辆等候进站的概率，如果有平交路口，则 BRT 线路高峰发车间隔一般不宜小于 2min。如果客流量增加，根据 BRT 专用车道通行能力、路口信号优先控制条件，推荐采用编组发车方式，即在起点站同时排队发车以提高客运能力，有利于发挥站台停靠泊位的使用效率。

发车间隔主要根据线路的客流量和 BRT 车辆的载客量来确定。采用不同服务模式的 BRT 线路其发车间隔是不一样的，大致的发车间隔范围如表 4-6 所示。

表 4-6　不同 BRT 服务模式下的典型发车间隔

服务模式	发车间隔（min）		
	高峰小时	白天	晚上
每站必停	3～5	5～8	8～15
大站快线	8～12	10～15	—
接运线路	5～15	10～20	10～30

（5）BRT 线路营运规划。BRT 营运规划中需要考虑的因素主要包括以下几方面：

1）规划的 BRT 营运模式应与其所在城市布局和结构、BRT 专用道类型、潜在的客流市场相适应，其服务模式对于乘客来讲应该是容易理解的。

2）对于提供点到点服务的 BRT 线路应考虑在发车密度和服务水平之间的平衡，在规划期最好能考虑设置几条发车间隔较短的线路。

3) 对于在 2h 之内（最长不超过 3h）能运行一个来回的线路，其营运模式最好能采用每站必停方式。

4) 对于整个 BRT 线网中的营运方式应考虑采用不同的模式，如基本的每站必停、大站快线、点对点服务等。对于每站必停的营运模式应该实行全天服务，对于大站快线、点对点服务等可以考虑在高峰小时和工作日开行。

5) 基本的 BRT 线路发车间隔在高峰小时应在 5～10min，平峰期间可以延长到 12～15min。

6) 对于一些车流量较小的 BRT 专用道，可以考虑对于其他公交车开放。

四、站场规划

1. BRT 站点分类

（1）按功能划分，BRT 站点可分为中途停靠站、换乘站和首末站。中途停靠站规模较小，只提供乘客上下服务，较少地考虑与其他公交线路和交通方式的换乘问题。换乘站规模较大，除提供本站附近乘客上下车的服务外，还需要重点考虑与其他公交线路和交通方式的换乘问题。首末站规模很大，应具有足够的场地提供车辆停放、调度和维修，同时须配备停车场和必需的生活服务设施以方便与其他交通方式的换乘和乘客候车。

（2）按售验票方式划分，BRT 站点可分为开放式车站和封闭式车站。开放式车站站内不设售验票系统，功能相对简单，宜于维护，一般用于车上售票的收费方式，车站的造价较低，要求配备电子地图、公交电子查询设备、实时车辆到达信息系统、自动售票机等。封闭式车站设有收费区和不收费区的隔离措施，车站须设置售验票系统，并需要工作人员职守，封闭式车站用于车下售验票的收费方式，车站的造价较高。

（3）按车站位置，BRT 站点可划分为路中型车站和路侧型车站。路中型车站适用于路中型专用道形式，具体又可分为岛式车站和侧式车站，车站的规划与设计必须慎重考虑行人通道问题，避免造成对其他交通方式的干扰，车站造价较高。路侧型车站适用于路侧专用道形式，其设计可简单化，交通组织类似于常规公交车站，只是为配合 BRT 车辆的构造使其设计有所不同。

（4）依据道路断面特征、道路隔离带的布置形式以及专用道的位置，BRT 站点分为港湾式、侧式（岛侧式）、岛式。当车道位于道路中央时，通常采用的是具有轨道交通车站特性的岛式站台或侧式站台，当专用道位于道路两侧时，尽量采用港湾式。

1) 港湾式。为了避免对其他公交车产生干扰，专用道在最外侧车道的线路通常设成港湾式，压缩该处的非机动车道和人行道，将站点处的非机动车道相应向后退至少 3m。由于车辆进站时需要更换车道，在站点位置，不需要设置超车道。

2) 侧式（岛侧式）。专用车道位于道路中央时，车站分别设于专用道的外侧，称为侧式或岛侧式。根据两个方向的车站设置在路段上断面位置的不同可分为并列式和错开式。并列式即快速公交两个行驶方向的站点平行地布置在道路同一断面上，形成并列式的站位，这种设置方式在站点位置将会过分占用路面资源。错开式即快速公交两个行驶方向的站点位于路段的不同断面上，交错设置，这种方式避免了并列式的弊端，占用道路空间较少，适用范围较广。

3) 岛式。站点布置于双向专用道的内侧，即道路的中央，称为岛式站台。岛式站台可以作为线路连接点，方便乘客异向换乘，但双向的运作管理必须协调好。岛式站台需集散两个方向的客流，站台规模比一般的站点要大，但由于两个方向的客流可以共享资源，占用的道路面积肯定会比侧式站台少。

2. BRT 站点规划设置原则

BRT 站点是 BRT 的基本组成部分，也是乘客利用 BRT 服务的第一个连接点，它提供了始发、到达和换乘的功能。

(1) BRT 起始站。BRT 起始站的主要功能是为 BRT 线路的车辆提供开始和结束运营、等候调度以及购票、检票和提供 BRT 车辆信息的必要场所。起始站点是 BRT 站点的一部分，通常其中至少应该有一个具备停放车辆和小规模保养作用的服务设施，起始站点的设置主要包括起始站点的位置、规模、作用的确定以及站点设计等几部分。

1) BRT 起始站点的设置应与城市道路网络的建设及发展相协调，宜建设于客流的集散点附近和主要客流的同侧。BRT 起始站点的选址应确保起始站点设置后不对道路交通造成严重影响。

2) BRT 起始站点的规模由站点所服务的线路配备的车辆数和选用的车型决定，而配备的车辆数与 BRT 的线路形式有关。

3) BRT 起始站点的作用与站点附近用地情况有关，若站点附近无空地，起始站可以不具有停放和保养 BRT 车辆的作用。BRT 车辆需要利用附近的道路调头并在路边或路侧空地做暂时停靠，因此，站点附近应具有较富裕的道路和停车用地。由于 BRT 准点率高，线路需要的停车空间比相同发车频率的普通公交需求小。当站点具有停放 BRT 车辆的功能时，与起始站点相连的出入口道路应为服务水平良好、交通饱和度不高的道路，且尽量避免设置在交叉口附近，必要时可设置信号控制，减少对道路交通的干扰。

(2) BRT 中间站点。BRT 中间站点的功能是为乘客提供车辆信息、等候、换乘以及购票、检票的场所。BRT 中间站点的规划主要包括选址、规模、站距的确定以及站点设计等几部分内容。

1) BRT 线路通过的区域通常是现状或规划中的高密度用地区域，BRT 中间站点应设置在 BRT 线路沿途经过的客流集散中心附近。

2) 如果 BRT 中间站点沿街布设，站址宜选择在能按 BRT 要求完成车辆停放和通行任务的地方，并且能提供 BRT 站点所需用地。

3) BRT 中间站点所在道路断面的位置由专用道的位置决定。

4) BRT 中间站点的站距受乘客出行需求、站点所在区域条件和交叉口间距等因素的制约。

5) BRT 中间站点附近通常要规划停车设施，以便为尚需使用其他交通方式的乘客提供便利的换乘条件。

6) 交叉口附近设置中途停靠站时，一般设在离交叉口 100m 以外处。

(3) BRT 枢纽站点。BRT 枢纽站点是指 BRT 与其他交通方式之间客流转换相对集中的场所。合理设置的枢纽能够使乘客安全、迅速地换乘，同时也使车辆进出枢纽对道路交通的影响降低到最低程度。BRT 枢纽通常包括对外换乘枢纽和对内换乘枢纽两种，对外换乘枢纽是 BRT 与市际交通的联系点，在用地允许的情况下通常可设置在铁路客运站、长途汽车站、航空港口和城市出入口等地的道路上，对内换乘枢纽是城市区域内 BRT 客流的换乘点。BRT 枢纽站点的设置主要包括枢纽的选址、规模的确定以及枢纽站点设计等几个部分。

1) BRT 枢纽站点的选址和规模主要受客流需求强度、需要换乘的交通方式、用地情况以及周围环境条件等因素的影响。

2) BRT 枢纽站点内部空间设计与需要换乘的交通方式和收费制度有关，应尽量使交通方式之间有效衔接，形成集约换乘。

3. BRT 站点规划

（1）合理站距分析。快速公交站点受到乘客出行需求、车辆的运营管理、道路系统、交叉口间距和安全等多种因素的影响，应合理选择。一般而言，较长的车站间距可提高车辆的平均运营速度，但乘客从出行起点（终点）到上（下）车站的步行距离增大，给换乘出行带来不便；站间距缩短则反之。当站间距很小或很大时，总出行时间都会较大，而在这之间存在着某个最优站间距（或者最优站间距的某一邻域），使总的出行时间最小，这个最优站间距即为快速公交的合理站点间距。

快速公交站距主要影响因素如下：

1) 客流需求强度及客流沿线分布状况。客流需求强度影响着快速公交站点的布局，车站应设在大量客流汇集的地点。同时，客流沿线分布情况影响乘客到达车站的平均时间从而影响快速公交的站间距。

2) 线路运行时间。线路运行时间与旅行速度有关，旅行速度越大，则线路运行时间越小。要减少线路运行时间就要求增加站间距以提高旅行速度。

3) 乘客到、离站时间。从乘客的角度来说，他们希望减小站间距，这样他们的到、离站时间就越短，出行方便。过长的站间距会造成乘客到、离站时间的加长，并可能超过在线程部分所省的时间，从而导致总出行时间很大。因此，乘客到、离站时间影响快速公交最优站距的确定。

4) 投资费用。为了确保项目建设不会超出预算，通常各子项目（如专用道、站点、车辆等）亦有成本限额。与站距相关的成本包括 BRT 站点建设成本和公交运营投资成本（主要是 BRT 车辆购置成本），BRT 站点的建设成本包括站点建筑的建设成本和站点配置设备（如信息发布、查询系统，售票、检票设备等）成本。

一般而言，BRT 专用道的独立性越高，站间距要求越长；道路沿线土地开发强度越大、客流需求越高，站间距要求越小；BRT 专用道越靠近市中心区站距越小，越远离市中心区站距越大。从 BRT 专用道的使用特性来讲，其站点间距与轻轨站距相近，建议不同的城市区域 BRT 站点的平均间距分别为：中心区 800~1000m，中心区外围 900~1200m，城市郊区 1000~1500m。

（2）站点的位置选择。中途站点设置位置可以选择在交叉口进口道、出口道、路段中间三种位置，不同的设置位置会对站点周边的车辆和行人产生不同的影响。

对于设置在中央车道的公交专用道,为了保证乘客上下站台的便捷性,其站点的位置通常布置在交叉口的进口道或是出口道,通过加宽行人过街横道的宽度来达到迅速疏散下车乘客的目的。

1) 进口道。站点设置在交叉口进口道,由于公交车需要完成上下客后再利用本相位绿灯时间以通过交叉口,这种方式通常会造成相位绿灯时间的浪费(在绿灯时间内到达的公交车无法完成上下客)。

2) 出口道。公交站点设置在出口道,可以有效避免相位绿灯时间的损失,同时也是实现公交优先控制的需要。

站点设置在交叉口可能会产生安全和视距问题,而设在路段上就不会有。但路段上车速较高,站点处必须留有足够的宽度供其他车辆通过。车站处的公交车道需要有三四个车道宽度,保证运行车辆避开到站车辆超车。有时需要在路中修建专门的过街设施,增加了建设成本。行人在路段中部穿越道路,降低了道路交通效益;增加了相交道路附近快速公交出行者的步行距离。

不同路边型站点位置的优缺点和使用条件如表 4-7 所示。

表 4-7 路边型 BRT 专用道车站在不同地点设置的优缺点

站点位置	优 点	缺 点
出口道	◇ 将右转车辆和 BRT 车辆的交织减小到最少 ◇ 通过提供专用道给社会车辆使用增加了额外的右转通行能力 ◇ 减小了右转车辆视距受阻的问题 ◇ 通过交叉口减速缩短了 BRT 车辆的减速距离 ◇ 如交叉口信号优先等措施可以被应用	◇ 有可能因为站点处停靠 BRT 车辆过多导致交叉口拥堵 ◇ 会对直行车辆视距产生干扰 ◇ 对于过街行人可能产生视距干扰
进口道	◇ 当出口道的交通压力较大时,可以减少干扰 ◇ 当红灯时允许乘客上下客 ◇ 当交叉口宽度足够时 BRT 车辆可以变道行驶	◇ 增加了与右转车辆的交织冲突 ◇ 使交叉口信号优先应用变得复杂化,假如站点位于停车线附近或者是右转车道上会降低效率或需要一个额外的信号
路段中间	◇ 将行人和车辆的视距问题减小到最少 ◇ 可以减少候车区的乘客拥挤情况	◇ 需要额外的距离来限制附近的禁止停车 ◇ 增加行人过街的绕距

根据不同站点设置位置的优缺点,其适用范围也是不一样的。进口道设置站点特别适用于路段客流量和公交车流量都比较大、整体交通状况比较良好、在高峰时段内对于路边停车禁止的情况。出口道设置站点主要适用于路边车道为 BRT 单独享有、路边停车在高峰小时(或全天)禁止、交叉口 BRT 享有信号优先等情况。路段中间设置站点在实际应用中并不多见,特别适用于城郊区域 BRT 专用道上有多条线路经过、需要大片上下客面积的情况,其也适用于两个交叉口之间的间隔比较长,同时在路段中间有客流集散区域的情况。各种位置在不同的标准下选择方案如表 4-8 所示。

表 4-8 选择站点位置的标准

标　准		选择方案			
		交叉口下游	交叉口上游	路段中	
				远离人行横道	靠近人行横道
安全	乘客的活动安全	√		√	
	车辆行驶安全	√		√	
	其他交通活动		√		√
车辆营运	方便行人活动		√		
	方便车辆转弯	√	√		√
	与机动车的冲突小	√			
对交通流的影响	红灯右转对交通影响小	√		√	√

（3）站点的规模。快速公交站点设置受城市用地条件的限制较大，当线路周围用地紧张，可用用地面积不能满足站点用地要求时，需要调整站点位置，有时甚至影响实施方案的选择。

1）站台长度。由于快速公交的线路有限，同一条道路上设置的线路不会太多，所以一个中间站点最多需要 2～3 个泊位数，公交车长度取 18m，一个泊位长度可按 20.5m 计算。通常普通站台一般可容纳 2～3 辆公交车停留，枢纽站点的站台需要容纳 4～5 辆。

2）站台宽度。考虑到乘客上下通道、检票设施和各种辅助设施以及站台边缘的安全带宽度，一般站台宽度不宜小于 2.5～3m。

3）站台高度。BRT 为了方便所有乘客上下车，减少乘客上下车时间，BRT 站台高度设计时力求使 BRT 乘客能够水平登车。

4.BRT 换乘枢纽

换乘站是 BRT 线路上除首末站之外的大型站点，它通过连接其他常规公交线路来集散换乘乘客，不仅提高了 BRT 系统的利用率，还简化了 BRT 和常规公交的服务形式。

对于 BRT 换乘枢纽规划，需要遵循以下几条原则：尽可能将 BRT、公交接运线路、私家车交通隔离，并给予其他交通方式与 BRT 换乘的优先权。多方式之间的换乘设施和 P+R 设施（Park and Ride）可以设置在 BRT 线路的一边或者两边，建议最好设置在 BRT 通向市中心的一侧。在规划中要考虑到尽可能缩短乘客的步行距离并减少乘客与公交车辆之间的交织冲突。

对于客流量较小或受规模限制的枢纽，BRT 车辆可以在同一位置上下客，但是对于大运量的枢纽站点，只有通过上下客分离，才能实现乘客的快速上车。

换乘枢纽一般设置在常规公交线路相交或接近 BRT 站点处，当存在多条接运线路时，应尽可能提供路外换乘设施。根据 BRT 走廊和接运线路的相交情况，有以下两种换乘枢纽平面布置示意图。

第一种情况（见图4-6）适用于BRT与接运线路之间的换乘量不是很大时，可以设置于路边或路外，乘客换乘需要经过楼梯，增加了换乘距离。

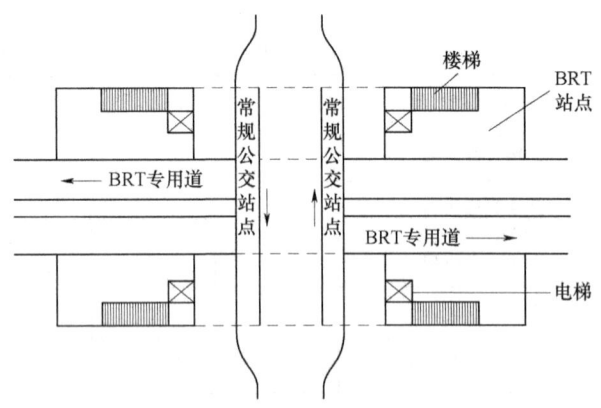

图4-6　BRT与接运线路相交时换乘枢纽平面布置图

第二种情况（见图4-7）适用于BRT与接运线路之间的换乘量较大时，通过BRT与接运线路之间的共享站台，可以快速地实现换乘，其换乘距离相对第一种布置要减少很多。

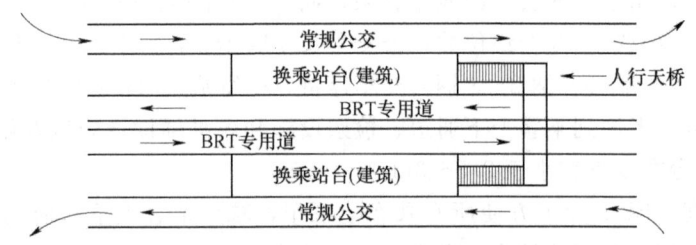

图4-7　BRT与接运线路平行时换乘枢纽平面布置图

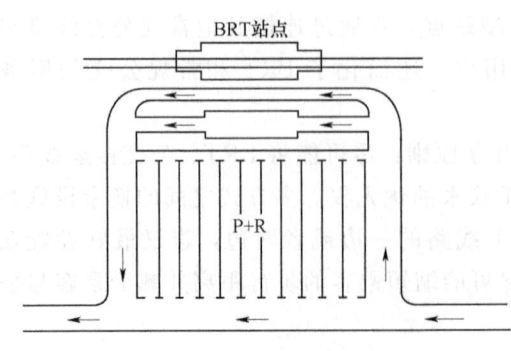

图4-8　典型P+R设施与BRT换乘枢纽平面布置图

P+R（停车换乘）设施一般设置在拥有大量乘客的区域，而且这些乘客居住的区域步行到BRT站点的距离太远，或者缺少有效的公交接运线路。通过P+R设施的设置，可以节省BRT乘客的出行时间并扩大BRT站点的吸引范围。

P+R设施一般设置在道路交通状况良好的路段附近，通过良好的可达性并预留未来扩容的余地，其规模主要根据BRT站点的运量来决定。典型的P+R设施布置图如图4-8所示。

5. BRT停车保养场站

由于BRT车辆与普通公交车辆有所差别，停车保养场站用地、保养技术以及维修设备都有特定要求，需单独规划建设。

停车保养场站是为 BRT 车辆提供加油、加水、内外部清洗等日常服务，以及为车辆的燃料储存和发放的场所。承担营运 BRT 车辆的高级保养任务及相应的配件加工、修制和修车材料，为线路营运车辆下班后提供合理的停放空间、场地和必要的设施。

BRT 场站规划用地按所承担的保养车辆数和保养级别、保养周期计算。如选用 18m 长的 BRT 专用车辆，基本用地面积按 $300m^2/$车取，并乘以用地系数 K。K 值选取方法如下：

(1) 当保养车辆数小于或等于 100 辆时，K 取 1.2。
(2) 当保养车辆数在 150 辆左右时，K 取 1.1。
(3) 当保养车辆数在 200 辆以上时，K 取 1.0。

停车场用地面积要保证公交车辆在夜间全部回场停放情况下，车辆出入顺畅。停车方式一般采用垂直式或斜列式，每辆 BRT 车辆的单位停车面积如下：

(1) 如按垂直式考虑，1 辆 18mBRT 铰接车辆所需的单位停车面积约为 $100m^2$。
(2) 如按 45°斜列式考虑，1 辆 18mBRT 铰接车辆所需的单位停车面积约为 $90m^2$。

第四节　BRT 专用道（路）设置与设计

一、BRT 专用道设置形式

1. 路中式专用道

路中式的 BRT 专用道，快速公交车辆靠路中央行驶。根据道路横断面形式不同又分有中央分隔带和没有中央分隔带两种情况，如图 4-9 所示。没有中央分隔带的道路，专用道布设于路中线两侧，停靠站空间通过对道路局部进行渠化或拓宽获得；有中央分隔带的道路，专用道布设于分隔带两侧，利用分隔带来布置公交停靠站。

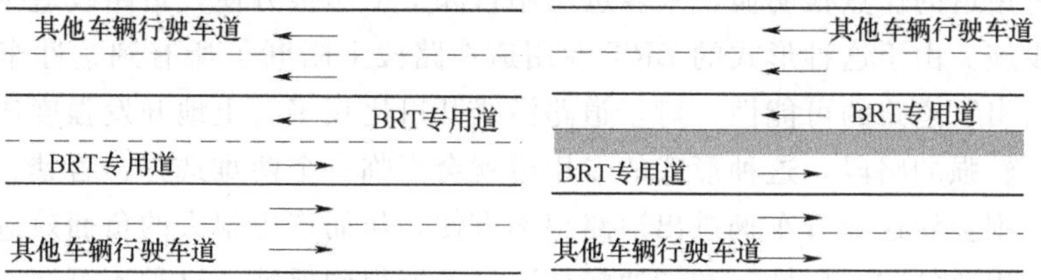

图 4-9　路中式 BRT 专用道

路中式专用道的最大优势就是车辆行驶不受外界因素干扰。对于不设中央分隔带的道路，还可以把双向专用道集中在一起进行物理隔离，这样做既保证了快速公交专用道的专用性，又可以使公交车辆利用对向车道进行超车。而对于设有中央分隔带的道路，可以根据实际需要对其进行灵活处理，必要的时候也可以将分隔带改建为快速公交专用道的一部分与专用道一起进行隔离。

车辆沿中央分隔带行驶，并且停靠，乘客上下车就要穿越道路，与路侧的 BRT 专用道相比，这种中央专用道会使乘客穿越道路的次数增多，路侧专用道乘客完成往返出行只需要穿越一次,如果不是往返出行还有可能不需要穿越道路,而中央专用道乘客每乘一次公交车都要穿越两次道路,安全性大大降低。由于一般道路中央分隔带宽度有限,不方便设置人行天桥或地道,增设行人过街信号又将给正常的车流造成延误。

由于我国的交通规则是车辆靠右侧行驶,所以公交车辆的车门也都是开在右边,这种中央式专用道不方便乘客上下车。如果要利用中央分隔带作停靠站,则车门就应该设计在左侧,但必须整条公交线路都设有这种类型的 BRT 专用道,或者说停靠站都在路的左侧,否则有些站在路右侧,公交车同样不方便上下客。另外,从车辆调度的角度来看,如果城市中这种左侧车门的公交车和普通公交车同时使用运营,则左侧车门的公交车只能行驶在固定线路上,不能随时调用到其他线路上,同时公交线路也不宜做变动。

总体来说,路中型 BRT 专用道由于受干扰比较少,对路幅的要求不高,投资少,实施方便,在合适的路段设置可以更好地体现公交优先,使公交系统高速、准时地运行。但其缺点是对社会车辆的行驶造成一定的阻隔,使其不能随意变换车道,同时专用道也容易被社会车辆占用,且公交车停靠不方便。

2. 路侧式专用道

这种形式的 BRT 专用道设置在双向机动车道的最外侧车道,停靠站点设置在机非隔离带上或者占用局部的非机动车道空间。这种形式的专用道是目前我国城市采用最多的,如图 4-10 所示。

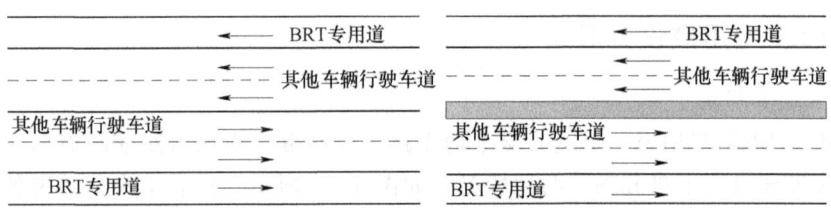

图 4-10 路侧式 BRT 专用道

路侧式专用道的优点很明显,乘客进出站台和上下车很方便,道路改造少,可以使用现有的公交设施。由于这种形式的 BRT 专用道在路段上阻断了所有到达性车流,断绝了车辆"右进右出"道路的可能性,对于道路沿线开口比较多、土地开发强度比较大、交通发生和吸引比较强的路段,这种形式的专用道就会面临一个两难选择:若禁止这种"右进右出"交通,则会使这部分车辆进出道路很不方便,从而产生很大的负面效应;若不禁止这种交通,专用道的"专用性"和"通畅性"又不能得到保障。这种不可调和的矛盾决定了该种形式的专用道适应性不强,仅适合道路沿线土地开发强度低、交通发生和吸引不高的地段。而且路侧式专用道与路中式专用道相比,车辆容易受到路侧非机动车辆和行人等横向因素的干扰,影响 BRT 车辆行驶速度。

这种路侧 BRT 专用道的停靠站一般设置在人行道上或机非分隔带上,对乘客等候、上下车及出行都比较方便,不需要穿越马路,保障了乘客的出行安全,符合人们的出行心理,且对路幅要求低,实施方便易行,投资少。专用道设置在路侧,更有条件设置港湾停靠站,可以减少公交车辆的停车对社会车辆产生的干扰,方便公交车辆超车。但是这种形式的 BRT 专用道如果不采用物理隔离,往往会受到社会车辆的干扰,特别是出租车辆的任意停靠，有时甚至还会因一些车辆的违章停车阻塞了车道，影响专用道的正常运营，同时这种 BRT 专用道的设置也限制了其他社会车辆的路侧活动。

3. 次路侧式专用道

这种形式的 BRT 专用道是路侧式专用道的一种改进形式，一般是利用路段非机动车道在原来路侧式专用道的右侧再开设一条辅助机动车道，供沿街车辆和相交小路上车辆右进右出、出租车上下客和不允许使用快速公交专用道的常规公交行驶使用，如图 4-11 所示。

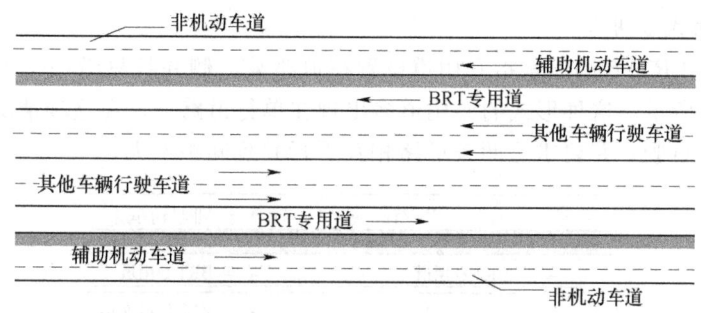

图 4-11　次路侧式 BRT 专用道

它的优点是克服了路侧式专用道的缺点，从而有了较高的适应性。但它仍具有一个明显的缺陷，即对于非物理措施隔离的专用道，辅助车道上需要左转的车流在进入交叉口之前需转入专用道左侧车道，与 BRT 车流相互交织，从而影响专用道上车辆的行驶，尤其当左转车流量比较大时这种影响会使专用道的设置失去意义。

此外，路侧式 BRT 专用道允许道路沿线土地有一定开发，但是强度不能太大以避免产生太多的进出车辆。

这种类型的 BRT 专用道由于车辆行驶时不受路边因素干扰，因此可以高速行驶，且 BRT 专用道可以一直延伸到交叉口，减少公交车与社会车辆的交织，也便于为公交车辆提供优先通行信号。但公交车在停靠时要到路边，需变换车道，对社会车辆的正常行驶将产生干扰，因此这种形式的 BRT 专用道最好设置在无停靠站的路段，如交叉口间距较短的路段或大站快车的情况。

4. 单侧双向式专用道

单侧双向式专用道是指将专用道集中布设于道路一侧，其他车辆行驶于另一侧的情况，如图 4-12 所示。

这种形式的公交专用道的一个明显优点就是路段车道安排灵活，车辆可以利用对向车道超车；另一个优点则是当公交线路为环状的时候，若将环内侧设为公交专用道，将会有效简化公交车辆在交叉口运营的复杂程度，免受社会车辆对公交运行的干

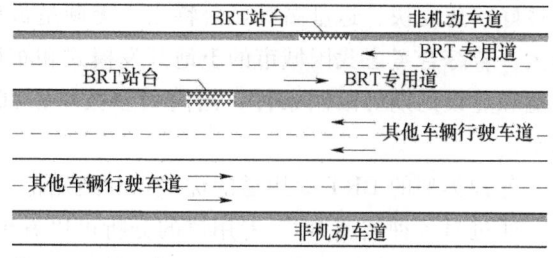

图 4-12　单侧双向式专用道

扰。其缺点表现在交叉口的运行组织上。对于一般的 BRT 公交线路，如果在交叉口处 BRT 车辆既有直行又有转弯，那么交叉口处 BRT 车辆与其他社会车辆的交通冲突会明显增加，相互干扰严重，交通信号的协调组织也会变得相当复杂，处理较为麻烦。

这种类型专用道的缺点决定了它只适用于单线式快速公交线路，尤其适用于环形线路。对于沿线的土地开发集中在一侧（如沿河道路）进行，路口交叉形式多为"T"形交叉的情况，也可以选用这种类型的专用道。这种情况下，可以根据沿线客流和车流的具体情况决定 BRT 专用道到底设置在哪一侧，如果考虑方便乘客到达沿街单位可将专用道设置在靠近用地开发的一侧，若考虑沿线单位车辆进出道路方便，可将专用道设置在另一侧。

5. 单侧单向式专用道

单侧单向式 BRT 专用道是指专用道设置在道路某一侧并且只沿一个方向行驶的专用道，如图 4-13 所示。这种形式的专用道多出现在单行道路上。在这种情况下，公交线路双向分两条道路行驶，并要求这两条道路相互平行并且间距不大。

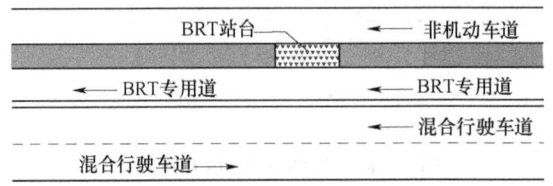

图 4-13　单侧单向式专用道

这种形式的专用道对道路网的密度有较高要求，基本类似于单向交通的设置标准，一般适用于道路狭窄、路网密集的老城区。

6. 逆向式专用道

BRT 逆向式专用道是指 BRT 车辆行驶方向与其他车辆行驶方向相反的专用道，一般也多用于单行道路上。这种形式的专用道优点是 BRT 车道不易被其他车辆占用，布设在单行道上时，反向乘客乘车方便。其缺点是不符合我国规定的行车习惯，与对向左转车流有冲突。交叉口处由于专用道车流与其他车辆没有统一的行驶特性，为 BRT 车辆安排的信号优先措施会给其他车辆造成更多的延误。

7. 快速公交专用路

快速公交专用路（地下、高架、专用街道、高速公路）是指整条道路都为 BRT 车辆所用的道路。单从 BRT 的运营效果上考虑，这种形式的专用道采用全封闭式管理具有独立性好、速度快、运量高等显著特点，无疑是最理想的专用道形式，但其占用道路资源也最大。若综合考虑我国城市的土地开发模式和布局、城市道路空间容量、成本效益、社会效益和建设周期等限制条件，国内大多数城市都不宜采用这种专用道，其适用范围十分有限。

各种类型的 BRT 专用道的优缺点和适用范围分析结果如表 4-9 所示。

通过对各种类型 BRT 专用道的分析可以看出每种类型的专用道都有其自身的优缺点和使用范围，具体采用哪种类型的专用道，必须根据具体情况再结合城市的土地发展规划和道路交通条件因地制宜地确定。

表 4-9 不同类型的 BRT 专用道特性比较

专用道类型	优点	缺点	适用范围
路中式	外界干扰因素影响少	需设置专门的行人过街设施、对道路横断面要求较高	单向三车道及以上道路，使用范围广
路侧式	乘客上下车方便、道路改造少、可利用现有公交设施	易受外界干扰因素影响、车速低、通畅性较差、社会车辆右进右出受阻	沿线土地开发强度低、客流产生和吸引不高的单向三车道及以上道路，适用范围窄
次路侧式	乘客上下车方便、道路改造少、与路侧式专用道相比外界干扰因素影响有所降低	与左转社会车流存在交织、车速较低	沿线土地开发强度不高、进出车辆尤其是左转车辆少的单向三车道及以上道路
单侧双向式	车道安排灵活、可利用对向车道超车	交叉口干扰多、运行组织复杂，沿街对面乘客乘坐不便	仅适用于沿线土地开发集中于一侧或公交线路为环状的道路，使用范围不高
单侧单向式	对路幅宽度要求不高	对路网密度要求高、双向分不同道路设置、不便换乘	适用于道路狭窄、路网密集的老城区
逆向式	专用道不易被其他车辆侵占、反向乘客乘车方便	不符合行车习惯、与对向左转车流有冲突、交叉口处与其他车流行驶特性不统一、BRT 信号优先措施会明显增加社会车辆的路口延误	适用范围较广但实际运用中可操作性不高
BRT 专用路	独立性好、速度快、运量大、效率高	道路资源占用多、建设成本高、周期长	仅适用于道路资源丰富的城市郊区，适用范围十分有限

二、交叉口的设计

交叉口是 BRT 车辆在专用道上运行时可能受到外界干扰最大的区域，也是其他车辆受 BRT 车辆运行影响最大的区域。BRT 专用道经过的交叉口，尤其是平面交叉口必须进行适当处理，使由于建设 BRT 而对道路交通系统造成的不利影响降到最低程度。

为了减少车辆在交叉口的总延误时间，可以通过改善进口车道设计的方法实现，常用的方法有以下两种：

（1）增加车道，在用地条件允许的前提下，扩宽进口道，增加 1 条或 2 条车道。

（2）在进口道排队区设置两条停车线，前一条停车线用来控制 BRT 车辆，后一条停车线用来控制非 BRT 车辆运行。当红灯亮起时，非 BRT 车辆在后一条停车线前停止，使 BRT 车辆在进入排队区时可以根据运行方向分布在各个进口道等候通行信号。

对于普通交叉口，BRT 车辆还是经常会受到其他车辆的干扰，延长了 BRT 的运行时间，降低了 BRT 的服务水平，因此，必须采取适当措施保证 BRT 的优先行驶。可以采用的做法是在交叉口的适当位置设置停车等待区，通常在以下情况下需要设置停车等待区：平交道路 BRT 中央专用道；3 幅路和 4 幅路（立交和平交道路）的部分非机动车道作为机动车道使用且 BRT 专用道设置时，需要在 BRT 专用道外侧车道位置设置停车等待区。对于 BRT 路侧专用道左转车辆易与 BRT 专用道内侧直右车道的直行车辆发生干扰，此时对 BRT 车辆的干扰相对较小，当左转交通量较大时，可将 BRT 路侧专用道内侧直右车道设置为专用右转车道，消除左转车辆与该直右车道的直行车辆干扰。

在信号交叉口的进口道中，有一条或多条进口道为公交车辆专用，其他社会车辆（不包含特殊车辆）不允许进入，则为 BRT 专用进口道。它保证公交车辆在交叉口同社会车辆分离，红灯时不需排在其他社会车辆之后等待，而直接到达停车线处，这样就能够在绿灯亮的时候以第一时间通过交叉口，减少 BRT 车辆在交叉口所受的延误。BRT 专用进口道的设置形式如图 4-14 和图 4-15 所示。

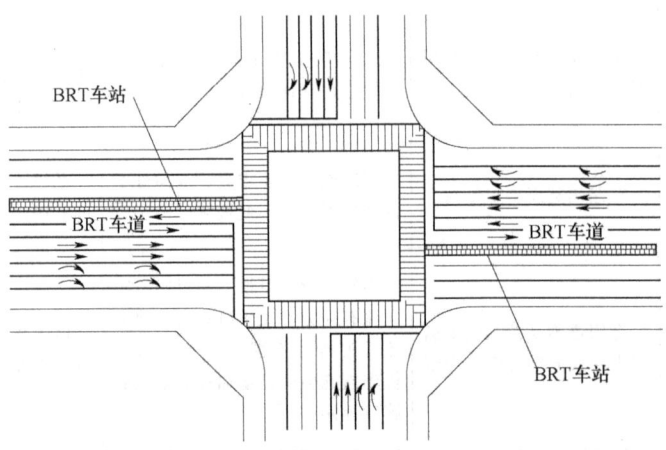

图 4-14　典型设置 BRT 专用进口道的无左转交叉口示意图

通过在交叉口设置立交，将 BRT 专用道和交叉口完全分离，可以避免所有的交织冲突。但是在中心区受用地限制和景观影响大多只能采用隧道形式，导致造价昂贵，使用范围有限。

三、站点设计

1. BRT 站点形式

BRT 站点可分为两种形式，即港湾式站点和非港湾式站点。港湾式站点是道路在 BRT 站点处向站点方向增加车道，此车道是专门为 BRT 车辆停靠服务；非港湾式站点是指 BRT 站点沿路侧设置，BRT 车辆占用专用道停车。

BRT 站点形式的选择与 BRT 的运营方式、线路形式以及道路交通状况和用地情况都有密切关系，具体分析如下。

（1）港湾式站点。港湾式站点的最大优点是可以明显减少站点停靠车辆对其他车辆之间的干扰而产生的时间延误。对于在有中央隔离带的双向 4 车道道路上设置的路侧港湾式

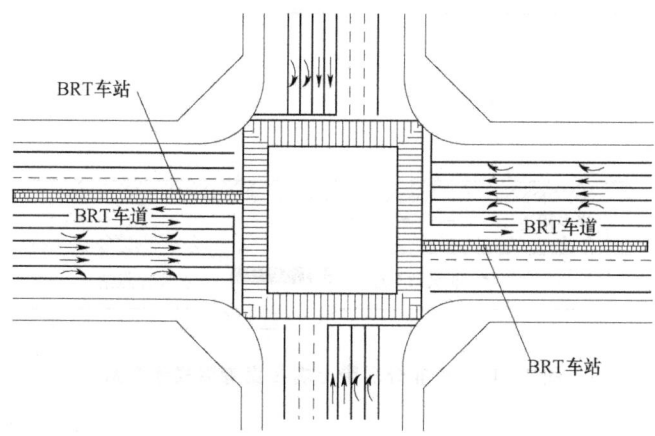

图 4-15 典型设置 BRT 专用进口道的有左转交叉口示意图

公交站,根据交通流量不同约可减少一般车流延误的 20%~50%。通常在没有提供超车道、用地有富余并且有需求,或者超车需求量较大而且用地允许的情况下,可选用这种站点形式。

(2) 非港湾式站点。非港湾式站点相对港湾式站点具有节约用地的特点,对于用地紧张的城市道路而言,非港湾式站点的这一特点常常在决策中起到决定性的作用。非港湾式站点在许多情况下成为 BRT 的优选方案,选用 BRT 站点情况大致有以下几种情况:

1) BRT 专用道包括超车道或道路交通饱和度较低,可以利用邻近机动车道超车。

2) BRT 线路采用干支结合的形式,并且 BRT 车辆在每个站点均停靠,在这种情况下,BRT 车辆在站点几乎没有超车的需求,非港湾式站点便成为最佳选择。

3) BRT 站点周围用地受限制,而且 BRT 站点处需要超车的车辆比例较小,不会形成交通瓶颈。

2. 路边型专用道中途站点布设方式

路边型专用道没有非机动车道时,BRT 中途站点就可以沿路侧设置在人行道上,根据具体的道路和交通条件可以设计成直线式停靠站和港湾式停靠站。路边型专用道有非机动车道时,公交车的停靠将受到更多的干扰,停靠站的设置可以有以下三种形式:

(1) 停靠站设置在机非隔离带上,为直线式,如图 4-16 所示。

这种形式的停靠站对非机动车没有干扰,但对其他社会车辆干扰较大,适用于道路宽度有限,非机动车流量较大,机动车流量不大的路段。

(2) 将道路在停靠站的断面处向外拓宽,非机动车道向路边侧移,公交专用道的右侧相应拓宽,停靠站设置在公交专用道与非机动车道之间,形成港湾式,如图 4-17 所示。

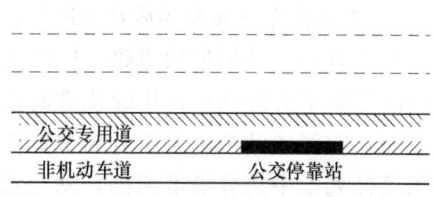

图 4-16 机非分隔带上直线式停靠站

这种形式的停靠站通过道路断面拓宽设置了公交车辆的超车道,对非机动车干扰不大,只是稍稍改变一下方向,对其他社会车辆干扰也很小,适用于道路宽度可以适当改造的路段。

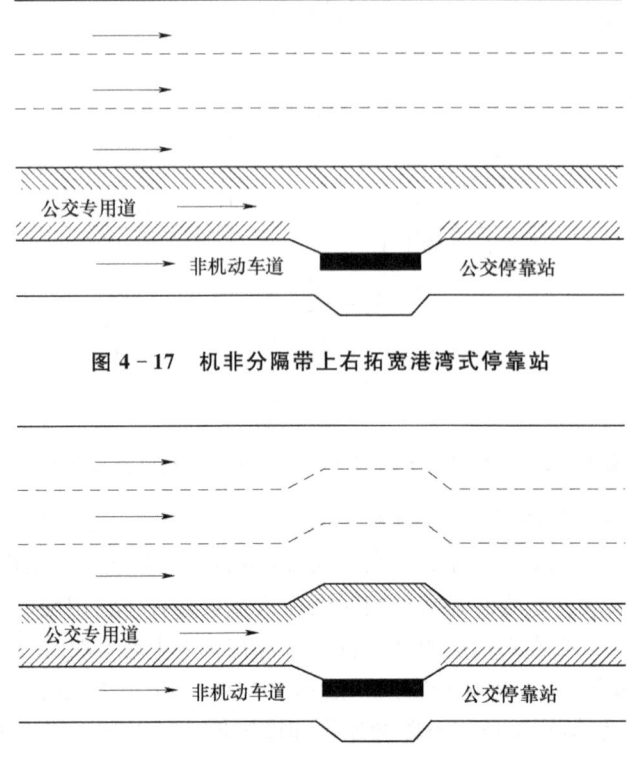

图 4-17 机非分隔带上右拓宽港湾式停靠站

图 4-18 机非分隔带两侧拓宽港湾式停靠站

(3) 道路宽度不变，BRT 专用道向两侧拓宽，右侧占用部分非机动车道，形成港湾式，左侧占用部分社会车辆的车道，相邻社会车辆的车道也相应向左侧偏移，宽度减小，停靠站设置在公交专用道与非机动车道之间，如图 4-18 所示。

这种形式的停靠站通过占用两侧相邻车道而提供公交车辆的超车道。由于占用了部分非机动车道，因此对非机动车的干扰较大；而社会车辆只是改变行车方向，相邻车道宽度是渐变的，所受干扰不大。此种形式适用于道路宽度有限、非机动车流量不大的路段。

3. 路中型有中央分隔带的 BRT 专用道停靠站布设方法

对于有中央分隔带的道路，BRT 停靠站布设原则是：在保障停靠站布设有足够空间的同时尽量不拆除或少占用绿化带面积。

(1) 左侧式站台。对于分隔带宽度条件比较充裕（一般要求 3m 以上）的道路，双向专用道分列于中央分隔带两侧，站台设在分隔带上供双向使用（见图 4-19），这是目前最为常见的路中型专用道站点设置形式。

这种形式的站台要求车辆左侧开门，它存在的问题是：如果单向只有一条行车道，过往的 BRT 公交车就会受停靠站停靠车辆的影响。为保证过往公交车辆不受影响，可在停靠站处进行局部拓宽，如图 4-20 所示。采用这种形式的站台时，专用道的车流组织也可以采用逆向式，即 BRT 车辆与其他车辆逆向行驶，如图 4-21 所示，这样车辆就可以右

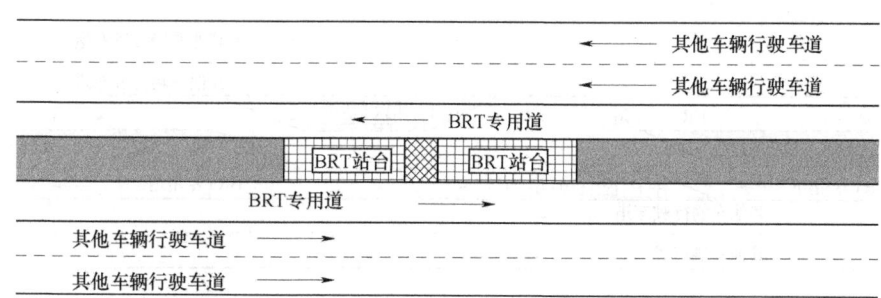

图 4-19　左侧开门的 BRT 站台示意图

侧开门,但是公交车逆向行驶,违反人们的习惯,乘客容易坐错方向。

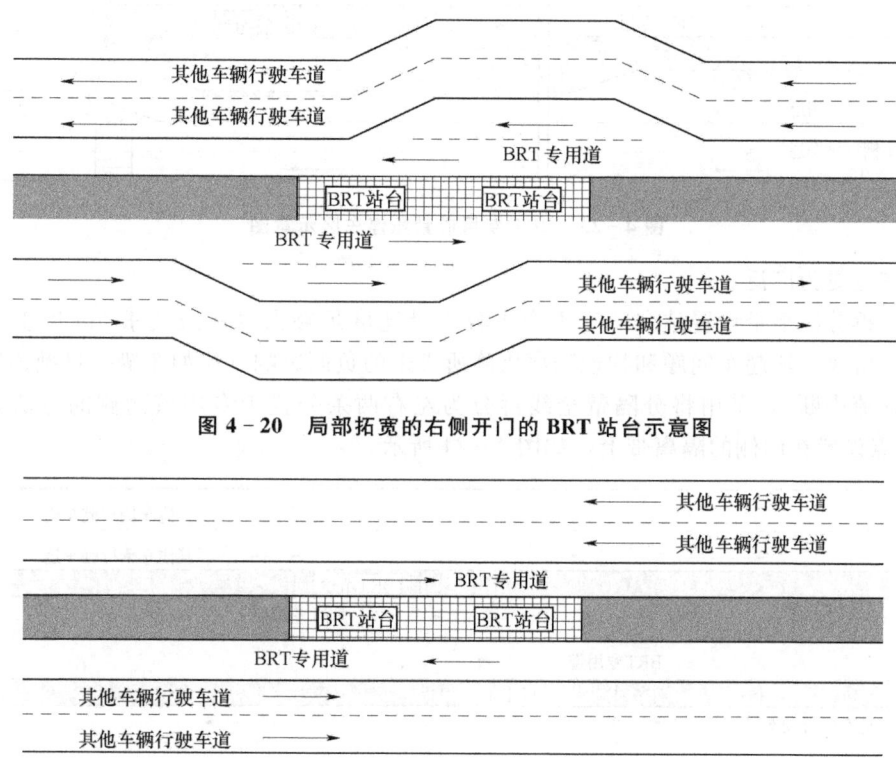

图 4-20　局部拓宽的右侧开门的 BRT 站台示意图

图 4-21　逆向行驶的右侧开门的 BRT 站台示意图

(2) 右侧式站台。所谓右侧式站台就是把中央分隔带局部拆分为两个右侧站台,如图 4-22 所示。对于中央分隔带宽度较大(一般要求 6m 以上)的道路,采用这种形式的站台还具有一个明显的优势就是可以在站台区成功实现超车;此时,在非站台区就可以采用隔离护栏对专用道进行完全隔离。为避免车辆抛锚阻塞车道,只需在中央分隔带每隔一定距离设置一处紧急停车区,如图 4-23 所示。

相对于左侧式站台,这种形式更具优势:公交车辆可以在站台区进行超车,在非站台区公交专用道可以采用隔离栏与其他车道进行隔离;车辆的行驶和乘客上下车均符合常规习惯;不受中央分隔带宽度限制,只要能在站台区拓宽出满足车站的宽度即可。因而,其

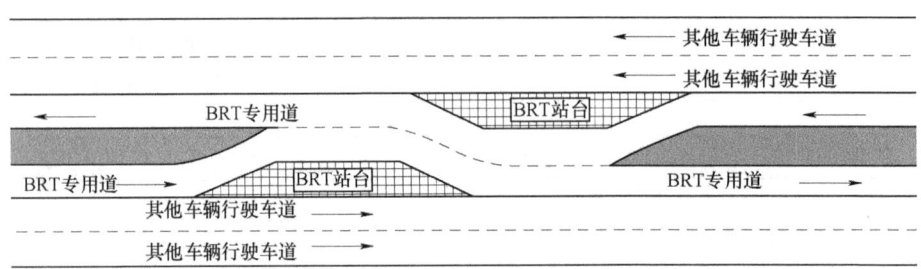

图 4-22　中央分隔带改为两个右侧式 BRT 站台示意图

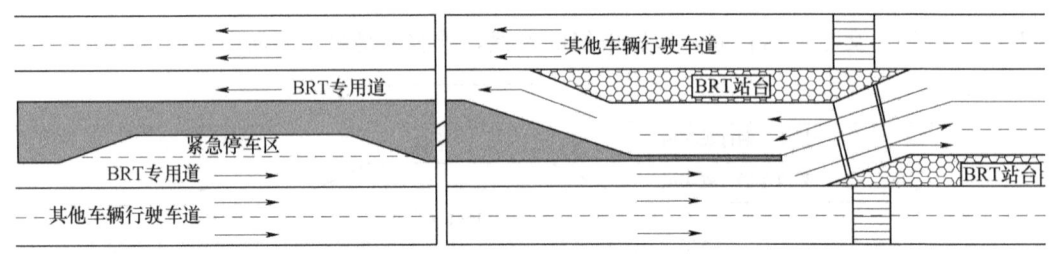

图 4-23　BRT 专用道紧急停车区示意图

适用范围也更为广泛。

（3）拆分隔离带设置站台。对于中央分隔带宽度足够大（一般要求 6m 以上）的道路，为了解决车辆超车问题和物理隔离措施所带来的负面影响（比如车辆一旦抛锚则引起单向交通流中断），采用将分隔带全线拆分为左右两条分置于专用道两侧的方法，而将 BRT 站点设置在两侧的隔离带上，如图 4-24 所示。

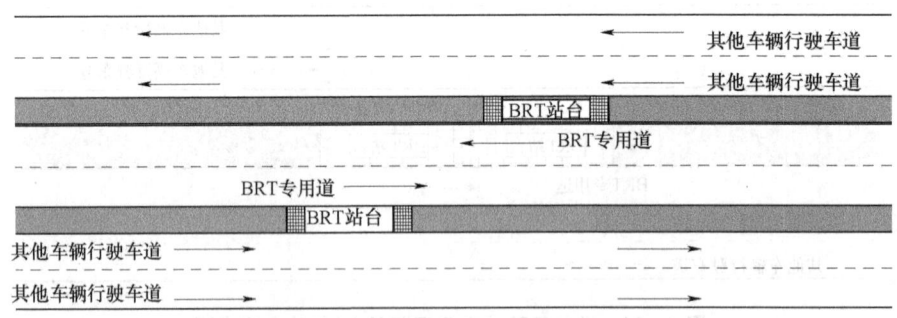

图 4-24　拆分中央分隔带设置 BRT 站台示意图

这样做可以保证车辆右侧开门，改造后的隔离带使专用道和其他车道独立出来，其优势表现如下：将专用道双向车道集中在一起，BRT 车辆可以利用对向车道进行超车；将其他车流对专用道的影响降低到最低限度；双向专用道还可以设置三条车道（中间一条双向共用），这对于 BRT 线路较多的路段十分有利。

因为这种改造对原有分隔带的宽度要求比较高，当分隔带宽度不足时，也可以通过采用站区局部拓宽的办法来获得 BRT 停靠站足够的宽度。当对原有窄路进行拓宽时，可将原有路面设为专用道，原有绿化带保持不变，而将新拓宽的道路提供给其他车辆使用。

4. 路中型无中央分隔带的 BRT 专用道停靠站布设方法

对于无中央分隔带的道路，在布置路中型 BRT 专用道时，往往需要对道路进行一定的渠化或局部拓宽，以获得足够的停靠站空间。无中央分隔带专用道最大的优点是：路段上可以采用物理措施对专用道进行隔离，车辆可以利用对向车道进行超车，其设计的关键在于停靠站及其附近路段的处理。

（1）路侧式站台。这种站台一般都布设在专用道的右侧，如图 4-25 所示。这是路中式无中央分隔带专用道站台最为常见的布设法，它要求道路双向 4 个车道以上，布设的关键在于所处道路能否拓宽出站台所需空间（一般要求横向两个车站宽，纵向两个车站长）。

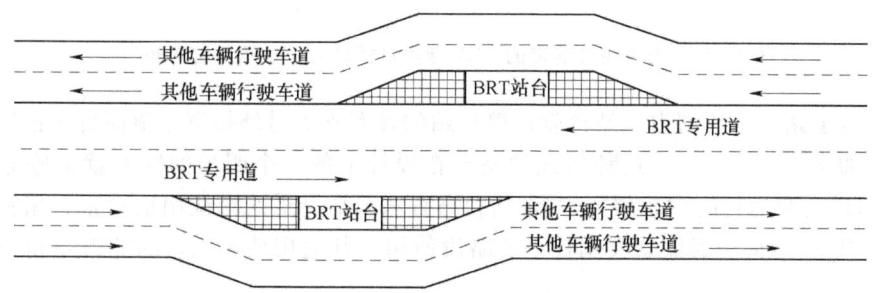

图 4-25　无中央分隔带的 BRT 专用道路侧式站台示意图

这样设置站台的最大优点就是 BRT 车辆可以利用对向车道进行超车，因此，路段上 BRT 专用道也可以采用隔离护栏进行隔离，实行全封闭式运营管理。

（2）岛式站台（左侧开门）。当道路沿线拓宽比较困难时，采用在专用道中央设置一个岛式站台的方法用以满足双向公交车辆的停靠，如图 4-26 所示。这样可以有效提高站台利用率，纵向只需拓宽一个站台长度即可，节省用地，但是要求车辆左侧开门，并且为了避免双向车辆同时到达时造成站台拥挤，一般需要设置两组人行横道线并加以信号控制来保证快速集散乘客。

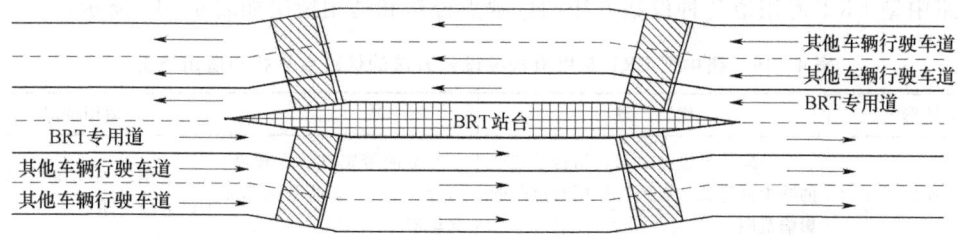

图 4-26　无中央分隔带的 BRT 专用岛式站台示意图（左侧开门）

布设这种形式站台的专用道，在路段上 BRT 车辆也可以使用对向车道超车，但在站台处却不能超车，无须停靠的车辆只能尾随停靠车辆行驶，因此，站台区域是专用道交通流的"瓶颈"路段。另外，道路双向设置两条人行横道线，也会影响其他车道车辆的通行速度，降低其他车道的通行能力。

(3) 岛式站台（右侧开门）。若想实现岛式站台右侧开门上下车的需要，只需将站台区附近的车流组织作相应改变即可，如图 4-27 所示。这样做虽然会产生两个冲突点，但在站台附近车速都比较低的情况下，所造成的延误是有限的，这种线路组织形式基本上也是可行的。

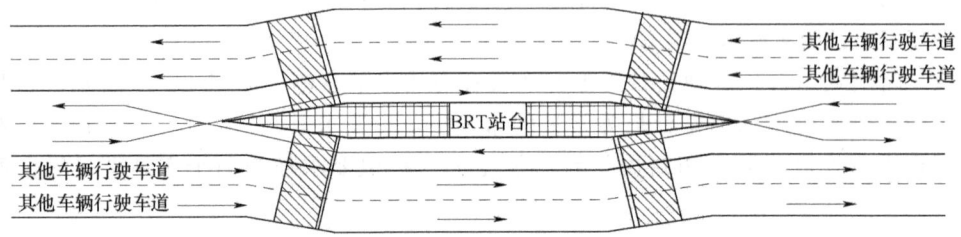

图 4-27　无中央分隔带的 BRT 专用岛式站台示意图（右侧开门）

(4) 占道站台。所谓占道站台就是停靠站的设置不需另外拓宽车道而直接设置在专用道上面，如图 4-28 所示。这种形式的站台在设计上的一个明显的缺陷就是停靠站成为 BRT 专用道公交运行的"瓶颈"。这种站台布置法只适合道路沿线用地紧张、拓宽空间严重不足而 BRT 双向交通流量又比较小的路段使用，其适用性不高，除非万不得已，一般不予采用。

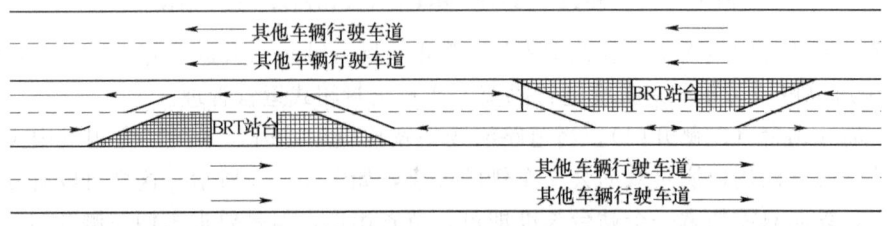

图 4-28　无中央分隔带的 BRT 专用道占道站台示意图

路中型 BRT 专用道各种设站方法的优缺点分析和适用情况如表 4-10 所示。

表 4-10　路中型 BRT 专用道各种设站方法的优缺点分析和适用情况

设站形式		优　点	缺　点	适用情况
有中央分隔带	左侧式站台	双向停靠站设在一起，站台总长度的减少可降低"瓶颈"作用对道路的影响范围	对分隔带宽度要求较高，站台区超车一般需要局部加宽车道	适用于分隔带宽度 3m 以上的道路
	右侧式站台	不受分隔带宽度限制、车辆行驶和乘客上下车符合常规习惯、分隔带宽度充裕时可实现站台区超车	分隔带宽度较小时，双向站台总长增加，"瓶颈"作用对道路影响范围较大	适用范围广
	拆分隔离带设置站台	车辆行驶和乘客上下车符合常规习惯、路段上可利用对向车道超车、受外界干扰因素影响小、车速高	对分隔带宽度要求高	适用于分隔带宽度 6m 以上的道路

续表

设站形式		优　　点	缺　　点	适用情况
无中央分隔带	路侧式站台	右侧开门乘客上下车符合常规习惯、可利用对向车道超车、可以实现封闭式运行管理	当沿线用地紧张时，需占用两侧其他车辆行驶车道	适用于沿线用地条件较为充裕地区
	岛式站台（左侧开门）	因为对沿线用地条件要求较低因而适用性较高	站台区不能超车、产生"瓶颈"路段、影响其他车道	适用于沿线用地条件紧张区域
	岛式站台（左侧开门）	右侧开门乘客上下车符合常规习惯、对沿线用地条件要求较低	与左侧开门岛式站台相比，站台两侧会产生两个冲突点	适用于沿线用地条件紧张区域
	占道站台	不需要拓宽车道	站台区"瓶颈"影响严重、双向车流相互干扰严重、车辆延误增加	只适用于沿线用地十分紧张而BRT双向流量很小的路段。

四、路中式 BRT 专用道乘客过街问题

乘客过街问题是路中式公交专用道需要解决的主要问题。由于路中式 BRT 专用道停靠站设置在道路中央，乘客进出站台都要横穿若干条机动车道，由此会带来诸多问题：过街乘客与机动车流产生冲突，不仅影响机动车行驶速度，而且过街乘客的安全也受到威胁。受站台空间限制，下车乘客若不能及时疏散，容易导致站台拥挤，不仅降低专用道的服务水平，还会增加乘客违章穿越马路的可能性，影响交通安全。

乘客过街问题解决的原则就是应当与城市交通中的行人过街问题统筹考虑。对于公交车站设置于交叉口或已有的人行天桥（地下通道）附近的情况，解决的方法首先就是充分利用现有的行人主体过街设施，难以利用时可以在站台区增设人行横道，必要时还需配备信号灯控制，也可以在站台区增设人行天桥或地道。对于修建天桥或地下通道的情况，虽然其工程造价比较高，但考虑到行人过街问题历来是城市交通规划的一个重要问题，若能利用布设 BRT 专用道的机会把这个问题解决好，对城市交通将大有裨益，其付出的代价也是值得的。对于在站台区增设人行横道的情况，需要特别注意的是要与邻近的既有行人过街设施协调布置，在保证站台乘客有效疏散的同时，尽量避免对其他机动车流的频繁干扰。

BRT 车道布置形式下的行人过街设施如表 4-11 所示。

表 4-11　BRT 车道布置及行人过街设施

BRT 车道布置形式		道　路	交叉口	BRT 车站	行人过街设施
中央	高架快速路	双向6车道以上、高7m以上		岛式车站、全封闭式	专用的人行天桥
	地面快速路	双向6车道以上		根据分隔带宽度设置车站、岛式车站或侧式车站、全封闭式	专用的人行天桥
	城市干道1（车站拆分隔离带）	双向6车道以上	信号优先、专用进口道	根据分隔带宽度设置车站、岛式车站或侧式车站、全封闭或开放式	路段处：人行天桥或地道 交叉口处：行人过街横道

续表

BRT 车道布置形式		道　路	交叉口	BRT 车站	行人过街设施
中央	城市干道2（全线拆分隔离带）	双向6车道以上	信号优先、专用进口道	侧式车站、全封闭或开放式	路段处：人行天桥或地道 交叉口处：行人过街横道
	城市干道3（无中央分隔带）	双向6车道以上	信号优先、专用进口道	车站处需至少拓宽3m，侧式车站、全封闭或开放式	路段处：人行天桥或地道 交叉口处：行人过街横道
外侧	高架快速路	双向6车道以上、高7m以上		侧式车站、全封闭式	专用的人行天桥
	地面快速路	双向6车道以上		侧式车站、全封闭式	专用的人行天桥
	城市干道（有机非分隔设施）	双向6车道以上	信号优先、专用进口道	侧式车站、全封闭或开放式	人行横道、信号控制
同侧		双向4车道以上	信号优先、专用进口道	岛式车站、全封闭式	人行横道、车站处限速

第五节　BRT 系统运营管理与控制

一、BRT 营运调度

1. 车辆调度形式的确定

车辆调度形式是指营运调度措施计划中所采取的运输组织形式。车辆调度基本可以分为两类：一类按车辆工作时间的长短与类型，可分为正班车、加班车与夜班车；另一类按照车辆运行与停驶方式，可分为全程车、区间车、快车、定班车、跨线车等。

车辆调度形式选择的原则为凡属有相对固定线路走向的公共交通方式均须以全程车、正班车为基本调度形式，并根据线路客流分布特征辅以其他调度形式。

选择形式的计算，通常可通过计算时间不均匀系数、方向不均匀系数、路段不均匀系数、站点不均匀系数等指标来确定选择哪种车辆调度形式。如区间车调度可以通过计算路段（断面）客流量或路段不均匀系数的方法确定。快车调度形式可通过计算方向不均匀系数或通过客流调查计算站点不均匀系数的方法确定。高峰加班调度形式可通过计算时间不均匀系数的方法确定。

2. BRT 营运时间的确定

全程车一般提供每站皆停的服务可以全天候运营，而区间车、快车一般在高峰时段营运。在一个通道内每站皆停的 BRT 路线单程营运时间一般应控制在 2h 以内为宜，对于较长的 BRT 线路可以考虑区间车、快车运营。

BRT 的发车间隔要根据实际情况科学设定，如果要频繁而又可靠的交通服务，那高峰时刻每隔 5min 左右、非高峰间隔 10min 左右发一班车，就可以最大程度减少乘客在每站皆停式服务路线上的时耗。如果在同一条 BRT 通道上提供两种服务（如 BRT 和常规公交服务；BRT 区间车、快线和每站皆停式服务）运营，两种服务之间的发车时间间距可缩短到 3min（高峰时段）和 5min（非高峰时段），从而减少乘客的出行时耗。

3. 营运调度方法分析

按照调度技术特点，车辆调度可分为静态调度和动态调度两种形式。

静态调度，是基于人工经验的一种调度方法，是指合理地编制车辆的运行作业计划，"按流开车"和"先到先开"的原则安排全程车、大站车、区间车的组合调度时刻表。影响静态调度的因素主要有最小车辆数、同时运行的最大车辆数、最少车次数的下界、发车时间间隔以及每日各种峰值时段。

动态调度，是借助先进的计算机技术、通信技术和车辆定位技术，通过对车辆、客流和道路信息的采集、传输和处理，实现对运营车辆的实时监控和调度，再利用调度人员的经验进行分析和判断，确定线路上车辆的实际运行情况与静态调度（行车计划）的偏差，动态调整行车时间间隔或行车类型，建立起有效的交互调度。这种调度方法有利于调整车辆的运营状况，提高运营车辆的效率，使公交部门实现资源最佳使用和分配，达到运营的高效化。

随着智能交通技术的日渐成熟和广泛应用于动态调度中，传统的调动方式发生了质的转变，即从人工、静态调度管理到智能、动态管理的转变。智能调度是 BRT 的典型特征之一，是 BRT 的神经和大脑，是 BRT 系统平稳有序运营不可或缺的部分。

二、BRT 与常规公交的调整整合

普通公交线路与 BRT 线路的相互关系形式包括平行、重合、相交、相切四种情况，分别如图 4-29 中 A、B、C、D 所示。

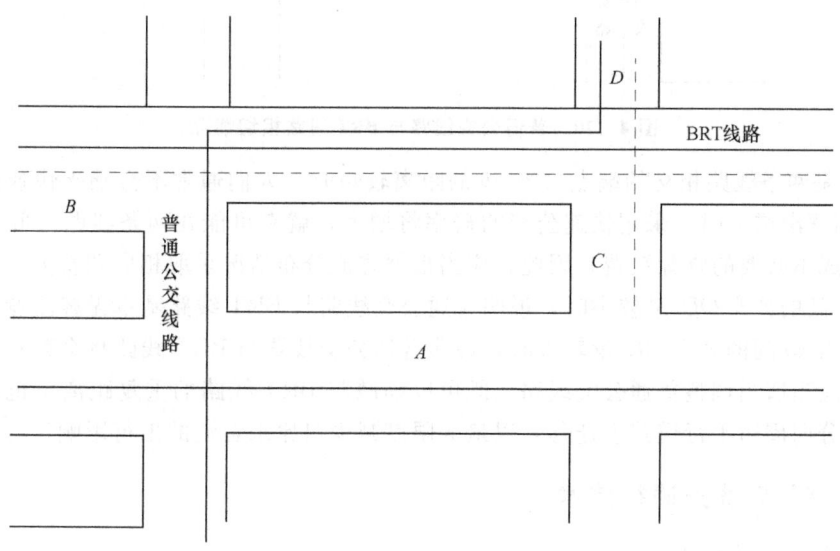

图 4-29　BRT 线路与普通公交线路的相关形式

1. 平行

BRT 线路将会沿线路形成一条宽度为 R（为 BRT 吸引直径）的带域。当普通公交线路在该范围内，将会产生"重合情况"的影响，因此，对这些普通公交线路应当进行适当削减；当普通公交线路在该范围之外，彼此的影响很小，可不作调整。

2. 重合

当 BRT 线路与普通公交线路重合时（布设在同一干道上），在公交系统内形成了竞争，致使两者均得不到充分利用，运营效益下降，也给道路资源造成浪费，增大道路交通压力。对于此种情况的处理，应适当取消重合的普通公交线路，但必须保证 BRT 线路的运输能力满足沿线的公交出行需求。当然，该处理方法要考虑 BRT 线路和普通公交线路票价制定的合理性，若 BRT 线路票价过高，取消普通公交线路不但不能取得好的效果，反而会抑制原有的公交需求。

3. 相交

普通公交线路与 BRT 线路相交，不会造成客流冲突，并有利于两者的优势互补。该种线路可不必做改动，并应结合 BRT 站点设置适当增加相交线路的开设。

4. 相切

普通公交线路与 BRT 线路相切的情况比较复杂，既有重复部分，又有相交部分，如图 4-30 所示。

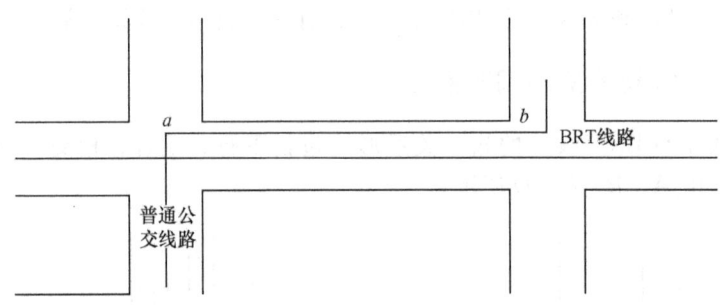

图 4-30 普通公交线路与 BRT 线路相切情况

a、b 是两条线路相交的端点，当 ab 的距离较短时，人们通常不会乘坐快速公交。而当 ab 距离逐渐增大时，采用快速公交的概率将增大，就有可能在两条线路之间形成客流竞争，造成不必要的资源浪费，因此，应当根据客流分布情况采取相应调整方法。

当 ab 间的公交 OD 量较小时，说明普通公交线路与 BRT 线路基本无客流竞争，可不作调整。当 ab 间的公交 OD 量较大时，说明普通公交线路与 BRT 线路将会存在明显的客流竞争，应当适当调整普通公交线路，既可以缩减与 BRT 线路的重复距离，也可将重复的线路部分向周边平行道路上迁移，以最大限度减少对原来客流的出行影响。

三、交叉口优先通行技术

1. 空间优先通行技术

空间上的优先是指通过 BRT 专用车道使得 BRT 车辆在独立的、与其他车辆无干扰的专用车道上排队进入路口。

(1) BRT 交叉口空间优先的手段。

1) 回授线：即 BRT 专用道（路）在距离交叉口停车线前一定距离处中止，这样社会车辆能够使用原本属于公交专用的那个进口道。

2) 交织段：通常在进口道前终止的专用道与回授线之间设置一个交织段，用"禁停"的黄方格表示，以警示公交与社会车辆在该区域可进行交织，且公交使用权优于社会车辆。交织段的长度与交织车流的行驶速度和交织的车道数有关，单车道交织可取车流计算行车速度下历时 3s 的距离。

3) 锯齿形进口道：是指为公交提供多个排队进口道，使公交能在交叉口处较其他车辆优先排队。它分为全部锯齿形和部分锯齿形。全部锯齿形进口道是将交叉口所有进口道都配备给公交车，部分锯齿形进口道是将交叉口部分进口道配备给公交车。为充分利用进口道空间，锯齿形进口道应根据行驶轨道，按离 BRT 专用道由近至远进行错位设置，相邻进口道错位的距离可取对应道路的宽度。锯齿形公交优先进口道，一般需配合双停车线和预信号灯使用，对公交进行预信号优先控制，如图 4-31 所示。

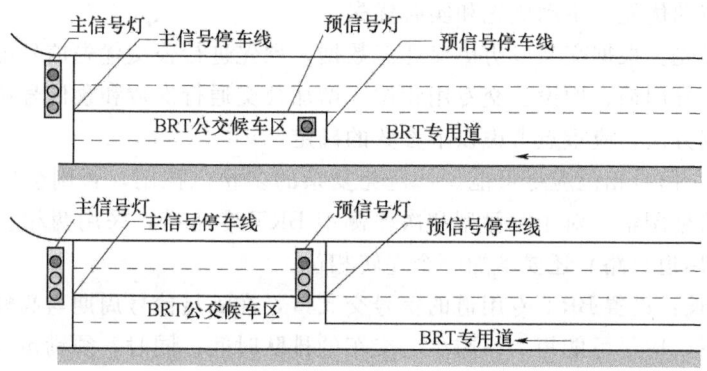

图 4-31 部分锯齿形/全部锯齿形公交优先进口车道设置形式

4) 进口道增设：受交叉口信号控制影响，进口通行能力小于路段，致使交叉口通常成为道路交通的瓶颈。有效的改善方法是通过缩窄进口车道宽、拆除进口外隔离带或偏移中内标线等措施来增设进口道，以尽可能为公交提供专用或优先排队道。对于用地比较紧张的交叉口，可以通过减小进口车道宽度、拆除交叉口区域隔离带、局部偏移中线或隔离栏等措施来增加进口车道数；如果交叉口区域用地比较宽裕，可以在路口单向拓宽出一条或两条进口车道，尽可能地为 BRT 车辆提供专用或优先排队车道。

(2) 不同类型专用道的进口道设置方法。

1) 专用道延伸至交叉口。

适应条件：针对路中型 BRT 专用道，交叉口有足够进口道可供其他车辆使用。

设置形式：左转和右转公交提前驶出 BRT 专用道，为避免直行公交与左转车流的冲突，需设置专用左转进口道和专用信号相位；若交叉口有条件，可设置锯齿形优先进口道。

2) 专用道截止于回授线前。

适应条件：路中型 BRT 专用路（道）专用道方向公交车流量不大，而其他车流进口道严重不足（考虑增设进口道后）；或左转车流较大且无法提供专用相位的情况。

设置形式：公交车与社会车辆混合排队或设置部分 BRT 优先排队道。

3）路侧型 BRT 专用道。

适应条件：右转车流较大，且无条件提供右转专用道和专用相位；或公交车流较小，进口道车道不足，各进口道已接近饱和。

设置形式：在进口道紧张情况下，公交车与社会车辆混合排队。

4）次路侧型 BRT 专用道。

为便于公交车与转弯车流的交织，一般情况宜采用此种方法。其设置方法与路侧型 BRT 专用道类似。

2. 时间优先通行技术

BRT 车辆在交叉口的时间优先通行技术主要通过为公交车辆提供优先通行信号来实现，也就是公交信号优先，一般都设置在有公交"空间优先"措施的路口。BRT 信号优先控制技术主要通过调整信号周期来减少或消除红灯时间对公交车辆的延误，其方法可以分为三类，即被动优先、主动优先和实时优先。

(1) 被动优先。根据交叉口历史交通流数据，预先进行公交优先信号配时。其主要方法包括：调整信号周期、增设公交专用相位、增加公交通行次数和预信号优先控制等。制定被动优先控制方法，应重点考虑以下参数的确定。

1）相位数：信号相位应尽可能少，避免复杂的多相位控制，否则会增加信号周期长度，也不利于信号调整。对于路侧型和次路侧型 BRT 专用道，采用两相位控制较好；而路中型 BRT 专用道（路）还要增加一个左转相位。

2）周期时长：设置 BRT 专用道的信号交叉口，在满足信号周期与高峰小时交通流量相适应的前提下，应尽可能短，以减少公交车的排队时间。同时，须满足行人和自行车安全过街要求。信号周期时长在 90~120s 比较适宜，一般不超过 180s。

3）信号配时：应增加 BRT 专用道进口方向的绿灯时间，消除公交车二次排队，但要综合考虑相交道路的交通流状况（尤其是相交道路的交通流量和公交车流均较多的情况）和行人过街要求。当 BRT 专用道沿线的交叉口间距较接近时，应根据公交车在相邻交叉口的行驶时间，对所有交叉口的信号进行协调配置。

(2) 主动优先。利用数学模型算法进行交通状况数据预测，通过监测公交车辆位置、公交车辆延误点、交通流量等要素，采取提前、延长、增加或减少相位的信号调整方法来适应公交车辆。

1）主动优先控制的影响因素及约束条件。

实行交叉口信号主动优先控制的影响因素包括：各进口行人包括自行车安全过街时间；各相位车辆安全通过交叉口时间（最小绿灯通行时间）；各相位黄闪和全红时间（最小路口清空时间）；相交道路的交叉口最大排队长度限制；相交道路的交通流量，尤其是公交流量；相邻交叉口的信号协调性等。

实行主动优先应满足如下约束条件：采取这一措施节省的公交和社会车辆上乘客的总出行时间应大于由此相交道路车辆乘客带来的总延误时间；应满足各进口行人和自行车安全过街的最小时间要求；相交道路的交叉口车辆排队应在允许范围内。

2) 主动优先控制的方法及实施。

主动优先的控制方法如下。

延长绿灯：当BRT车辆到达交叉口在绿灯信号末期时，可采取延长绿灯的方法，受相交道路最小绿灯时间限制，绿灯延长量应在合理长度范围内，称为"绿灯延长时区"。

提前绿灯：当BRT车辆到达交叉口在黄灯或红灯期间时，这时可采取提前开启绿灯的方法。同时，绿灯提前量应控制在"绿灯提前时区"范围内。

增设相位：对BRT车辆到达交叉口处于上述"绿灯提前时区"和"绿灯延长时间"以外的情形，可通过增加一个BRT专用相位，来放行BRT车流，这一时段称为"增设相位时区"。

减少相位：在实施上述优先措施后，原来交叉口信号的协调性有可能被破坏，这时需要跳过某个相位，来恢复信号的协调性。

3) 主动优先的实施流程。主动优先的基本步骤为：公交车向检测器发出信号优先请求、检测器把信号请求传给信号控制机、控制机执行优先控制方案。主动优先又分为无条件优先和有条件优先。所谓的无条件优先，是对所有到达交叉口的BRT车辆进行优先信号控制，不管是否晚点；有条件优先，则是仅对晚点的BRT进行信号优先。与无条件优先相比，有条件优先更合理，它在减少BRT乘客延误的同时，也尽量减少对其他车辆的负面影响。

（3）实时优先。通过采集路段和交叉口的实时交通信息（车流量、公交车上乘客数和公交车运行状况），进而分析加工，不断调整信号的配时方案。实时优先对技术要求较高，且算法复杂。该策略在减少公交车延误和缩短公交乘客出行时间的同时，将对其他交通方式的影响降为最低。

信号配时方案调整主要是对小汽车和公交车实时控制，给予BRT车辆优先信号。如当BRT车辆到达交叉口在绿灯信号末期时，可采取延长绿灯的方法。当BRT车辆到达交叉口在黄灯或红灯时期时，可采取提前开启绿灯的方法。可通过增加一个BRT专用相位，来放行BRT车流。

（4）对BRT运行线路的信号控制。在实施BRT的城市道路上，交叉口信号灯的配时可以和BRT车辆的发车时刻表相对应，通过综合考虑BRT车辆行驶在专用道上路段所消耗的时间、各个交叉口的延误时间以及在停靠站上下客所花的时间等因素来确定，保证BRT能够行驶在绿波带上，使得BRT系统在整个运行过程当中实现整体效益的最优。

第五章　出租车交通

第一节　出租车系统特征

一、出租车的作用

出租车是一种不定线路、不定车站、以计程或计时方式营业、为乘用者提供门到门服务的较高层次的公共交通工具。出租车作为城市定线公共交通系统的补充，具有快捷、方便、舒适的特点和优势。出租车的发达程度，反映了城市的经济发展水平和市民生活质量水平，也反映了城市的现代化总体水平。随着人民生活水平的不断提高，对出行的要求也逐步提高，出租车受到越来越多的短途（市内）出行者的青睐。

（1）出租车是城市功能运行的大动脉。出租车和其他城市公共交通一起，为城市人群的流动，提供着高效优质的服务。特别是出租车方便、快捷的优势，更适应现代城市快节奏运行的特点，其作用将日益突出。

（2）出租车是提高市民生活质量的主要条件之一。现代社会中，人们对时间价值、出行舒适程度及个人私密性的要求越来越高，而出租车以"门到门"的运营方式，能够为市民提供方便、准时、安全、舒适的运输服务，满足个性化出行需求。

（3）出租车是反映城市精神文明建设水平的窗口。出租车从业人员服务质量的优劣和职业道德水平的高低，从一个侧面反映了城市的社会风气和精神文明建设水平。出租车从业人员为外宾服务，代表着国家的形象；为外地人员服务，代表着城市的形象。

（4）出租车可创造大量的直接和间接经济效益。作为第三产业的一部分，出租车行业每年能够为国家创造大量税收，为社会创造大量的就业机会。

（5）出租车是城市常规公交的一种有益补充。出租车能够分担部分城市客运交通需求，缓解常规公交的压力。常规公交是定线运营的，它不能到达城市中的许多街道、巷道及郊区，而出租车具有面上运营的特点，可以弥补常规公交通达性不足的缺点。

（6）出租车可抑制私人小汽车和单位自备车的增长。在城市公共交通未特别发达之前，出租车在一定程度上可以缓解、抑制私人小汽车和单位自备车的增长，避免或弱化不合理的交通需求与交通供给之间的矛盾。

二、出租车的行业特征

出租车的行业特征表现在以下几方面：

（1）单车流动作业。出租车实行单车作业，驾驶员不但要驾驶车辆运载乘客，还要承接业务、结算租费、保管现金。在一定程度上讲，每一个出租车驾驶员都是一个独立的生产经营者。出租车服务质量的优劣和营运效益的高低，主要取决于驾驶员职业道德水平和生产积极性的高低。

（2）多种经济成分并存，多家经营，竞争激烈。最近几年出租车行业出现了股份有限公司、股份合作制公司和有限责任公司，形成了激烈的竞争局面。

（3）服务面广和影响大的窗口行业。出租车在营运服务中，接触社会各个阶层，服务对象广泛。如果在服务过程中发生问题，会影响一个城市甚至国家的声誉，责任重大。

（4）敏感性很强的行业。国家政策的调整、城市经济的发展规模和速度的变化，以及涉外活动和旅游业务的繁荣程度等，往往会影响出租车的供求关系。

（5）犯罪分子的主要作案对象。小轿车是一种高档商品，司机在车内保管现金较多，这对犯罪分子有一定的诱惑力。同时，出租车单车流动作业，高速行驶在密封空间之中，基本上与外界隔绝，车内回旋余地又很小，便于罪犯作案。

三、出租车的交通特性

（1）流动性。出租车的起讫点、运营线路、运距都由乘客确定，决定了出租车没有固定的行驶线路和乘客时空分布的随机性，使得出租车经营处于被动的流动状态。

（2）个体性与公共性。出租车为个体乘客提供服务，具有个体交通的特征。但与个体交通相比又有差别，出租车的服务对象是公众，不是车辆所有者，因此具有公共性。

（3）灵活快捷性。出租车可达性最高，基本实现"门到门"运输服务。一次出行仅为个体乘客使用，乘坐不会产生拥挤，舒适性最好。车辆本身技术速度高，中间无停站。

（4）即时性。出租车提供的交通运输服务在时间上和地点上与需求完全结合在一起，而公共交通运输系统的运输服务，需求在时间上和地点上的结合有一定的差距。

四、出租车的营运特征

（1）持续性。出租车营运时间比较长，在保证经营者必要的休息的情况下，单台出租车持续工作时间往往大大超过单台定线公共汽车的工作时间。

（2）分散性与独立性。旅客出行时间、方向、距离的多样性，决定了出租车经营在时间上和空间上的分散性。分散性又决定了每辆出租车的服务都是相对独立的，驾驶、核收费用以及其他相关服务都由驾驶员一个人独立完成。

（3）竞争性。出租车具有多家经营多种成分并存的特点，使得行业存在激烈的竞争。

（4）服务性。出租车具有公用事业的行业属性，是对公共交通的有益补充。

（5）劳动密集性。出租车行业是对驾驶员依赖性很强的劳动密集型产业。

（6）服务方式多样性。出租车提供服务的主要方式有三类：一是巡游类，是指出租车在街上巡逻，看见街道旁候车乘客扬手示意则提供接送乘客的服务方式，出租车一直在满载和空载两个状态之间转换；二是站点候车类，是指出租车在城市管制部门设定的候车站点接送乘客，如在汽车站、火车站、机场、酒店、酒吧等排队等候，按照顺序等待乘客；三是电话呼叫类，是指出租车根据乘客的电话预约前往预约地点接送乘客。

第二节　出租车需求量预测

一、影响城市出租车总量的因素

对出租车行业来说，特定城市出租车在特定发展阶段的数量应有一个合理值，这个合理数量值称为出租车容量。

1. 宏观影响因素

（1）城市经济发展水平。经济的发展促使旅客时间价值相对提高，人们更加愿意选择快捷的出行方式，出租车自然成为公共交通中的首选。人们对出租车的等待时间缩短，要求出租车容量增大，反之则减小；对出行舒适度和可达性的要求提高，也要求出租车容量增大。可见，经济发展水平通过影响人们生产性出行和生活性出行总量以及出行质量影响着城市出租车容量。

（2）收入与消费水平。出租车出行需求受收入和消费水平直接影响，人均收入与消费水平高，对选择出租车出行的概率大，反之则较小。

（3）人口数量和结构。人口密集的城市，出租车运输需求水平高；人口稀疏的城市，出租车运输需求就低，出租车需求的变化影响着城市出租车的合理容量。同样数量的人口形成的对出租车的需求量不同，人口结构对出租车运输需求也产生影响。

（4）城市布局。城市规模的扩大改变着居民的出行距离，使中长距离的出行在城市居民总体出行中所占的比重越来越大，一定程度上影响着居民出行方式的选择。而出租车就是为解决中长距离出行的居民服务的，若一个城市的布局促使中长距离的出行比例较大，则有利于出租车的发展。

（5）自然旅游资源。城市旅游需求的增长将促进出租车需求量的增长，大多数旅游者到一个城市以后，对当地的地理、住宿、景点、公交线路等许多情况并不熟悉，在经济条件允许的情况下，不可避免地把出租车列为自己首选的出行方式。

（6）政府对出租车的政策。政府是限制还是鼓励出租车的发展对城市出租车容量有直接的影响。大部分城市倡导以公共交通为主导的交通模式，政策应该鼓励出租车发展。

（7）道路交通基础设施。城市道路交通基础设施的完备程度对出租车需求有着直接的影响，城市道路网密度越高，有利于提高出租车运行速度。次干道密度高则有利于扩大出租车的服务面积，同时由于部分次干道公交站点难以覆盖，这部分居民选择出租车出行的概率大幅增加。如果各种运输枢纽总量不够或布局不合理，将给居民出行换乘带来不便，从而使出租车成为出行换乘的首选。

2. 城市其他客运方式

（1）私人小汽车。出租车提供了高端的公共交通服务，出租车容量从近期来看不会受到私人小汽车的影响；从远期来看，城市大容量公交系统建成，出租车将成为这一系统的驳运工具，受私人小汽车的影响也不会太大。

（2）公务车。出租车的乘客有相当一部分是公务出行者，因此公务车的发展在一定程度上影响着出租车交通的发展。公务车的缩减，有助于城市出租车容量的增加。

(3) 租赁汽车。汽车租赁业务中平时企业租车占据了较大的比重，而节假日则以私人租车为主。出租车主要满足的是城市居民和流动人口的短时出行，而且出行目的多为应急、公务、旅游等。二者服务满足的是不同时段和不同目的的出行需求，因此汽车租赁市场的发展基本上不会对城市出租车的发展造成太大影响。

(4) 公共交通。作为大运量公共交通的一种有益补充，出租车的发展水平必然会受到城市公共交通方式的影响。公交服务质量提高，公交优先通行得到较好的体现，对出租车容量具有一定影响。但出租车是为高收入人群出行和应急出行服务的，这部分出行不大可能被常规公交所替代。

(5) 摩托车。许多大城市正在或将要采取一系列的措施来控制和逐步取缔摩托车交通，必将导致一部分既有购买摩托车能力又有购买摩托车需求的市民采取出租车的交通方式。对摩托车的控制有利于促进出租车客运市场的繁荣。

(6) 非机动车辆。随着城市化的发展、城市规模的扩大和交通需求的上升，城市居民的上下班客流分布将更为广泛，单程出行的距离明显增长，采用非机动车作为日常出行方式的居民，考虑到出租车的价格和自身收入水平，大部分将转移到价格相对便宜的大运量公共交通方式上来，非机动车辆的发展应该不会对出租车交通有太大的影响。

3. 城市出租车自身

(1) 运价。尽管出租车主要服务的是高收入人群和应急出行的人群，对运价的弹性相对较低，但运价提高时，出租车运输需求同样会减少，也就影响了出租车的容量。

(2) 服务质量。出租车的服务质量降低，乘客的不满意程度就大，一部分原来乘坐出租车的乘客有时候转向其他交通方式出行，这也就影响了城市出租车的容量。

二、出租车需求量供需平衡预测法

出租车的运输需求与供给是一对相互联系、不可分割的概念，若供大于求，则空驶率增大，造成道路资源浪费，给出租车行业带来不稳定因素；若供小于求，则会产生乘坐困难的情况，违背了出租车方便乘客的宗旨。因此，需考虑根据实际的出租车运输需求来确定出租车总量供给。供需平衡模型以城市人口选择出租车出行的日出行人次为需求，并考虑空驶率，以出租车需求量为供给建立模型，公式为

$$nrg(1-\eta)=Q_T$$

式中　n——出租车的需求量；

　　　r——出租车单车日载客量，人次/日车；

　　　g——出租车工作车率（有些出租车闲置状态未运行）；

　　　η——出租车的空驶率，一般取 25%～35%；

　　　Q_T——城市人口选择出租车出行的出行量，人次/日。

由于出租车客源在白天和夜间存在明显的差异，夜间需求量比较小，而白天需求量大，80%客流量和里程发生在 5 时到 21 时，只需要满足白天 16 小时的客流量就一定能满足夜间需求，因此采用一个系数 ε 表示白天 16 小时占全天需求量的比重。

由此可得出租车的需求量为

$$n=\frac{Q_T\varepsilon}{rg(1-\eta)}$$

出租车单车日载客量的计算方法为

$$r=u\theta$$

式中　　u——出租车单车日载客平均次数，次/日；

　　　　θ——出租车日平均每车次载客人次，人次/车次。

由此得到城市出租车需求为

$$n=\frac{Q_T\varepsilon}{u\theta g(1-\eta)}$$

供需平衡预测法从一个城市的实际客运需求出发，所用参数均为最新调查结果，符合实际，但需要大量调查数据。参数的确定对预测产生较大影响，当参数的选定符合实际时，预测结果相对准确。

第三节　出租车运营管理

一、路内停靠站点设置

为规范出租车停靠秩序，提高道路交通通行效率，满足车辆上、下客时即时停靠和泊车候客停靠需要，应合理设置路内停靠站点。路内停靠站点布置有以下四种布局形式。

（1）位于非机动车道，靠近人行道缘石布置（见图5-1）。

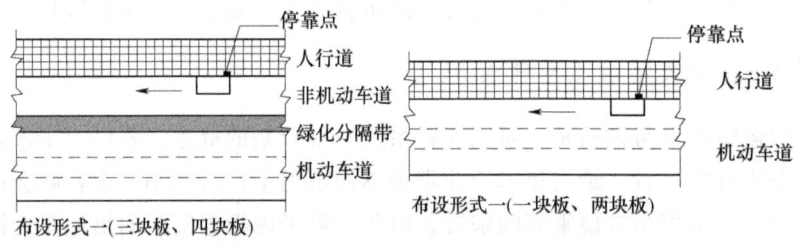

图5-1　路内停靠站点布局形式一

（2）位于最外侧机动车道，靠近机动车道与非机动车道缘石带布置（见图5-2）。

这种布置方式包括两种情况：一种是临近机动车与非机动车隔离带断口处，另一种是机动车与非机动车隔离带中部。

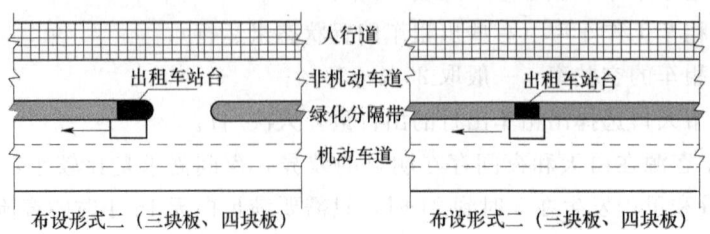

图5-2　路内停靠站点布局形式二

(3) 位于机动车与非机动车隔离带断口间设置（见图 5-3）。

(4) 调整绿化分隔带或道路红线，设置港湾式停靠站（见图 5-4）。

这种布置方式包括两种情况：一种是非机动车道内，结合人行道设置港湾式停靠站；另一种是最外侧车道内，结合机动车与非机动车隔离带设置港湾式停靠站。

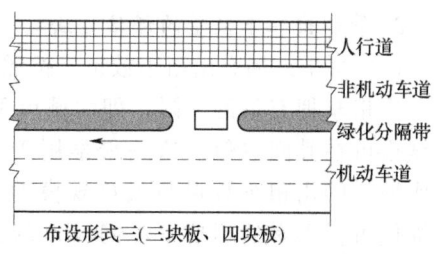

图 5-3 路内停靠站点布局形式三

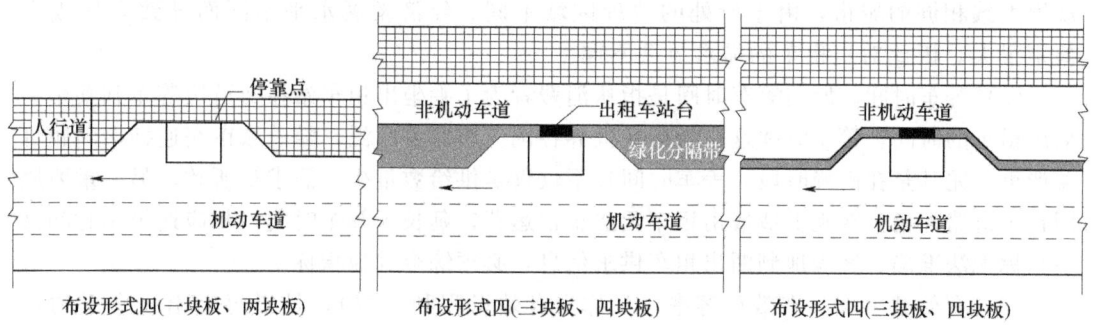

图 5-4 路内停靠站点布局形式四

二、数量管制

出租车数量管制是指管理机构根据消费者需求及城市公共交通发展状况，对经营出租车业务的机动车数量加以控制。

1. 管制出租车数量的合理性

(1) 缓解城市交通拥挤状况。出租车为了乘客而在城市道路中巡游，而没有特定目的的行驶行为占用了有限的城市道路空间。出租车和私人小汽车是道路空间最浪费的使用者，据测算，一般运送相同客运总量，采用出租车所需道路面积大约是大公共汽车的20倍。基于此，政府在管理各类公共交通工具时，必须限制出租车的数量。

(2) 保证服务质量和安全水平。出租车市场的进入与退出成本较低决定了易于大量就业人员进退市场，如果解除数量管制，在出租车供给增加而消费者需求并没有显著上升的条件下，司机为了获得收入所采取的主要方式是降低价格以争取更多的乘客，或者延长工作时间以尽量获取同过去一样的收入，可以预计其提供的服务质量也将相应下降。

(3) 鼓励投资网络呼叫中心。出租车行业的发展趋势是以电话呼叫类、站点候车类代替巡游类服务方式，这两种服务方式除了投资购置车辆外，需要投入大量资金建立无线网络呼叫中心，同时在出租车内安装呼叫终端。从技术分析，这两种服务方式减少了消费者等车时间、出租车的空驶率，从而极大地提高了出租车运能，而且有利于缓解城市交通拥堵状况。限制出租车数量，可以鼓励经营者建设网络呼叫中心以获取最大利益。

2. 管制出租车数量的评估方法

(1) 每千人拥有出租车数量。按照城市中每千人拥有出租车数量来评估供需均衡状况，出租车拥有量的下限，即大城市不少于2辆/千人，小城市不少于0.5辆/千人，中等城市可在其间取值。这是最早用于衡量出租车供需的数量管制方式，能够直接显现一座城市的出租车数量与人口规模的关系。但是在实际操作中存在严重缺陷：一是无法提供可供参考的标准，不同城市的公共交通工具配置结构不同导致难以确定一个不同城市参考的标准，一些城市优先发展大容量公共交通工具，则人均出租车量较少，反之则相反；二是没有考虑不同城市人均收入与人均消费支出的差异，对于城市人口规模大致相同的城市，由于所处的地理区域不同、经济发展水平不同而导致人均收入差别很大，因此对出租车的需求显著不同。

(2) 等车时间。所谓等车时间是指从消费者为了乘坐出租车站在街道边等车到乘坐一辆出租车的时间。等车时间这一指标在世界各国应用非常广泛，随着城市交通拥堵问题日益严重，尤其是在高峰时段。等车时间长不仅仅是供给数量少于需求量所致，另一重要原因在于道路拥堵，客观上造成出租车无法正常运营，延长了等车时间，相应地等车时间这一指标无法准确、客观地判断出租车供求信息，必须综合其他指标。

(3) 有效载客率。有效载客率（又称为有效里程利用率），是指每辆出租车平均在每天运营时间内，载客里程占总运营里程的比例。各国公认的平均有效载客率标准为70%，即如果一座城市中平均每辆出租车的有效载客里程约为70%，空驶里程约为30%，则说明市场供求基本平衡。由于该指标直观、较准确、易于获取信息，已成为目前世界各国衡量供需的重要指标之一。但是这一指标也存在两点不足：一是该指标是平均指标，不能准确地衡量供求状态。通常在上下班高峰时间段内有效载客里程率较高，而在夜晚、双休日等低峰时段内有效载客里程率较低；二是随着城市交通拥堵状况的加剧，有效里程利用率逐渐降低而导致消费者在高峰时段的等车时间延长，故提出增加车辆以满足需求。因而仅从这一指标不能提供出租车需求的客观信息，基于此，在以这一指标作为评估标准时必须充分考虑城市道路拥堵状况、高峰时段等重要参考指标而非运营时间内的平均值。

(4) 呼叫回应时间。出租车在收到通信网络中心叫车信息时间到指定地点接到消费者为止的时间长度，称之为回应时间。市场内供需均衡的基本标准是，电话叫车中回应时间不到10min的服务车次约占88%，回应时间不到15min的服务车次约占98%，而在高峰时段，回应时间在18min的约占97%，如果达到三项主要指标则认为一座城市中出租车供求基本均衡。因为电话呼叫类服务模式极大地减少了出租车空驶里程，有力地缓解了城市交通拥堵状况，因此成为世界各国出租车服务发展的主要方式，这一衡量出租车供给的评估模式提供了较好的参考标准。

三、经营模式

出租车经营模式主要有承包经营、挂靠经营、个体经营和公车公营四种。出租车的经营模式分析如表5-1所示。

表 5-1 出租车经营模式一览表

经营模式	定义	特点	适应性
承包经营	出租车经营权属出租车公司,承租人通过承包租赁方式开展经营,并向出租车公司上缴承包费、经营使用费等费用	出租车经营公司的存在,增加了出租车的经营成本与压力。在出租车司机与出租车公司的博弈中,出租车司机处于劣势	不适合我国城市出租车行业的发展状况,种种事实表明这种模式已经落伍
挂靠经营	车辆产权、经营权均归车主个人持有,但挂靠在出租车公司名下展开运营,公司有管理权	挂靠人负担较重,出租客运企业的自主经营和管理能力减弱,而且谈不上规模经营。司机疲劳驾驶,劳动权益得不到保护,更谈不上服务质量的提高	"挂靠"形式的产权问题会成为很大的不稳定因素,使出租车司机往往凌驾于公司和主管部门的管理权之上
个体经营	"所有者、经营者、司机三者一体",自主经营,自负盈亏	取消出租车公司这一中间层,可以直接降低出租车的经营成本	适合于任何一个城市、任何一个发展阶段的出租车行业
公车公营	出租车由公司统一经营,司机只是出租车公司的生产工人,享有相应的权利和义务	这种模式所带来的是出租车现代企业制度的建立和市场的规范化。出租车驾驶员的负担得以降低,品牌出租车可以推出,管理更合理	这种模式的社会形象较好,被舆论广泛推崇,不少城市也在逐渐推行这种经营模式

在实际中要优化经营模式,采取公车公营与个体经营相结合,逐步淘汰挂靠经营模式和承包经营模式。公车公营有助于促进现代企业制度在出租车企业中的建立,有利于整个市场的健康发展,应该作为主体服务形式予以逐步建立。个体经营极大地调动了经营者的积极性,明显地提高了个体经营者的竞争和服务意识。各地应结合城市本身的特点和出租车发展过程中曾经采用的经营模式及效果等来综合确定所采用的经营模式。

四、车型结构

在确定城市出租车的车型结构时,必须综合考虑以下几个影响因素:

(1) 经济发展水平。由于不同的出租车车型必然采用不同的出租车租价,经济发展水平和居民收入水平的高低决定着乘客支付能力,进而决定了乘客选择何种车型的出租车,从而影响出租车车型结构。

(2) 城市性质和发展定位。城市的性质和发展定位对出租车车型结构有一定的影响,一方面,旅游性、工业性或其他性质的城市对各档次出租车需求比例会有差异;另一方面,出租车的车型结构不仅与城市发展定位及性质相适应,而且也能满足商务、旅游以及居民出行的多功能需求。因此,应尽可能使车型、功能多样化。

(3) 政策因素。城市为了出租车行业的发展或城市容貌等一系列原因而制定的政策,会对出租车车型结构产生影响。

(4) 环保需求。随着居民对城市交通环境及生活环境的要求,低污染的出租车应成为一个城市车型结构的重要考虑因素之一。

出租车车型发展的主流方向应是:车辆外形美观、绿色能源、车厢宽敞、乘坐舒适、经久耐用。在出租车发展的不同阶段应有与其相适应的车型结构。现阶段出租车在我国还是大众化交通工具，因此车型应尽可能多样化，满足不同出行者的出行需求。远期随着城市建设水平的提高，公共交通比较发达时，出租车作为特殊的公共交通方式，车型结构应注意尽可能提升车辆档次，满足高端客户、应急出行者和出行有障碍者的个性化需求；同时尽可能选择专为出租车行业度身定制的车型，不仅经久耐用、方便残疾人乘坐，并增加安全和通信等方面的功能，提高科技含量。此外，在确定城市出租车车型结构的同时，最好统一颜色、标志等，使一个城市的出租车外观与其城市特点相协调。

五、运价管理

1. 出租车价格的影响因素

（1）运输成本。运输成本是指出租车行业在进行运输生产过程中发生的各种耗费总和，确定城市出租车价格水平时必须考虑出租车行业的运输成本的变化，并兼顾与城市居民收入水平相适应的出租车行业的盈利水平。

（2）供求关系。出租车市场供给和需求往往可以通过合理的出租车价格进行调节而达到平衡，如出租车市场供过于求，出租车运输价值通常不能够全部实现，对应提高市场需求的措施之一就是降低出租车的价格。

（3）经济发展水平。城市经济发展水平越高，居民的生活水平越高，弹性出行次数就会增加，同时也会提高对出行快捷性和方便性的要求，出租车的出行比例也会相应地有所提高。因此，在确定出租车的服务价格时，既要考虑出租车经营者的利益，也要考虑城市广大乘客的利益和承受能力。

（4）政策因素。由于我国城市出租车租价采取的是由国家定价形式，所以在一定时期内，国家产业政策、物价政策、金融货币政策、城市的发展政策也是出租车价格形成和变化的重要因素。

（5）外部成本的影响。在出租车行业发展过程中，不可避免地会对社会带来一些负面影响，如噪声和废气有损居民生活质量，出租车大量占用城市面积，增大了交通基础设施的负荷，加大了整个社会成本等。由于出租车行业的生产行为所引起的整个社会利益的损失就是其外部成本，出租车行业的外部成本增加就会造成社会成本的增加。

2. 价格确定方法

在出租车总量控制的原则下确定出租车价格，关键在于考察需求和价格之间的敏感变动，在运输成本可调节的范围内，运用价格杠杆，通过价格在合理范围内起伏有效调节出租车市场需求。

根据出租车行业的平均利润率可以推算在一定的需求状况下出租车的合理定价，继而在保证一定的行业利润率的前提下得出可调节成本的大小，以确定相关的收费政策。合理的出租车价格为

$$C=\frac{Dx}{(1+r)N}$$

式中　C——合理的出租车价格；

D——平均日需求总量；

r——行业利润率；

x——平均价格；

N——出租车总量。

出租车价格的制定应按照市场机制去操作，充分发挥价格的杠杆作用，使经济活动遵循价值规律的要求，适应供求关系的变化，加强运价政策研究，努力完善价格机制。这就要求，一方面，价格应与城市经济发展水平和人均可支配收入相适应，保证行业一定的利润率；另一方面，根据不同时期出租车的功能定位适时调整运价，通过价格机制的作用实现运力结构的调整和供求平衡。此外，应根据车型结构比例体现价格差别。

3. 起租基价和起租里程的合理性分析

我国大城市出租车运价多采用行程运价，即

$$总租费 = 起步价 + (行程里程 - 基价公里) \times 车公里租价 + 空驶费$$
$$+ 低速行驶、等候费 + 夜间行驶费 + 过桥过路费$$

运费高低主要取决于乘客搭乘距离的远近。一般来说，单车单趟司机收入为

$$价格 = 起步价 + (行程里程 - 基价公里) \times 车公里租价$$

如果不设置起租基价和起租里程，则单车单趟司机收入为

$$价格 = 行程里程 \times 车公里租价$$

两式相减得

$$\triangledown = 起步价 - 基价公里 \times 车公里租价$$

这个值对乘客而言是多付的车费，对司机而言是额外的收入。这笔额外的收入，实际上是激励司机尽快按最短路将乘客送到，降低其绕远路的可能性。只要这个额外收入大于寻找下一位乘客之前因空驶带来的损失，司机就有动力尽可能多地获取这笔额外收入。这可以理解为司机利用其对交通情况的熟悉，为乘客选择最短路径所获取的报酬。因此，起租基价和起租里程的设置，对司机和乘客双方都是有利的。

第六章 公交系统的协调与客运枢纽

第一节 公共交通系统的组织协调分析

一、公交系统的选择

城市交通有许多方式,它们在解决城市交通问题中起到了重要的作用,不同交通方式各有其自身的优势范围。图 6-1 所示的是城市客运交通系统的构成图。该图中显示了每种交通方式适宜的出行距离和客流密度。可以看出,小汽车适用范围较广,但承载能力有限;地铁和轻轨适用于长距离的大运量运输;步行的出行距离很小;公共汽车则适用于中距离中等运量的出行。出行距离范围与公共汽车相近,但是运量比公共汽车大的方式还有快速公交。

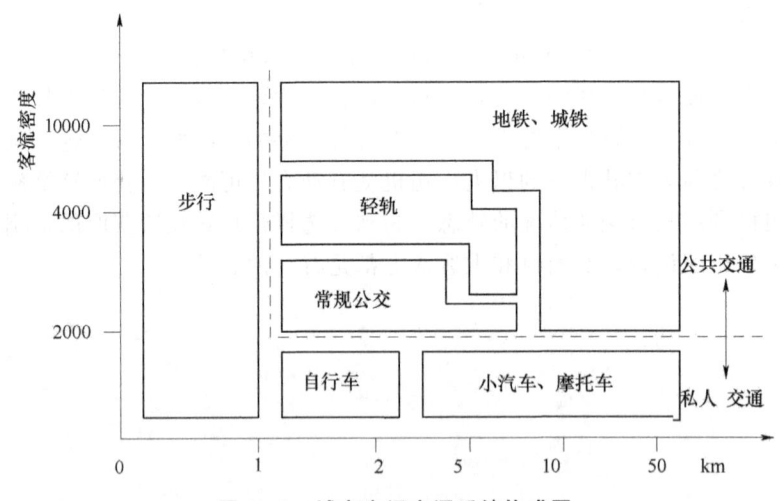

图 6-1 城市客运交通系统构成图

选取公共交通方式时,应使其客运能力与线路上的客流量相适应,常用的公共交通方式单向客运能力宜符合表 6-1 的规定。

表 6-1 公共交通方式单向客运能力

公共交通方式	运送速度 (km/h)	发车频率 (车次/h)	单向客运能力 (千人次/h)
公共汽车	16~25	60~90	8~12
有轨电车	15~20	50~60	8~10
无轨电车	14~18	40~60	10~15
中运量快速轨道交通	20~35	40~60	15~30
大运量快速轨道交通	30~40	20~30	30~60

不同规模的城市公交发展对策不同，公交单程最大出行时耗应符合表6-2中的规定。

表6-2 不同规模城市的最大出行时耗和主要公共交通方式

城市规模		最大出行时耗（min）	主要公共交通方式
大	＞200万人	60	大、中运量快速轨道交通，公共汽车，电车
	100万～200万人	50	中运量快速轨道交通，公共汽车，电车
	50万～100万人	40	公共汽车，电车
中	20万～50万人	35	公共汽车
小	＜20万人	25	公共汽车

对于100万人口以下的大城市，可发展以BRT系统为主的公共交通系统，随着经济的逐步发展，对小汽车交通由鼓励型向竞争型转变，提高公共交通在城市中的地位，在基础设施建设的同时预留公共交通基础设施用地。

对于100万～200万人口的大城市，根据其经济实力以及客流分布状况，选择合适的大运量快速公交系统，BRT系统建立后要考虑远期向轨道交通系统转变的可能性。在中心区通过提高公共交通的服务水平来吸引私人交通方式向其转移，满足城乡公交的出行需求，采用TOD用地发展模式，建立公交换乘枢纽，提高公交系统效率。

对于200万以上人口的特大城市，城市群之间要建立以铁路为主的轨道交通系统，城市内部建立以轨道交通为主体、常规地面公交为补充的公共交通系统（BRT系统也可以作为地铁交通的补充，为其喂送客流），换乘枢纽建设完善，满足城区内部各种交通方式（包括公共交通方式）之间、城乡内外客流之间的衔接。中心区限制私人交通方式特别是私人小汽车的过度使用，通过市场经济杠杆对公共交通倾斜，保证其优先发展。结合土地规划来发展公共交通，实现一体化的公共交通发展。

二、公共交通系统规划

1. 公共交通系统发展战略研究

公共交通的长期规划，一般为15～25年，要求每5年重新评估与调整。规划内容包括：确定城市客运结构，适应城市长期发展的需要；确定主要的基础设施建设目标及投资、建设计划；规划网络格局和新的客运模式、工具，如轨道网络的规划与建设。

（1）确定客运结构目标。确定公共交通在城市交通中的主体地位，建立以公共交通为导向的城市发展模式。

（2）研究公共交通结构调整与建设策略，包括公共交通系统规模和主导模式、运量分析。

（3）政策分析。包括公共交通优先政策和管理模式。

1）公交优先政策包括公共财政和投资政策、基础设施系统建设政策与公共交通设施用地安排、交通管理政策和交通管制措施、公交优先的措施、公共交通的道路使用权优先措施。

2）公共交通营运管理模式的研究，包括专营权制度设计、委托经营的合同管理与牌照管理、公共机构的职能与监管等。

（4）骨干公交系统的设施规划。

1）轨道交通网络布局规划，如轨道网总里程、轨道网布局和枢纽布局、轨道线路建设计划、线路和场站规划等。

2）快速公交系统选型，布局与建设规划，投资、运行与环境影响评估。

3）地面公共交通发展规划，如骨干线网布局与道路设施需求、枢纽选址与用地控制、车辆发展规模、车型与更新等。

2. 公共交通系统的整合规划

公共交通系统的整合规划定位于中期规划，规划期限一般为10年。重点解决各个子系统的配合、衔接以及子系统内部网络、设施、车辆等各个要素之间的发展均衡问题。

对于具有一种以上公共交通方式的大中型城市，由于设施条件、系统结构的变化，轨道交通的兴起，快速公交形式的出现，整合规划尤其重要。例如，轨道线路规划并建设完成投入运行后，地面公交线路的调整；设置公交专用道后，公交线路调整和站点设施调整等。

整合目标是使资源配置趋于合理均衡，系统功能清晰和人性化，系统效率提升。整合要素包括客运枢纽；公交场、线、站、车、专用道、运营模式、票价等。

主要的规划内容如下：

（1）公共交通结构变化趋势，各种公共交通方式的功能、服务定位与运行目标，相互衔接关系与规划原则。

（2）地面公共汽车系统的结构调整，建立多层次的服务系统，如轨道交通（中运量快速公交）、地面主干公交线路、高密度常规公交线路（区域公交线）以及小运量便捷公交（驳运公交）。

（3）系统整合的基础设施需求与建设规划，例如，枢纽站、车场、首末站建设规划，公交专用道网络建设，以及场站布局与用地控制。

（4）系统评价的技术、方法，如公交服务评价体系和制度设计。

（5）定价与影响分析，以及票制、票价体系和清分规则。

（6）促进公共交通与城市经济社会和谐发展，地面公交网络优化调整的政策支持与体制改革等。

3. 公共交通系统实施性规划

中短期的子系统专项规划，一般是分区域、分方式的3~5年规划。根据现状条件与发展趋势，调整与优化线路、网络、运行方式及时刻表，制定专用道、场地等基础设施的建设规划以及车辆购置与更新计划等，并评价短期实施性规划与中长期规划的一致性。

（1）公交线网调整原则、方法和调整方案。其内容包括线路调整规划总体方案、市通郊超长线路调整方案以及公交服务空白区的线路新增方案。

（2）公交线路调整的实施保障和年度计划。其内容包括线路调整的时机和条件、线路调整的实施要求以及线路调整年度计划。

三、公交系统协调分析

1. 城市间公共交通的衔接分析

城市的公共交通不仅仅为市内交通服务,同时还承担着接驳市间客运的任务。从地域的角度来分析公共交通的衔接问题,得到城市间交通衔接如图 6-2 所示。城市通过公共交通系统接驳换乘轨道交通、水运、空运、公路等交通方式的市间旅客,火车站、港口码头、长途汽车客运站、航空港是主要的衔接点,城市公共交通必须加强与这些衔接点的联系,以有效地衔接城市间客运。

2. 城市公共交通方式与其他交通方式的协调

城市客运交通系统包括了公共交通方式和非公共交通方式,公共交通与非公共交通方式具有各自不同的特点,发挥着不同的作用。对于城市综合运输体系而言,这两者必须有效衔接才能够使综合运输体系的运输效能得以充分发挥。城市公共交通方式与非公共交通的衔接关系如图 6-3 所示。

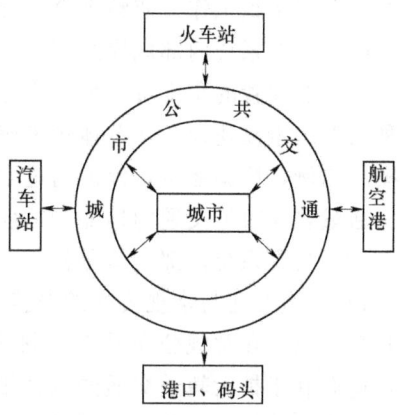

图 6-2 城市公共交通系统衔接关系分析图

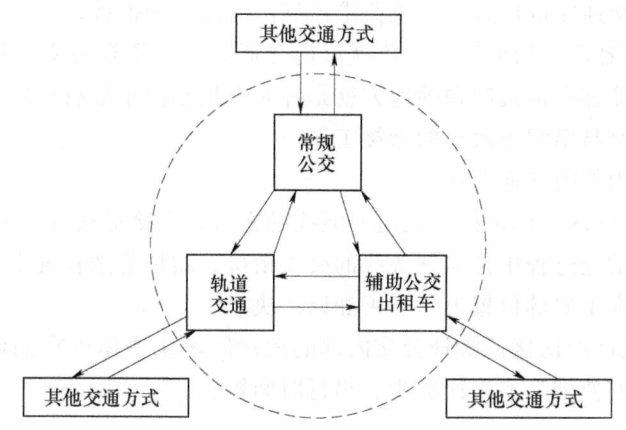

图 6-3 公共交通系统交通方式组织图

(1) 公共交通与自行车交通的衔接。自行车是一种经济的短距离出行方式,随着城市规模的不断扩大,人们出行距离的不断增加,自行车出行将越来越不适应。但由于目前城市交通出行中自行车仍然占有很大比例,并且在今后很长一段时间仍将如此,因此,必须考虑为自行车与公共交通换乘提供方便。

(2) 公共交通与小汽车的衔接。小汽车作为一种舒适的交通工具,是人们生活水平提高后的一种自然追求,在今后一个时期,小汽车拥有量将会有很大提高。但小汽车是一种道路资源占用率高、燃油耗费大及污染较大的一种交通方式,针对交通供需矛盾突出的老城区或城市中心区而言,国家采取的策略是"不限制小汽车的拥有,但限制其使用"。因此应当为小汽车出行者提供进入城区可选择的交通方式,做好小汽车与城市公共交通系统的衔接。

3. 城市公共交通系统内部各交通方式的组织协调

城市公共交通系统交通方式包括轨道交通、常规地面公交以及辅助型公交等。为了充分发挥城市公共交通系统的效能，必须对城市公共交通系统主要构成要素进行合理的规模组织和衔接组织工作，使整个公共交通系统成为一个有机整体。

(1) 公交系统内部规模组织。

从资源配置的角度看，各种交通工具的重复无序配置也是一种严重的浪费和内耗，是一种典型的重复建设。在总体规模确定的基础上，为系统内部各交通方式选取一个合适的规模、比例，协调运量，保证通过常规公交、辅助公交及其他交通方式聚集到轨道交通上的交通量要与轨道交通的运能相适应。

(2) 公交系统内部衔接分析。

1) 轨道交通与常规公交的衔接。随着轨道交通的快速发展，地铁与公交换乘难的矛盾日益突出。在常规公交站点及轨道交通站点布局时应当综合考虑，做好两者的衔接工作，这有利于扩大轨道交通的乘客服务范围，并最终形成以轨道交通为客运走廊、地面公共交通为支线的城市公共交通系统。

2) 轨道交通与辅助交通的衔接。辅助公交就是在公共交通系统中起辅助作用的交通方式，具有运行线路灵活，乘坐舒适、准时、快速远距离运输的特点。许多乘客会选择经辅助公交换乘轨道交通完成出行，这就要求做好两者之间的衔接。

3) 常规公交与辅助交通的衔接。仅就市内交通而言，常规公交与辅助公交的衔接问题不是太明显，可能存在衔接问题的地方就是针对出租小汽车限行区域，此时必须在限制区外围做好常规公交与出租小汽车的衔接工作。

(3) 各子系统内部的交通衔接。

1) 轨道交通系统内部的衔接。轨道交通线的交叉和衔接形式有多种，进行网络规划、可行性研究及设计的全过程中都应把各线的交叉衔接、站位的选择确定、换乘站和大型换乘枢纽的设置等放在重要的位置上，妥善加以解决。

2) 常规公交内部的衔接。常规公交内部的衔接问题主要体现在如何协调好各线路之间的换乘，研究如何使乘客换乘次数少、出行时间短。

第二节　各层次公交体系整合研究

一、不同层次线网整合

1. 轨道交通线网与快速公交线网

城市轨道交通与快速公交的关系应定位为主干与辅助骨干的关系，城市轨道交通线路走向沿城市主要客流走廊，主要以中长距离客流为主，有大运量、快速、准时、舒适的系统特征。快速公交线路作为轨道交通的补充，提高沿公交专用道以及主要城市道路行驶，服务于大型集散点、功能区之间，全面体现"公交优先"，投资省、见效快、容量大、便捷灵活。快速公交也可为轨道交通输送客流，两者之间也应有效整合发挥更大的效益。

BRT 系统与轨道交通在整个公交网络系统中的关系可以从"补充、联络、延伸、过渡"四个方面分析。

(1) 补充。BRT 线路可与轨道交通线路构成城市公交骨架。鉴于轨道交通建造及运营成本高，可以 BRT 作为一种补充方式，适当降低轨道线网的敷设密度。基于这样一种策略，一些城市选择"轨道交通+BRT"的混合网络模式。

(2) 联络。以 BRT 作为轨道交通走廊的联络线，强化轨道交通的整体协同效应。对于许多轨道交通网构建速度不是很快的城市而言，这种方式可以十分有效地提高既有轨道线网的服务水平。

(3) 延伸。BRT 可以作为轨道交通线路两端的延伸段，这样既减少了轨道网络的初期投资费用及整个系统的运营成本，也有助于为轨道交通输送充足的客流，改善轨道交通客流分布不均衡状况，提高了轨道交通的运营效益及整个系统的吸引力和覆盖面。

(4) 过渡。为了降低轨道交通建设成本，许多城市已经完成了远期线网的总体规划，并为线路和场站建设预留了用地空间。以 BRT 作为轨道交通的过渡形式，在预留的轨道交通走廊上先行建设 BRT，满足近期客流需求，提供快速客运服务，远期随着客流需求的增长，将快速公交过渡到轨道交通建设阶段，不失为明智的选择。

2. 轨道交通线网与常规公交线网

城市轨道交通线网与常规公交的关系应定位为骨干与基础的关系，在发展轨道交通的同时，实现常规公交与轨道交通的整合，发挥轨道交通更大的作用，提高公共交通的吸引力。公共汽车运量不大，但具有灵活、便捷、覆盖面广的优点，主要以中长距离客流为主，应重点考虑整个城市线网覆盖率。轨道交通与常规公交之间的有效整合可以使居民得到更便捷的公交服务。

作为两个不同层次公共交通系统，城市轨道交通和常规公交各有其优势和不足。单纯依靠某一个都无法达到最优的交通目的，必须使两者结合起来，互补短长实现系统的整体功能，利用轨道交通承担长距离、大运量的交通出行，而常规公交发挥机动灵活、线网密集的优势，运送短距离出行，并为轨道交通接运换乘客流。形成以城市轨道交通为骨干，常规公交为主体的一体化公共交通体系。两个系统紧密衔接、协调配合，实现城市公共交通整体运输效率的最大化。

(1) 调整常规公交与轨道交通线路重复的线路。在轨道交通建设完工初期，取消部分与轨道交通共线的常规公交线路；在轨道交通覆盖范围内，调整长距离与轨道交通共站的常规公交线路，改设在轨道交通线服务半径以外的区域。这样可以更好地发挥轨道交通的作用，吸引更多的客流，同时缓解地面交通的压力，避免轨道交通与常规公交之间不必要的竞争。

(2) 常规公交与轨道交通共线运营。在客流量很大的客流走廊上，若轨道交通无法满足居民的出行需求，在局部客流大的轨道交通线的某一段上，可以保留一部分常规公交线路，起分流作用并提供多层次的公交服务方式，但共线长度不宜超过 4km。如在城市中心区某些繁华区域，客流集中、客流密度高，特别是在高峰时段仅靠轨道交通并不能完全承担居民出行需求，这时常规公交仍起到辅助分流的作用。

(3) 常规公交为轨道交通起终点站集散客流。把常规公交线路的起终点站尽量汇集到轨道交通线路的起终点站，形成公交换乘站。在轨道交通起终点站根据其客流密集情况设置不同等级公交换乘站，甚至是公交换乘枢纽站，以快速集散客流，同时方便乘客。

（4）常规公交与轨道交通中间站接驳换乘。对常规公交线路进行调整，尽量做到常规公交线路与轨道交通车站交汇，方便乘客换乘，而主要调整的线路是与轨道交通线路垂直的常规公交线路。在进行轨道交通车站和常规公交车站布置时，要尽量使常规公交车站与轨道交通车站靠近，缩小换乘距离或实现零换乘距离，为轨道交通输送更多的客流，提高轨道交通的吸引力。

3. 快速公交线网与常规公交线网

城市快速公交与常规公交的关系应定位为辅助骨干与基础的关系。在常规公交线路集中、客流规模大的交通走廊上，建设快速公交系统，以提高道路公交服务水平，保障快速公交的服务水平不受机动车拥堵的影响。常规公交也可作为快速公交的次级线路，以扩大快速公交线网的覆盖率。

（1）常规公交作为快速公交的过渡方式。快速公交从建设到通车运营需要一定的时间，而居民的出行需求却要求快捷、方便、舒适的多层次多样化服务，因此常规公交系统可以建设公交专用道网络作为运营平台，以提高道路公交的服务水平。作为建设快速公交的过渡方式，可以为快速公交培育客流。

（2）常规公交作为快速公交的辅助形式。常规公交线网中的骨干线路可以作为快速公交的辅助形式，以公交专用道为运营平台，也可以为居民提供快捷舒适的公交方式。常规公交骨干线路布设在环路上可以连接放射性的快速公交走廊，方便常规公交与快速公交之间的换乘；布设在连接两条快速公交线路的客流走廊上，可以方便不同快速公交线路之间的换乘；布设在平行于快速公交的客流走廊，可以补充快速公交线网的密度。

（3）调整常规公交与快速公交线路重复的线路。在快速公交线路通车运营后，取消部分共线的常规公交线路，调整长距离共站的常规公交线路，避免快速公交与常规公交之间不必要的竞争。在客流量很大的客流走廊上，若已有快速公交无法满足居民的出行需求时，可以在局部客流量大的快速公交线路的某一段上，保留部分常规公交线路，起分流作用并提供多层次、多档次的公交服务方式。

（4）常规公交为快速公交起终点站集散客流。在快速公交的起终点站，尽量把部分常规公交线路的起终点站汇集到此，形成道路公交换乘站。在快速公交起终点站根据客流规模设置不同等级公交换乘站，甚至是公交换乘枢纽站，以快速集散客流，同时方便乘客换乘并给乘客提供更好的换乘条件。

（5）常规公交与快速公交中间站接驳换乘。调整常规公交线路，尽量把常规公交线路与快速公交车站交汇，方便乘客换乘。在进行快速公交车站和常规公交车站布置时，要尽量使常规公交车站与快速公交车站靠近，缩小换乘距离或实现零换乘距离，为快速公交输送更多的客流，提高快速公交的竞争力、吸引力。

4. 轨道交通（快速公交）线网与支线公交线网

城市轨道交通（快速公交）线网与支线公交线网的关系应定位为骨干与支撑的关系。支线公交不仅可以服务居民的短距离出行，还可以承担集散客流的功能。支线公交线路设置可以配合轨道交通，扩大轨道交通的服务辐射范围，方便居民出行。因此，支线公交与轨道交通（快速公交）的整合可以使轨道交通发挥最大的效益。

（1）支线公交为轨道交通（快速公交）起终点站集散客流。支线公交线路的起终点可以设置在轨道交通线路的起终点站，形成公交换乘站。在轨道交通起终点站根据其客流密集情况设置不同等级公交换乘站，甚至是公交换乘枢纽站，以快速集散客流并方便换乘。

（2）支线公交与轨道交通（快速公交）中间站接驳换乘。轨道交通虽然有着大运量、快速、准时、舒适等优点，但由于其建设资金和建设期的限制，轨道交通线网的密度不可能很高，因此其直接吸引范围有限，特别是轨道交通的中间站点。这时就需要与支线公交整合，让支线公交为轨道交通集散客流，扩大轨道交通的吸引范围。在设置支线公交线路时就要尽量做到与轨道交通车站交汇，为轨道交通输送更多的客流。

5. 常规公交线网与支线公交线网

城市常规公交与支线公交的关系应定位为基础与支撑的关系。支线公交的配合使公共交通竞争力大大提高，并且为优化城市客运结构提供有效途径。应进一步优化常规公交线网与支线公交线网布局、调度管理，提供客运短驳运送、各交通方式之间换乘等多功能、多层次的运输服务。

（1）支线公交作为常规公交的补充衔接。由于道路限制，常规公交无法进入城市的中小街道，而支线公交线路可以深入各居民住区及各功能区，运行在中小街道上，可以作为常规公交的一种补充形式，提高公交线网密度，提供多层次、多样化的公交服务形式。支线公交发挥其机动灵活的优点，可以根据其不同客流情况选择不同的车型，填补中小街道的公交空白区域。

（2）支线公交为常规公交起终点站集散客流。支线公交线路的起终点站可以设置在常规公交线路的起终点站，形成公交换乘站，以快速集散客流方便换乘。

（3）支线公交与常规公交中间站接驳换乘。在设置支线公交线路时要与常规公交车站交汇，方便乘客换乘，解决常规公交的末端出行，扩大常规公交的吸引范围。

6. 公交城乡一体化整合战略

城乡公交是汽车运输企业为满足农村广大旅客乘车需要而采取的一种营运方式，它的经营方法同城市公交类似，沿途停靠站多、站间距离短、旅客上下频繁，并采取随车售票方式。当前城市公交和城乡客运自成体系，随着城市化进程加速、城乡经济一体化以及城乡交通一体化进程加快，城市公交不断开辟通往周边县、乡、村的运营线路，这些线路与城乡客运线路的同时运行造成线路重复系数高、运力浪费。

城乡公交一体化就是改革现有客运管理模式，打破原城市公交与农村客运二元分割的局面，利用公交化运作方式，发挥客运资源效益最大化，以达到城乡公交相互衔接、资源共享、布局合理、方便快捷、畅通有序的协调发展过程。

二、公共交通与城市其他交通方式的整合

1. 与步行系统的衔接

步行是实现公共交通出行不可缺少的必要环节。人们使用公交方式出行一般要经历步行到站、候车、乘车、步行换乘和步行到目的地等诸多环节，步行时间占了很大一部分，因此改善步行条件将有助于提高公交的服务水平。

步行系统以公共交通系统作为支撑，与公共交通系统有效衔接整合，可以在商业区设置与机动车完全分离的步行街和步行区，只允许公共交通可以经过或靠近这些区域，既可以确保行人安全、有舒适的步行空间等，又可以提供多样化的公共交通服务供居民选择。

步行通道按实际情况划定，原则上步行半径按照500m范围控制。步行区域应该设置在公共交通车站覆盖500m的地区。步行系统应主要布局在步行人流量大的区域，联系不同功能区域，集旅游、商业、休闲功能为一体。

步行系统设置时要注意以下事项：

（1）人车分离，确保连续、安全。

（2）基于居民出行需求分布布局，充分结合公共交通系统换乘的衔接。

（3）步行通道在一定范围内要有公共交通方式与其衔接，能提供宽敞、舒适的公共交通服务。

（4）步行通道要能安全地连接主要出发地和目的地，如商店、学校和工作场所等。

（5）有条件的区域可以设置低成本、有遮蔽的步行通道，以消除天气对行人的影响，从而使乘客可以舒适地到达最近的公交车站。

（6）在步行通道附近的公交车站要有可以达到各个方向的公共交通线路，以方便乘客换乘。

2. 与非机动车的衔接

自行车在我国城市交通中起着十分重要的作用。除某些城市的地形特殊导致自行车的比例很低以外，一般的城市交通中，自行车都占有相当的比例。应大力发展多层次、多样化的公共交通，做好公共交通与非机动车的整合衔接，把部分个体非机动车交通转移到公共交通方式，优化城市客运结构。

在进行轨道交通与道路公交的规划设计时，必须要考虑适当的自行车道以及车站内停放自行车的位置，这样方便自行车停车换乘。许多人就可以骑车至公共交通车站，然后换乘公共交通到达目的地，这样可以缩短自行车的出行距离。

为了实现非机动车与公交的紧密衔接，必须解决好非机动车的"行"与"停"的问题。非机动车通行系统设置应注意以下事项：

（1）协调非机动车交通与其他交通方式的设施、运行组织的关系，重点建立非机动车与公共交通的换乘点。

（2）在主要公共交通车站特别是轨道交通和快速公交的车站，均应设置考虑一定规模的自行车停车场地，在用地紧张的区域可以考虑设置地下停车场。

（3）在进行公共交通规划和非机动车通行系统规划时，要注意公共交通车站、换乘站与非机动车车道相结合的整合规划。

（4）充分利用道路绿化系统营造遮阳避雨的骑行环境。

3. 与私人小汽车的衔接

城市公共交通与私人小汽车的衔接主要是城市轨道交通、快速公交与私人小汽车的衔接，私人小汽车的拥着者所追求的出行质量是快捷、方便及舒适，因此做好私人小汽车与轨道交通、快速公交的衔接可以引导一部分私人小汽车的拥着者使用公共交通，缓解城市交通堵塞的问题。

国外很多大城市都采用了停车换乘（P+R）的模式来缓解机动车的增长给城市带来的交通压力，私人小汽车可通过发展停车换乘设施与公共交通系统成功衔接，也就是在城市的边缘区轨道交通与快速公交车站修建小汽车停车场，限制小汽车进城。这些设施有利于吸引人们到公共交通线路终点处的换乘站，从而使私人小汽车拥有者能更快到达目的地。这样可以避免更多的私人小汽车进入市中心，缓解城市交通堵塞，改善交通环境。停车场与城市轨道交通、快速公交要有良好的换乘条件，才能被乘客所接受。也可在城市边缘区的一些大型客流集散点规划建设小汽车停车场，为今后小汽车的停车换乘提供条件。

三、各交通方式的换乘

1. 常规公交与轨道交通之间：合理引导，集中分散相结合

对公共汽车与轨道交通之间的换乘，需要在公共汽车的停靠站台、换乘站内的行车路线以及车辆的班次等方面予以充分重视。轨道交通与地面公交衔接时，一定要有清晰的线路信息，使换乘客流流向明确、通道畅通、换乘便捷无误。由轨道交通车站换乘地面公共汽车的客流，应通过人行天桥或地道直接进入街道外的公共汽车站台，使人流与车流分别在不同的层面上流动，互不干扰。

对于常规公交与轨道交通的换乘，在布局时应遵循以下原则：

（1）当公共汽车从主干道进出换乘枢纽时，应尽可能提供公交车优先的专用道或专用标志。

（2）公交停靠站和站台的数量，应由接驳交通工具的线路条数、车辆配备、乘客上下车所需时间、车辆停靠所需空间决定，并应为将来线路发展留有余地。

（3）换乘线路应尽可能短，换乘枢纽内站场应布置紧凑以减少换乘步行时间。

（4）当人流在广场汇集时，应避免密集的地面平交交通，可采用地下通道或地下步行广场与轨道交通站台衔接。其衔接应有利于人流沿站台均匀分布并符合客流量的需求。

（5）为了保证出行者顺利换乘，应使公交车站尽可能靠近枢纽出入口，位于十字交叉口的枢纽，如果在四个方向都有出入口，应在出入口显著位置设置通往不同公交车站的指示标志。

（6）枢纽出入口布置应有利于各方向乘客换乘，应尽可能减少横穿街道的次数。

轨道交通与常规公交的换乘形式与换乘客流量、城市用地约束条件、科学技术水平、施工能力、经济发展水平等因素密切相关，主要有以下几种换乘方式：

（1）常规公交在道路边直接停靠，利用地下通道与轨道交通车站联系。其优势在于可以利用现有的公交车站，不必另建。其缺点是换乘时间受通道长短及通行能力的影响，随着客流量的增加站台宽度有可能不能满足要求，换乘距离较长。这种方式适用于换乘量小、站点受用地限制的车站。

（2）常规公交与轨道交通处于同一平面，公交车停靠站和轨道交通车站的站台合用，并用地下通道联系两个侧式站台。其优点是确保有一个方向的换乘不但方位好而且步行距离短。其缺点是要求轨道交通的地下站厅宽，另一方向的换乘需要通过地下通道来进行，工程量较大。这种方式适用于某一方向换乘客流量大且有较大的用地来

布置的车站。

（3）轨道交通与常规公交处于不同平面，通过某一路径，使公交车到达站和轨道交通出发站同处一侧站台；而公交车的出发站与轨道交通的到达站同处另一侧站台。其优点是轨道交通与常规公交共用站台，两方面都有很好的换乘条件。其缺点是常规公交需绕行较长的距离，需停两次车，停车时间长，且需要较大的停车场地。这种方式适用于换乘量较大、用地较宽裕的车站。

（4）在繁忙的轨道交通车站，入站的常规公交很多，采用沿线停靠法会因停靠站空间不足而造成拥挤，因此可采用路外多个站台换乘枢纽的形式。为了避免人流进出站对车流的干扰，每个站台均以地下通道与轨道交通车站相连。其优点是人流与车流有效地分开，避免了对车流的干扰。其缺点是常规公交站点占地多，工程量大。这种方式适用于换乘量较大、轨道交通的地下站厅窄的车站。

2. BRT 与常规公交之间：站点规划协调

快速公交与常规公交换乘枢纽站点是指快速公交与其他交通方式之间客流转换相对集中的场所，合理规划的枢纽能够使乘客安全、迅速地换乘，同时也使车辆进出枢纽对道路交通的影响降低到最低程度。

进行 BRT 与常规公交换乘枢纽设计时，应力争使两条换乘线路上的绝大多数客流不用转换站台就能换乘，以实现"门到门"的换乘方式，并最大限度地缩短换乘距离。因此，在进行 BRT 与常规公交换乘设计时，应充分考虑以下原则：

（1）满足换乘客流量的需要。

（2）调整相交线路方向，创造良好的换乘条件，实现 BRT 与常规公交的有效衔接。

（3）尽量缩短乘客的行走距离（包括换乘站的形态与空间组织、垂直与水平自行步行道的设置等）。

（4）结合地形布置车站形式。

（5）简洁的平面组织与一目了然的诱导标志，组织好人流和车流，避免枢纽内部人流与车流的平面交叉，建立安全、独立的步行换乘系统。

（6）努力提高服务水平，以安全、舒适的换乘条件与充分的空间容量来吸引乘客。

3. 自行车与轨道交通之间：避免与公交换乘重合

在处理自行车与轨道交通枢纽接驳时，应注意以下几点：

（1）发挥自行车近距离出行的优势，控制或限制其远程出行的比重，注重与其他交通方式的配合。在其优势范围内组织好自行车交通，开辟自行车专用道，将它从主、次干道上分离出来，构成非机动车专用道系统，这将有效减少自行车交通对干道的影响，并为自行车出行提供方便、安全、舒适的出行环境。

（2）搞好区域内自行车网络系统，尤其在那些大的居民小区，出入口数量不可能多，而且许多出入口距轨道交通枢纽较远时，为减少区域间自行车出行，提供快速大客量轨道交通和地面常规公交，将有利于自行车换乘轨道交通，提高轨道交通出行率，引导自行车交通转向轨道交通。

（3）在轨道交通车站设置自行车停车场。目前车站附近自行车存放组织不好，往往占用人行道或分隔带，不但影响路面交通，也减少了自行车接驳量，对轨道交通远期发展都将带来不利的影响。自行车停车场的面积根据停车换乘量、停车时间、单位停车面积、停车周转率等确定，为了节约空间可采用45°斜列式停放方式。

（4）自行车停车场应靠近枢纽出入口，以利乘客换乘，但应避免与之过分接近，以免扰乱交通。

同时应注意的是，这种换乘只适合于城市外围的车站，以有利于提供自行车的停放场地。对于市区尤其是市中心的车站，由于路面空间和停放空间的不足，不宜采用自行车直接换乘的方式，地面公交和自行车与轨道交通的换乘设置应避免重合和过分接近。

4. 私人交通与轨道交通之间：泊位充足，设在城市边缘

私人交通与轨道交通之间的换乘在小汽车拥有率较高的国家非常普遍，即由居住点开车前往大容量轨道交通车站，再利用轨道交通前往目的地。

为了满足停车换乘的需要，吸引居民出行，由私人交通方式向轨道交通方式转变，轨道交通枢纽必须提供足够的停车设施，停车设置应遵循以下原则：

（1）停车场的大小必须满足交通需求量并保证行人的安全使用。
（2）停车场的收费标准应在合理范围内，但目的应是鼓励乘客转乘公共交通。
（3）停车场的建造应力求减少对周围地区的不良影响。

5. 步行交通与轨道交通之间：保证合理换乘距离

步行作为短距离出行的最基本的方式，是城市交通的主体。轨道交通枢纽建设会改变其合理步行区内的土地利用性质，大大提高其开发强度，特别是位于中心区的枢纽，周围云集了商业中心、娱乐中心、写字楼等公共建筑。在这种开发强度高、人流量大的地域，应按照"以人为本"的基本指导思想，建立起以枢纽为中心，以独立人行步道为主干，具有良好导向标志的城市公共空间体系。这种城市公共空间体系意味着枢纽周围的人行设施不再仅仅是单一要素（如独立设置的过街天桥或地下通道）的布置，而是要构成彼此连续的线形关系，采取"并联"和"串联"的方法与枢纽周围的公共建筑紧密地结合起来，从而形成包容枢纽流动人群相关活动的便捷、富有生气的立体空间网络，实现枢纽步行交通流的"不停顿流动"。此外，为了保证出行者的安全，枢纽周边行人过街横道线和中央安全岛以及标志系统的设置也非常重要。

第三节　城市客运枢纽

一、城市客运枢纽

1. 城市客运枢纽的概念

枢纽是两种以上运输方式或多条公交线路交汇的场所，是乘客集散、转换交通方式和线路的场所。枢纽建立的目的是在各种交通方式并存的条件下为方便乘客、平衡客流，提高整个城市的客运交通服务水平。由于城市规模的不断扩大，居民从起点到终点的一次出行，往往需要使用多种交通工具，把多种交通方式有机地结合起来。城市客运枢纽把私人交通、常规公交和城市轨道交通等独立的系统组合成一个有机的客运运输整体，给乘客带来极大的效益。城市客运枢纽概念图如图6-4所示。

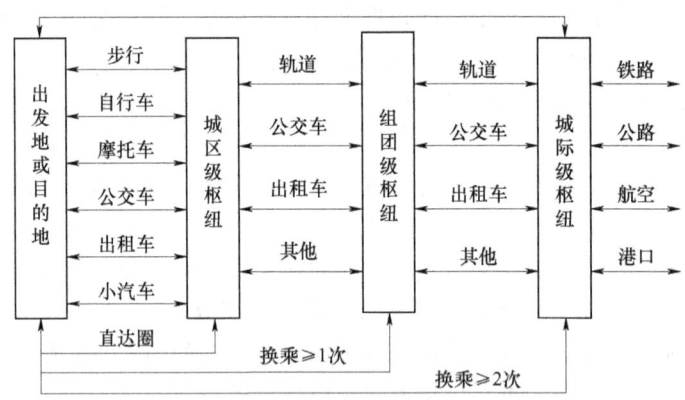

图 6-4　城市客运枢纽概念图

2. 城市客运枢纽分类

(1) 按交通功能划分。

1) 城市对外交通枢纽。其功能是将城市公共交通与铁路、水路、航空、长途汽车等交通连接起来，使乘客顺利地完成一次旅行。这种枢纽的定位，都以相对运量大的那种交通方式的站点为依据。

2) 市内交通枢纽。其功能是沟通市内各分区的交通以及各个分区内部的交通联系。

3) 为特定设施服务的枢纽。其功能是为体育场、会展中心、旅游景点、市区内公园等大型公共活动场所的观众、游人的集散服务。

(2) 按交通方式划分。

1) 交通方式换乘枢纽。这是指公共电车、汽车与地铁、轻轨、港口、铁路、航空等交通衔接的枢纽。这类枢纽主要完成交通方式转换，同时也可实行线路转换。

2) 相同客运交通方式转换枢纽。这是指公共电车、汽车不同路线的转换，与长途汽车的转换枢纽。

(3) 按交通组织划分。

1) 公共交通起终点换乘枢纽。这类枢纽有多条公交线路的起点、终点，有相应的停车场地和调度设施。

2) 公共交通中途站换乘枢纽。这是指多路公共交通线路的集散站（包括城市地铁、轻轨等轨道交通）。

(4) 按布置形式划分。

1) 立体式枢纽。枢纽站分地下、地面、地上多层，设有商业、咨询等综合服务。

2) 平面枢纽。枢纽站在同一地面，客流集散和换乘、交通工具的进出及转换均在同一平面完成。

(5) 按服务区域划分。

1) 都市级枢纽（包括城市对外交通枢纽）。为全市服务，客流集散量大，公交线路多，设备齐全，如火车站前广场的公交枢纽、市中心公交枢纽等。

2) 市区级枢纽。连接各区交通重心、卫星城镇的公交线路的起终点枢纽。

3）地区级枢纽。设在地区客流集散点处的枢纽，服务范围小，设备简单。

城市公交枢纽的分类汇总如表 6-3 所示。

表 6-3 城市公交枢纽分类

分类依据	类 别	主 要 特 点
按交通功能划分	对外枢纽	一般设在城市出入口，连接对外交通运输入线路与城市公交线路，其规模与城市发展形态、经济文化活动相匹配
	市内枢纽	主要为城市内部区域或中心与外枢纽的客流交换服务。一般设在城市内主要客流集散点，多种交通方式、多条线路汇总点，对通畅和便捷性要求很高
	特定设施处枢纽	这些地点在某时间段内集散度大，枢纽为满足人们文化、娱乐出行而设
按交通方式划分	方式换乘枢纽	如城市公共电车、汽车与地铁、轻轨、铁路、水路、航空运输等线路相互衔接的城市公交枢纽
	线路换乘枢纽	主要指公共汽车线路之间，包括公共汽车与长途汽车线路间的交汇处枢纽
按交通组织划分	公交首末站换乘枢纽	枢纽内有多条电汽车的首末站，并设有停车、候车、调度以及有关指示标志等设施
	公交中途站换乘枢纽	位于道路条件好、公交线路通达性高、多条线路交汇的路网节点。站点设置、人流组织是此类枢纽设计重点内容
按布置形式划分	立体式枢纽	枢纽站为地上或地下多层结构形式。适用于交通方式复杂、用地受到限制。同时也可与综合性服务设施，如商业、文娱活动场点相协调
	平面式枢纽	枢纽站设施布置在地面上，其规模视换乘需求而定
按服务区域划分	都市级枢纽	吸引全市范围和对外交通客流的枢纽，如火车站、机场、港口等大型城市出入口
	市—郊级枢纽（市区级枢纽）	连接卫星城镇与市内公交线路的城市公交枢纽以及区内交通重心处枢纽
	地区级枢纽	设在地区性区域中心的客流集散点的枢纽

3. 城市客运枢纽的功能

一般地，城市客运枢纽是多种交通功能建筑或集交通功能和商业开发功能于一身的建筑综合体。它的交通功能主要体现为对客流的转移和疏散，它的商业开发功能则需根据具体的项目情况而定。城市客运枢纽由于其自身交通功能势必带来周边区域交通状况的改善，便捷的交通与大量的客流使城市客运枢纽及其周边区域具有巨大的商业价值，往往随着城市客运枢纽的建设，其周边区域内必然形成高密度的商业区、办公区等，这也是城市发展的一个必然规律。尽管商业功能在城市客运枢纽的设计中占重要地位，但是仍属于交通枢纽的从属功能。

客运枢纽的交通功能，即对枢纽站的到、发客流，按不同的目的和方向，实现"换乘、停车、集散、引导"四项基本功能，其中核心功能是换乘功能。

（1）换乘。对于来自不同方向、不同路线、不同交通方式的乘客，需要转乘其他交通方式而发生的行为称为换乘。因为这些乘客属于中转客流，需要经过换乘才能到达最终目的地。

（2）停车。对于来自不同方向、不同路线的车辆，提供固定的停车位置和上下客位置，并以不同性质的车辆分区停放，配置合理的道路和场地。

（3）集散。对于到达或出发的乘客和车辆，实现聚集会合和疏散分流，提供客流和车流组织的相关措施，保证畅通、安全。

（4）引导。对外来客车引导、截流、集中管理，尽量不进市区；引导市内公交车辆与其接驳换乘，向多层次、一体化发展。对充分发挥各种交通方式的优点，改善城市客运结构有导向功能。依托枢纽的作用，可实现各交通方式在城市客运交通中的合理分工，有目的地引导个体交通向公共交通的转移。

城市客运枢纽的客流和车流来自多方向、多路径、多种目的、多种交通方式，客流方面具有到发量大而集中、多向集散和换乘、各小时段客流不均衡性等特征。因此，必须做好客流组织和衔接管理工作，将换乘客流和到发客流分开，将车流和人流分开，既能各行其道，又能相互贯通、相互转换，构筑为一体化的城市客运交通集散中心。

二、公交枢纽的规划与设计

1. 城市公交换乘枢纽布局原则

做好城市客运枢纽的规划，必须把握人、车、路、场四项要素。

（1）人——客流生成的基本要素，规划宗旨应"以人为本"，为乘客提供方便、快捷、高质量、高水平的服务。

（2）车——车流生成的基本要素，包括各种车辆的载客能力、速度、舒适度等标准。

（3）路——客流和车流组织的基本要素，包括流动的路径、道路的通过能力等技术条件。

（4）场——枢纽的场地和选址，是规模和环境的控制要素，包括建筑、景观和环境影响。

要合理对城市公共交通换乘枢纽进行布局，必须遵循以下原则：

（1）协调。城市客运交通枢纽是城市总体规划的一部分，客运枢纽的定位，应该符合城市总体规划，应该在相应的地点，布设客运换乘枢纽。

（2）衔接。大城市区分为城区、郊区、经济开发区、卫星城镇，交通系统将城市分区有机地衔接与延伸，有利于公交线路网的优化调整，有利于轨道交通与公共电汽车线路的衔接配合。

（3）连续。换乘枢纽的位置应为换乘提供方便，应为乘客提供选择最佳交通路线的机会，这样才能保证交通连续，减少延误。

（4）定量。客运换乘枢纽的位置确定要做定量分析。在交通集散中心与乘客换乘集中地，应该根据城市具体情况，经过定量分析后设立枢纽。客运枢纽可分成几个不同等级，整体规划，分期实施。

2. 城市公交枢纽选址优化

城市公交枢纽是城市客运交通系统中的关键结点，做好公交枢纽布局规划，可以衔接各种不同交通方式、保证居民出行顺利并实现中转换乘，可以提高整个系统的综合运输效率。城市公交枢纽是一种实现交通功能转换的场所,是不同交通方式、不同方向客流的转换点,客运枢纽的合理布设、合理设计对改善整个交通系统功能,提高运营效率和解决出行换乘问题具有重要意义。

(1) 公交枢纽选址原则。一般而言,枢纽可分为两大类,一类是连接城市内部交通的客流集散中心,另一类是连接城市内部交通与城市外部交通的客流集散中心。按枢纽功能进行选址,城市内部交通的客流集散中心一般适宜布置在城市中心或副中心地带,城市内部交通与城市外部交通的客流集散中心一般适宜布置在城市外围地区。

1) 与用地布局紧密结合。枢纽的发展可有效带动区域经济的发展,从而也为枢纽提供充足的客源。因此,在布置枢纽时,应当综合考虑周边地区用地布局,以城市土地利用发展规划为依据,推动城市的发展以及城市形态的调整。

2) 与区域交通综合考虑。枢纽的发展可有效带动区域交通的发展,区域交通的发展又反过来为枢纽提供足够的客源。一般而言,换乘枢纽布置尽可能连接城市客运干道,并与地铁车站、长途车站有方便的连接。与此同时,枢纽不宜设置在城市车流密集区域的两边,以免导致车流和人流的相互干扰。如果受用地限制,布置在车流密集区域,应当建设必要设施,避免人车干扰,提高行人的安全性。

3) 合理进行换乘站利用布置。城市中心地带,用地十分紧张,枢纽具体布置中应当因地制宜采取立体交通组织的方式,形成地上、地下相结合的综合性枢纽。好的选址不但能方便居民换乘,也有利于道路客流的均衡分布,并且促进城市中心的发展。

(2) 公交枢纽规模确定。

1) 依据枢纽规模功能确定规模。换乘枢纽的功能越齐全,所要求的用地范围越大,规模也就越大。

2) 依据交通需求确定规模。对规划年枢纽规模的确定可通过交通模型预测交通需求,作为枢纽确定的定量依据。

3) 依据服务范围确定规模。服务范围越广,其服务客流就越多,由此其规模也越大;服务范围越小,其服务客流相对较少,由此其规模也较小。

4) 依据用地条件确定规模。市中心区用地性质已经确定并无法变更,因此要寻找大型换乘枢纽所需用地十分困难。从某种程度上说,用地条件大大制约枢纽的规模。

3. 公交枢纽设计影响因素

(1) 枢纽的设计规模。公交枢纽的设计必须要满足枢纽所承担的客运量的要求。枢纽内乘客的客流强度、流向分布、集散强度等资料是公交枢纽规划设计的基础资料。

(2) 枢纽所在位置的地形地势及地质条件。公交枢纽所处位置的地势及地质条件对公交枢纽的设计产生至关重要的影响。因此,在进行公交枢纽的选址时,要考虑到选址结果对枢纽设计的影响,尽量将枢纽选在地形、地质条件比较好的地方,方便公交枢纽的设计。

(3) 枢纽内的运输方式。不同的运输方式在设计时都有各自不同的要求。在设计公交枢纽时,必须满足枢纽内各种运输方式的设计要求,并使各种运输方式协调。

(4) 枢纽的重要程度。由于每个枢纽的重要程度的不同,在设计要求上往往也有些不同。对于城市主要枢纽,除了要满足交通要求外,还要代表城市形象,设计时必须满足城市景观的要求。一些纪念性旅游景点或建筑附近的枢纽，在设计时还要体现一定的历史和文化内涵。

（5）部分公交枢纽的特殊要求。有些公交枢纽在设计时有一些特殊要求，例如，北京地铁在建设时考虑战略需要，要求各个地铁站都有具有一定的防空能力。

（6）枢纽内商业设施的布置。由于公交枢纽内的客流量十分大，所以商业价值潜力巨大，必然会有些商人在其内部进行商业活动。同时，一定的商业设施，也是枢纽本身的需要，乘客可以利用等车时间购买自己需要的物品，以节约时间，提高效率。

4. 公交枢纽的设计原则

（1）设计要从公交枢纽在换乘中的吸引与辐射作用并存的基本功能出发，着眼于城市对外及城市内客运综合系统和客流流量、流向分布的特点，明确某一规划设计对象在相关的城市公交枢纽群中的地位、作用和特定的功能。

（2）在线路网规划搞好不同客运交通方式和相关线路之间的协调与衔接的前提下，枢纽内机动车、自行车及人流的交通组织要尽量避免交叉，换乘人流与非换乘人流要分开，以保证换乘过程的便捷、连贯性和公交车辆的正常运行，实现乘客换乘时间最少，公交车辆无效停滞时间最短的目标。

（3）利用公交枢纽最佳布局形成的对客流的吸引作用，在某些枢纽安排必要、安全的自行车、小汽车存放设施，吸引部分个人交通转向公共交通，或为两者的"接力运输"提供方便条件。

（4）合理利用由公交枢纽站带来的地价增值的宝贵空间，搞好枢纽站出入口、换乘场地、停车场、调度室、驾驶员和售票员的工作和休息场所、商业服务设施用地、休息绿地等不同功能用地的分割与联系。

（5）乘客候车棚（廊）、公交站房、商业建筑、绿地及乘客咨询服务台和广告牌等要统筹规划和统一设计，使枢纽站的景观处理和空间组织能体现现代城市的风貌和特色。

三、公交枢纽的协调管理

1. 规划的协调性

（1）公交换乘枢纽选址与城市布局的协调。城市的近远期规划布局对公交换乘枢纽的选址有决定性的作用。在城市交通网络规划布局确定之后，城市交通发生点与吸引点被确定，主要的客流量分布与客流方向被确定，这样也确定了公交换乘枢纽的位置分布。

换乘枢纽的建设对城市发展有反作用。公交换乘枢纽对城市发展方向的影响主要是通过改变枢纽周围土地利用形态来实现的。

公交换乘枢纽选址与城市布局是密切相关的、相互依赖的，在规划公交换乘枢纽位置与规模阶段，一定要注意公交换乘枢纽选址与城市布局的协调性。

（2）公交换乘枢纽选址与城市土地利用的协调。当某个地区建立了一个公交换乘枢纽，不仅该地区可达性大大提高，而且由该枢纽换乘到达区域的可达性也有所提高，当受枢纽影响区域的交通方便程度高于实际相互联系程度，则该区域具有空间集结和聚集经济的潜力，它将趋于更高的土地利用强度，这些区域的土地租金也随之增加。

对外换乘枢纽的建设，提高了城乡结合部的可达性，从而改变了沿线的土地利用类型，在枢纽建设前后，周围土地使用性质的空间分布也随之改变。以换乘枢纽为中心，周边土地的使用价值迅速提升，从而促进了近郊区的城市化发展。

2. 运行的协调性

(1) 公交换乘枢纽内单个运输方式系统内部的协调。单个运输方式系统内部的协调主要反映单一运输方式在运输过程中各环节和要素之间的匹配程度。各种运输方式内部都有不同的技术组织结构，包括基础设施的等级标准结构、交通运输装备的技术水平结构、运输网络的布局结构等。

此外，每一运输方式在枢纽内要完成一项换乘任务，需要内部许多环节的衔接配合。每一次换乘任务的完成都是在内部各环节相互衔接配套，共同努力所取得的。

(2) 公交换乘枢纽内多种运输方式之间的协调。枢纽内各种运输方式之间的协调性主要表现在技术协调性、信息协调性和政策协调性三个方面。

1) 技术协调性是指一个公交换乘枢纽内往往有轨道交通、公共汽车交通、小公共汽车和出租车多种公交运输方式，它们共同完成枢纽的换乘任务，要达到各种运输方式的无缝衔接，各种运输方式必须在技术上相互配合。

2) 信息协调性是高层次的公交换乘系统应该具备先进的信息服务系统，包括两方面内容：一方面是换乘信息系统在各种交通方式运行时能够及时准确地采集和处理各种复杂的信息，使乘客能够及时了解换乘站点位置、换乘站点连接线路、换乘等待时间等信息，从而选择最佳的公交方式，方便换乘；另一方面是换乘信息系统能够在一定程度上避免政出多门，帮助不同交通方式的管理部门达到协同运作，共享信息资源，实现高效管理。

3) 政策协调性指公交换乘枢纽是一个异常复杂的系统，如果各种交通方式的管理部门不能做到有效的协调与沟通，公交换乘的效率将得不到发挥，因此针对公交换乘这一个复杂的体系，城市交通各相关部门的协调管理就成为城市各种交通方式顺利换乘衔接的关键因素。

3. 环境的协调性

公交换乘枢纽对其所在区域的环境影响包括正面影响与负面影响。它对环境产生的正面影响体现在通过增加公共交通的吸引力，将一部分以私家车出行的居民转化为以公共交通出行，从而减少了整个城市道路上的机动车辆数量。公交换乘枢纽对整个城市的环境负面影响并不大，但是对枢纽所在区域的影响还是比较明显的，例如，枢纽内存在多种公交运输方式，车辆制造的噪声与排放的尾气容易造成噪声污染与大气污染。

要使公交换乘枢纽与环境相协调，必须从观念上、技术上、政策上协调居民出行的要求、枢纽设施、城市环境与城市经济发展的关系，最终形成一种体系来满足城市居民枢纽顺利换乘的需求，同时对环境副作用最小，为居民提供一个人性化的换乘空间。

四、城市公交枢纽换乘衔接组织优化

城市客运枢纽换乘衔接组织是客运枢纽规划的一项重要工作，通常根据客运枢纽的种类、功能、特点以及一定的枢纽规划与设计原则进行枢纽布局优化与换乘衔接组织工作。为了实现各种交通方式间的无缝换乘，提高换乘效率，必须深入研究城市客运枢纽内不同交通方式的衔接组织优化问题。城市客运枢纽中不同交通方式的换乘衔接组织是城市客运交通整体化研究的重要内容,是提高城市交通运转效率的关键所在。

1. 客运交通换乘组织系统

(1) 客运换乘枢纽的基础设施建设。在枢纽换乘站的设计中,交通方式间的转换空间、等候空间等基础设施要求同步规划与建设。这些空间应具有安全性、可识别性和方便性,设计中要求体现人性化设计思想,以方便不同交通方式的搭乘转换。

(2) 交通方式间的运能衔接与组织。交通换乘枢纽中不同交通方式的运行时间要进行统一协调,相互换乘的交通方式间要运能匹配,运能低的交通工具能够快速地为运能高的交通工具进行客流集散,以避免换乘站的旅客滞留。

(3) 换乘信息服务建设。一体化交通的发展要求具备先进的客运换乘信息服务系统,换乘信息服务系统应能满足不同层次的需要,能及时准确地采集、处理、分析、存储、传输客流转换过程中所产生的各种信息。使乘客在出行中了解何种交通工具可乘和如何选择最佳的交通工具组合方式,以便为旅客提供合理的行车时间与路线,方便乘客换乘。

2. 一体化换乘衔接组织设计

一体化的设计理念是城市客运枢纽换乘衔接组织的一个重要原则,是指综合考虑不同层面的交通联系、疏解与引导功能,通过优化整合各类交通资源及对各类交通方式流线的合理设计,实现至少两种方式间的无缝换乘。一体化换乘衔接组织设计主要包括以下几点:

(1) 换乘距离最短。布置枢纽时应尽量保证结构紧凑,充分利用空间,以缩短客流换乘距离,减少换乘时间。当枢纽设计位于十字路口附近时,应使其出入口分布在路口的四个方向,尽可能减少换乘客流横穿街道次数。使地面公交车站尽量靠近城市轨道交通枢纽出入口,通过公交线路及站点的空间布局优化、客流与运能的合理配置,提高公共交通对私人交通客流的吸引力,使公交企业在客运市场的竞争中提高效率,获取更大的利润,以满足中转换乘的方便与舒适以及公交企业的利益。

(2) 交通分流。实现交通分流的主要手段是通过平面流线分离设置和立体设计。平面流线分离设置对地面空间的需求较大,并且不可避免地会产生各种交通流之间的交叉。立体化设计理念的落实应以充分发挥各层面功能、保证设施的高效利用为基本原则,流线设计与换乘组织应本着安全、高效、便捷的思想,充分考虑人在枢纽中进行换乘时的需求及心理特征。

(3) 与周边交通体系协调。通过各种交通方式换乘系统的合理布局,促进动、静态交通的均衡分布。枢纽的地理位置及其周边道路的疏解条件、设施配套情况应与枢纽的功能、规模、能力相适应。设施与导向系统的配套应充分体现人文关怀,保证人在枢纽内行动的舒适、安全。减少公共交通与其他交通方式的相互干扰,使居民的出行选择由低效的私人交通工具向高效的公共交通方式转化,实现道路网络运送人流的最大化。

(4) 集中布置,统一管理。交通综合体系的建设应考虑将交通换乘与商业等功能相结合,在设计中应当通过潜在引导使得枢纽与相关物业相互带动,相互促进,并尽最大可能地充分利用地下空间,在控制地面土地利用规模的同时,创造通达便捷的集散吸引空间,结合周边条件刺激相关物业的开发。

3. 枢纽换乘组织措施

从一体化的角度，可以将枢纽换乘组织措施分为系统措施和细化措施。系统措施主要从规划布局角度考虑，而细化措施主要从建设和运营体系来考虑。

(1) 系统措施主要包括：综合换乘枢纽的合理布局、公共交通线网的优化设计、公交车首末车站的合理布局、运能的合理配置、停车换乘系统的合理布局、小汽车和自行车停车场容量规模配置、公共交通站点的合理布局。

(2) 细化措施主要包括：换乘联系通道的布置与建设、共用站厅站台与换乘联系通道的布置与建设、站前广场等换乘设施的建设、建立城市内交通和对外交通联运体系（包括联运措施的建立、联运票价的制定、联运利益的合理分配方案）、建立城市内交通的通票体系（包括通票的发行、价格制定）、停车优惠政策及安全管理措施。

第七章 公交系统发展战略

第一节 公交优先发展

一、公交优先政策

20世纪60年代前后,西方各国因无限制地发展小汽车,忽视了公共交通的发展,导致城市交通十分拥堵,交通事故频发,尾气及噪声污染日趋严重,城市交通几近瘫痪,于是政府开始下大力气重点优先发展公共交通。城市交通经历了先发展小汽车,后控制小汽车,最终明智地选择了发展大公交的曲折道路。

"公交优先"是公共交通系统优先发展的简称,从广义上讲,凡是有利于公共交通优先发展的政策和措施均可称为公交优先;从狭义上讲,则是指仅在交通工程范围内,采取适当的交通管理和道路工程等措施,优先公共交通车辆在道路上的通行。

公共交通优先包含两个基本方面,一方面是对公交的扶持,通过各种手段发展公共交通,提高运行速度,改善服务质量,确保其经济投入,提高城市公共交通整体运行效率;另一方面是对其他方式(主要是小汽车)的限制,在购置、使用等不同环节加以控制以减少对公共交通的冲击。

在不同的层面上,公交优先有不同的内涵。政府部门在综合交通政策上确定了公交优先发展的地位,并在政策上给予支持(包括经济扶持);在城市规划、建设上,确立公交优先发展的地位;在交通资源的适用和管理上,确立公交优先的权利。规划优先是前提,政策优先是保障,运行优先是基础。

公交优先所包括的内容非常广泛,公共交通系统优先发展内容框架如图7-1所示。

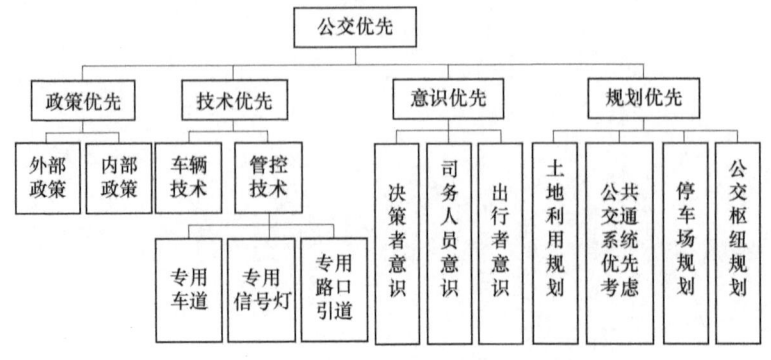

图7-1 公共交通系统优先发展内容框架

公交优先所要实现的基本目标是使城市公共交通具有"快捷、舒适、高效、安全、准时"的特性,从而增加公共交通的吸引力。公交优先发展的必要性如下:

（1）公交优先有利于保证城市的可持续发展。我国快速城镇化的进程中，由于土地资源的有限性，不可能通过扩大城市规模和降低城市密度来满足私人轿车的发展。因此，要重建公共交通系统，走紧凑化的城市发展道路。

（2）体现了社会的公平性。交通的目的是实现人和物的移动而不是车辆的移动，公交优先是对公交乘客的优先，说到底是"百姓优先"和"效率优先"，而非简单地对车辆优先，符合最广大群众的根本利益，体现了城市道路交通发展的公正性，确保让最多的人得到平等的交通权。

（3）体现了社会的经济合理性。与小汽车相比，公共电汽车运量大、占道少、效率高、节省能源、对环境污染小。私人交通方式占据的道路空间、排放的污染物，都数倍于公交方式，而且还给公交乘客造成时间上的延误，这些都会增加公交的边际成本，给利用公交出行的多数人造成经济损失。

（4）公交优先节省道路资源。公共汽车所占土地资源相对比较少，随着城市化进程的加快，机动车拥有量会快速增长，交通用地将会逐渐增加，在我国土地资源紧张的状况下，使用道路利用率高的交通方式适合我国可持续发展的国情。

（5）公交优先更能节省能源。交通运输是对自然资源高度依赖的产业，不同的交通运输方式对自然资源的依赖性也不同。公共汽车对环境的污染相对于小汽车较小，因此公共交通比小汽车交通对城市的发展更有优势。

（6）公共交通引导城市土地利用开发。在我国人均用地资源有限的情况下，集约式发展是必然的趋势，以公共交通为导向引导城市土地开发，能实现土地的高效利用。

二、公交优先发展的战略实施

1. 政策优先

由于城市公共交通是所有交通方式中最经济的方式，也是最理想的解决城市交通问题的客运交通方式。各个城市的政府财力有限，若要拿出大笔资金投入公共交通实在是勉为其难，而政策上的倾斜可以从根本上解决公共交通的内部运转问题，因而是既经济又可行的方法。政策优先的结构框架如图7-2所示。

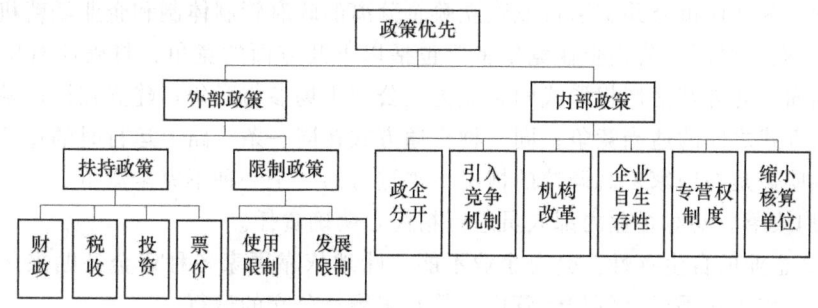

图7-2 公共交通政策优先框架

（1）扶持政策。

1）财政政策。票价的制定和调整由政策控制，不可能做到完全按市场需求和价值规律自由调整价格，由此而产生的亏损属于政策性亏损，不属于经营性亏损，因此在不得已的情况下,国家还应给予适当的财政补贴,并为促进公交企业科技进步管理手段的现代化而给予财政支持。

2) 税收政策。在税费方面给予优惠,尽量减轻公交企业的税费负担。还可实行专项税收政策,如开征企事业单位公共交通税、减免公交车燃油税等。

3) 投资政策。在投资政策方面,加大政府投资力度,完善政府投资方式。银行信贷应向城市公共交通倾斜,对城市公共交通场(厂)站建设和车辆购置项目,银行要在信贷和配套资产计划中优先安排。在利用外资方面实行优惠,对轻轨、地铁、公交汽车专用线路、停车场(库)等重点项目的贷款,要在信贷和资金计划中优先安排。另外,在投资时要考虑城市的实际情况,合理规划投资比例,使轻轨、地铁、公交汽车专用线路等按比例、协调发展。

4) 票价政策。遵循社会效益、环境效益和经济效益统一的原则,在保证尽可能多地吸收市民乘坐前提下,制定出合理的票价,逐步建立促进城市公共交通良性发展的价格与价值补偿机制。

(2) 限制政策。限制政策主要表现在对个体机动车(主要是私人小汽车)实行交通需求管理,但是这并不意味着排斥小汽车的适度发展,以及其他交通方式的合理使用,相反,只有优先发展公共交通,确立公共交通的主导地位,才能节省出更多的道路时空资源,保障小汽车、出租车等交通工具的合理正常使用,保障道路交通良好秩序和可持续发展。

对私人小轿车的发展,必须把握好车的"拥有"、"行"与"停"三方面条件的协调发展,主要是加强交通需求控制和管理,根据自身的道路容量制定总量控制或地区控制。对私人小汽车的拥有量进行控制,对私人小汽车的使用运用价格手段进行控制,对私人小汽车使用的控制还包括时间上的限制。

(3) 内部政策。内部政策主要指公交企业的改革,包括公交部门自身的改革和国家对公交行业经营管理体制的改革。内部政策与外部政策配合使用,有助于从微观上对公交企业进行管理。

1) 转变政府职能,实行政企分离。有助于国家和企业分别从宏观和微观上对公交企业进行管理,为在城市公共交通行业建立政企分离的政府管制体制和企业经营机制。

2) 引入竞争机制。公交企业竞争主要包括以下几方面的竞争:打破原有国有公交企业垄断的局面,允许其他产权形式的企业进入公交市场参与竞争;建立在协调基础上的各种公共交通方式之间的适当竞争;同一种交通方式在同一条线路上运行时的竞争,但是这种竞争机制应该是在国家宏观调控的情况下来进行的,是一种不完全竞争。

3) 机构改革。要对企业内部人员进行精简,明确责任。

4) 提高企业的自生存性。公交企业不能一味地依靠国家各种资金补贴来运行,适当的还应采取一些市场手段(例如经营广告等)来维持公交的运行。

5) 实行专营权制度。通过资质认证的企业可以参加招投标,获得线路专营权,在专营线路内独家经营公交业务。实行线路专营权后有利于政府根据线路的不同进行管理,划清政策性亏损和经营性损益,增大企业创收的积极性。

6) 缩小核算单位。明确责任,划清政策性与经营性亏损界限的同时使各企业有动力降低成本、提高收入。

2. 技术优先

(1) 公共交通运载工具技术优先。公共交通运载工具技术优先是指利用先进技术，对公共交通车辆的构造、外观等进行合理的设计及维护，来提高公共交通车辆的优先权。公共交通车辆技术优先的根本目的是为了提高公交车的舒适性，从而吸引更多的乘客利用公交来完成出行，减少车辆运行时间和减少事故。

1) 车内的整体设计应以提高旅客舒适性为目标，例如空调安装、信息广播等，另外要保持车内清洁，及时清扫。

2) 要及时对破旧车辆进行更新，使外观具有一定的吸引力，并要严格杜绝车辆带病运行以免导致车辆中途抛锚。另外，更新车辆的同时还要考虑到环保要求，尽量采用环保型车辆。

3) 现在大多数城市的常规公交都采用人工售票与无人售票两种方式，应把大量的资金用来购买智能化售票设备，如感应式 IC 卡、交通一卡通、电子月票等，这样有助于减少人工售票带来的效率低、漏收及票款流失等现象。

4) 合理的出入口设施可方便各类型乘客的上下车，从而减少上、下车时间，避免上、下车时出、入口处的人流拥挤。目前低地板的汽车设计被广泛接受和采用，减少车辆与月台之间的高差可明显节约旅客上、下车时间。

5) 为保证地面专用线上公交车辆能在路口优先通过，需在车辆上安装无线电发射装置，在通道上埋设检测器，或采用 GPS 科技手段使路口交通信号在公交车辆进入路口时及时变更为绿色信号。

6) 在停靠站、公交车上动态预报车辆运行、抵达信息，减轻乘客的等候心理压力，同时有利于乘客掌握时间，安排出行计划。

(2) 管理控制技术优先。管理控制技术优先主要针对地面常规公共交通方式（公共汽车、无轨电车及有轨电车等），是指采取适当的交通管理技术和措施，在现有道路资源的基础上，在交叉口或拥挤路段上，优先公共汽、电车的通行。它主要通过公交专用车道（专用路）、交叉口公交专用入口引道以及专用信号灯的设置，来提高公交的优先权。

3. 意识优先

意识优先是指公众在观念上应该把公交优先放在第一位，它主要包括决策者意识优先，司机、乘务人员意识优先，以及出行者意识优先三个方面。

(1) 决策者意识优先。领导作为一个决策者，在整个城市或整个城市道路网规划之前，就首先应该清楚地认识到城市所面临的各种交通问题，认识到公共交通在整个城市交通中的重要位置，把握公交优先这一大方向，使城市规划、建设和管理都在"公交优先"的思想下统一起来，制定有利于公共交通发展的一切政策措施。只有领会了公交优先的意识，才会使公交优先在财政、税收、投资等一系列政策制定中处于优先被考虑的地位。

(2) 司机、乘务人员意识优先。由于司机、乘务人员的法律意识、法律观念淡薄，致使行车秩序、乘车秩序混乱，交通事故频繁，从而限制了城市公共交通的发展。因此，必须对司机进行宣传和教育，使其严格遵守交通法规，各行其道，不抢占公交专用车道、专用入口引道等公共交通专用设施，提高公共交通的优先权。

(3) 出行者意识优先。出行者严格按交通法规制约自身的交通行为是交通秩序良好的重要保障，是城市交通管理与控制系统正常工作的基础。政府应加大宣传力度，使群众逐步理解"什么是公交优先"、"为什么要公交优先"、"怎样实现公交优先"，把公共交通作为出行时首选的交通工具，遵守交通规则，不随意穿越公交专用车道（路），保证公共交通畅通运行。

4. 规划优先

在城市发展的总体规划阶段优先考虑发展公共交通，规划优先可以变被动适应为主动适应，使城市交通可健康、持续地发展。规划优先主要包含以下几方面的内容：

(1) 土地利用优先。在城市总体规划阶段，就要对城市客运需求量进行预测，制定出合理的常规公共交通线网，并预留公共交通专用土地，包括场站枢纽用地、停车设施用地、公共交通线路用地的合理规划和布局。

(2) 优先建立公共交通系统。对城市道路进行系统规划时要优先考虑公共交通系统的规划。通过对城市居民出行量、出行方式等的研究，结合城市具体的财政、经济状况以及城市总体布局使得地铁、轻轨和地面常规公交之间按比例协调地发展。

(3) 停车设施规划优先。在进行城市总体布局时要合理地规划停车场的位置和规模，有利于优先发展公共交通，方便公共交通与非公共交通之间的换乘，如在公共交通站点附近修建自行车、私人小汽车停车设施以便于换乘公共交通，从而吸引更多的出行者。

(4) 公交枢纽规划优先。公交枢纽的选址要有利于各种公交线路间的合理衔接，如在地铁站附近设公共汽车停靠站以使长距离交通通过公共汽车在地铁周围迅速集散；大运量公交线应与对外交通枢纽衔接好，以便于客流集散；场站布设与住宅小区的建设要同步进行，方便各小区内居民的出行，场站内的环境设计也要尽量满足旅客的舒适度要求。

三、公交优先技术措施

1. 公交优先技术措施构成

公交优先技术措施包含多个方面，既有硬件方面的措施，如公交专用道、先进的公共交通工具；也有软件方面的措施，如配合公交专用道的公交优先通行管理。其中，硬件基础设施潜力的发挥需要管理作为保障，而管理又是以硬件技术措施作为基础的，两者不是截然分开的两个系统，而是相辅相成的一个有机整体，其构成如图7-3所示。

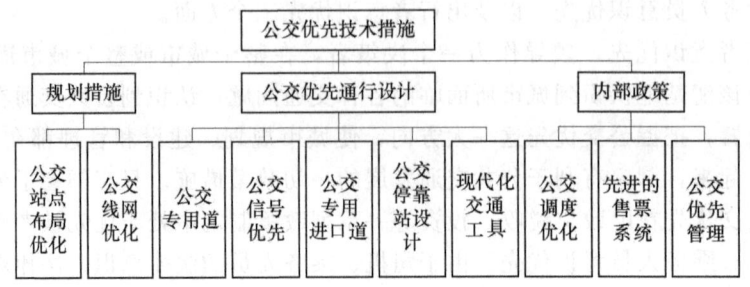

图 7-3 公交优先技术措施体系构成

2. 路段上的优先措施

路段公交优先通行是指在一定的道路条件下，通过规划、工程建设和交通管理等方式使得公交车辆在路段上拥有高于其他车辆的道路使用权，减少路段上各种因素对公交车辆的干扰。路段上公交优先的措施主要是公交专用车道，在特定路段上，通过标志、标线等画出一条或几条车道供公交车专用，其他车辆不得随意驶入。

（1）在城市道路上划出一条车行线作为公共汽车专用线，全天使用或高峰时间专用，其他时间可各种车辆混合行驶。

（2）在某些商业用地或市中心区的道路上，设汽车专用车道，只允许公交汽车行驶，禁止其他车辆通行。

（3）有些道路公交汽车可以双向行驶，而其他车辆只能单向行驶，有的公共汽车行驶线路的路旁禁止停车。

（4）在公交车需求大的路段，提供一些交通设施允许公交车在停靠站相互超车，可以减少车辆在一条车道内的排队延误和交通拥挤，尤其在高峰路段，能够明显增加公交专用车道的通行能力和公交车辆的运行速度，同时也能够保障大站线路的公交车正常运行。

3. 信号交叉口的优先措施

交叉口公交优先方式在技术上应包括两方面的含义，即对公共汽车交通在通行"空间"和"时间"上给予优先。所谓"空间优先"是通过交叉口进口道的几何设置加以实现的；"时间优先"则体现在公交优先信号控制上。

在交叉口平面布置上，考虑设置公交专用进口道，特别是对交叉口延误影响较大的左转公交车流。根据公交专用道的布设形式，分析不同公交车专用进口道的设置方法、进口道长度、设置条件以及适应性，结合交叉口实际情况进行设置，减少与社会车辆的交织以及公共交通车辆进入交叉口的延误。

给予公交车辆优先通行的相位，改变传统的以车均延误最小作为交叉口信号配时的依据，体现公共汽车载客量大的优点，以人均延误最小为信号周期时长的优化目标，以相位乘客流量比和相位饱和度确定绿信比。在交叉口采用优先信号控制充分体现了公交优先的思想，尤其是高载客量公交车辆在交叉口采取时间优先后，大大地降低了人均延误，提高了城市公交车在交叉口的服务水平，为公交吸引更多客流量提供了条件。

交叉口公交信号优先控制技术主要通过调整公交车归属相位的启亮和结束时刻来减少或避免红灯时间对公交车辆的延误，其控制方式主要有两类，即被动优先和主动优先。被动优先通过采用事先制定好的措施来适应公交车辆的运行，不论交叉口是否存在公交车辆优先通行需求；主动优先通过检测交叉口公交车辆到达排队情况调整信号方案。

（1）被动优先。被动优先是根据交叉口历史交通流数据，通过固定信号配时来减少公交车辆延误的方法，包括调整信号周期、增设公交专用相位、增加公交通行次数和预信号优先控制等。其中最多的是公交预信号优先控制，通过使用锯齿形公交优先进口车道和预信号对非公交车辆进行限制，来保证公交车辆在路口能够优先排队。被动优先主要有以下几种实现方法：

1）调整绿信比为公交线路集中的车道增加有效绿灯时间。这种方式可以降低公交车到达时遇红灯的概率，减少公交车辆的等待时间。

2）缩短信号周期长度，减少公交车等待绿灯启亮的时间。这种方式会以降低交叉口通行能力为代价，因为周期的缩短会造成信号损失时间增加。如果交叉口已接近饱和，这种策略甚至会造成延误增加。通常缩短周期的方式在交叉口通行能力很富余的情况下效果较好。

3）绿波带设计中的公交优先考虑。该方法是在确定绿波带的时候，以公交车的路段平均运行速度代替一般车辆的平均运行速度作为线控参数确定的标准。由于公交车停靠的原因，会造成公交车辆运行速度不均匀且不易确定。这就决定了用静态的协调方法在应用中的局限性。

被动控制策略通常会使交叉口的总体运行效率降低，特别是公交车流量比不高的时候。因此，被动控制策略在一些时候并不适用，尤其是对饱和度较高的交叉口。这时采用缩短信号周期和增大公交车有效绿灯时间可能会加剧交叉口的拥堵，而造成实际运行效果不佳的情况。尽管被动控制策略有很多局限，但在很多时候却是唯一的选择，主要是因为这种控制方式不一定要有公交专用进口道的配合，并且是投资最为节省的一种方案。

（2）主动优先。主动优先信号通过适时地、动态地调整信号设置克服了被动控制策略中信号损失时间过多的缺憾。优先信号控制器能够根据公交车辆检测设备反馈的信息作出三种不同的响应，即绿灯延长、绿灯早启和公交额外相位插入。采用何种响应方式主要取决于公交车在周期内的哪一个时段到达。

如果公交车辆在其绿灯将要结束时到达交叉口，现有相位可以延长并确保车辆可以通过交叉口。公交车到达时，如果其红灯相位接近结束，可采用绿灯早启的处理方式。如果在绿灯启亮之前还要等待较长时间，那么可以采用插入一个特殊公交相位，公交车辆通过后马上恢复原有的相位。

主动控制策略实现方法如下：

1）无条件优先。对检测到的每一辆公交车都赋以优先权，这种策略的缺陷是当公交车能够准点或提前到达时，仍会为其提供优先通行权，这会造成不必要的损失。

2）有条件优先。有条件优先按照一定的标准决定是否提供为公交车优先通行权。

3）自适应公交信号优先。自适应策略不需要预先定义优先控制逻辑，它能够在大多数自适应系统中实现，其主要方法是在控制优化程序中给予公交车更多的权重。

在交通量不大的时候，主动控制策略对其他车辆的影响很小，因为公交相位中没有公交车辆通行时，其相位被分配给了其他车辆使用。然而在交叉口接近饱和时，由于非公交车相位中没有富余的部分可供绿灯延长或红灯缩短等操作，该策略可能会产生较大的负面影响。

（3）控制方式选择原则。控制方案的选择需要考虑交通流特点、交通控制系统的功能、交叉口的几何条件等诸多因素。一般来说，交叉口为定周期信号时，可采用被动优先策略，通过调节交叉口信号绿信比的方法实现交叉口公交优先信号设计，这样可使区域内交叉口控制策略不受太大影响。当现状已实行感应信号控制或未在联动控制范围内的交叉口，可考虑采用主动式信号控制策略。

第二节 城市公共交通与土地利用

一、公共交通与土地利用的关系

1. 公共交通对土地利用的影响

（1）公共交通系统影响城市空间格局。城市公共交通系统的每一次改进都会影响土地利用并推动城市空间格局的发展。随着城市交通方式的改进，城市居民活动范围、出行方便性和机动性得到提高，使得人们在可以接受的出行时间内能够到达更远的地方，客观上促进城市空间的扩展。

（2）公共交通对用地布局的影响。良好的城市公共交通有利于商业区的稳定发展，交通条件越好，服务对象数量越多，空间吸引范围越大，商业区发展规模也就越大。城市公共交通系统影响到城市居住区布局的选址及影响居民对居住地的选择，推动了居住区用地整体布局的形成与发展。在城市工业区的形成前期，一般是工业自发在城市交通可达性较好的区域集聚，形成原始工业区，随着工业进一步发展，城市交通干线将引导其开发程度和布局。

（3）公共交通对土地价格的影响。城市公交系统改善，引起地区交通可达性变化，改变土地区位特征，从而增加了土地适宜使用功能及市场吸引力，并通过土地市场的作用，吸引更多的土地使用者，而需求的扩大将最终导致土地价格的提高。

2. 土地利用对城市公共交通的影响

（1）土地开发密度对城市公共交通方式选择的影响。高密度开发土地一般要发展公共交通，而低密度开发适合发展私人交通方式。

（2）土地开发密度对公共交通量的影响。高密度开发城市由于人口密集，出行更集中，单位面积的交通出行量大。要实现城市交通的可持续发展，必须增加对公共交通的投资，引导以公共交通出行方式为主的城市交通结构。

（3）土地开发密度对公共交通路线的影响。土地开发增加了对公共交通的需求，为满足居民出行需求，必须相应增加公交线路，土地利用影响了公共交通线路的设置。对于大多数中国城市而言，高密度开发的城市中交通量相对比较集中，出行距离缩短，公共交通方式比例增加，公交线路也更加密集。

3. 土地利用和公共交通的协调关系

城市土地利用和城市公共交通系统存在着十分密切的关系，不同的土地利用模式要求不同的城市公共交通模式与之相适应，高密度土地利用模式就要求高运载能力的公共交通模式与之相适应；反之，低密度的土地利用模式则需要发展常规公交（见图7-4）。

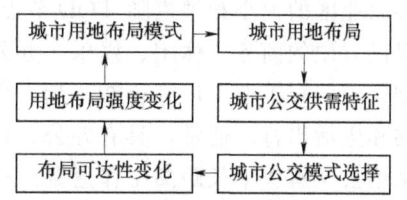

图7-4 城市土地利用与公共交通关系

（1）协调土地利用与公共交通线网布局。城市土地空间格局与城市公共交通系统的线网布局结构相辅相成。一方面，公共交通线网布局应当以土地空间格局为基本立足点；另一方面，城市土地利用则一般沿公共交通线网布局，有利于引导城市土地空间格局更加合理。

（2）协调城市土地开发与公共交通系统建设。城市道路建设及分布影响着土地开发的空间分布、利用方式及强度，同时城市土地开发产生大量的交通需求将反作用于其依赖的城市公共交通系统。协调好城市土地开发与城市公共交通系统的关系，可以提高城市整体交通系统，提高运营效率，缓解城市交通堵塞。

（3）协调城市土地利用规划与城市公共交通规划。城市土地利用与城市公共交通之间互相作用、互相影响，而两者的规划也将是这种关系的延伸和伸展，城市土地利用规划决定了城市公共交通规划的前提、依据、环境和条件，城市公共交通规划则规定了土地利用规划的形态、布局和网络，两者的相互协调实施是未来城市公共交通系统良性发展的有力保证。

（4）协调基于新技术的土地利用与城市公共交通。GIS 和 ITS 等新技术的应用将为两者协调提供新的解决方法。首先，GIS 技术在城市公共交通规划中发挥其地理信息数据获取技术、空间分析技术等优势，更有效地把土地利用信息融入到城市公共交通规划中；其次，ITS 技术把先进的计算机技术、信息技术和数据传输技术及电子检测技术等有效地应用于城市公共交通系统中，将人、车、路等有机结合起来，以达到最佳的和谐统一。

二、公交导向发展模式

1. 公交导向发展模式的构成和类型

20 世纪 90 年代，随着一股新城市主义城市规划思潮在美国逐渐兴起，美国学者提出"公交导向发展模式"（Transit Oriented Development，简称 TOD），并逐步为人们所接受和认同。TOD 发展模式提出目的在于增加乘客出行选用公交的比例、促进城市中心复兴、增加居住舒适性、改善环境。

公交导向发展模式（TOD），是一种以公共交通走廊为发展纽带、公交站点为开发节点，并以此带动城市空间及城市区域有序发展的可持续发展模式。它主张公交优先、强调节点土地紧凑综合利用，其中的公共交通是指城市轨道交通、快速公交系统。TOD 节点是以公交站点为中心，以 400～1000m 为半径建立的具有工作、商业、文化、教育、居住等较完备功能的城市发展节点。TOD 节点内居民与雇员多采用步行、自行车、公交车出行方式，减少小汽车使用量。

（1）TOD 节点的基本构成。

1）核心商业区。TOD 节点必须有一个紧邻公交站点的高容积率核心商业区，每个核心商业区的大小和规模随 TOD 节点规模、类别、所处区位而变。核心商业区主要功能是提供方便的商务、休闲、娱乐、办公服务，它把重要的超市、饭店、休闲场所、就业密集型公司、轻工业工厂综合在一起，可使居民和工作人员通过步行或自行车完成许多基本购物和生活出行。通常，具有办公、就业功能的建筑紧邻公交站点布置，以鼓励人们更多地采用公交解决中长距离工作通勤出行，保证公共交通出行效率。

2）居住区。居住区是指核心商业区和公交站点服务范围内的居住小区。居住区应当满足不同类型住宅混合的基本要求。为满足轨道和快速公交线路的使用效率，居住密度应尽量提高。

3) 辅助区域。在辅助区域内，主要布置适度低密度的住宅、学校、大型绿地公园、就业岗位较少的公司及换乘停车场。需要注意，与TOD核心区会形成竞争的商业、公共设施不宜设置在辅助区域内。

（2）TOD节点的基本类型。每个城市发展状况不同，并且城市各区域经济条件和地理位置不同，所以不同城市不同区域的TOD节点呈现出不同特征。TOD节点一般分为"城市型TOD节点"和"社区型TOD节点"两种类型。

1) 城市型TOD节点。位于区域公交网络主干线上，一般作为区域较大型交通枢纽和商业就业中心，具有较高开发密度，规模也更大，一般以步行1min的距离或1000m半径来界定其平面空间尺度。

2) 社区型TOD节点。一般位于地方或辅助公交线路上，通过公交支线与公交主干线相连。一般以居住作为其主要功能，规模比城市型TOD节点要小，居住、服务、零售、娱乐和休闲功能应开发至适当强度。

（3）TOD特征。

1) 沿公共交通，尤其是轨道交通线路及站点发展城市的新社区。
2) 在站点附近的城市组团，土地利用布局中突出土地利用的混合使用。
3) 城市组团的尺度使得组团内部的出行能够在自行车、步行的适当距离之内。
4) 各TOD节点之间的居民出行活动能够方便地使用公共交通。
5) 通过TOD的实施，降低人们出行过程中对小汽车的依赖和不合理使用。

2. TOD的城市空间发展形态

在TOD模式中，公共交通系统与其他交通方式相比具有极大的优越性，一方面可以限制机动车的无限增长，节约动态和静态交通空间资源；另一方面，公共交通系统由轨道和常规公交组成网络，极大地提高了运输效率。

在城市层面，TOD模式强调公共交通与土地利用规划紧密结合，主张集约化、高效率的土地利用模式，形成以公共交通走廊为纽带、公交站点周围综合用地组团为节点的城市空间形态，如图7-5所示。

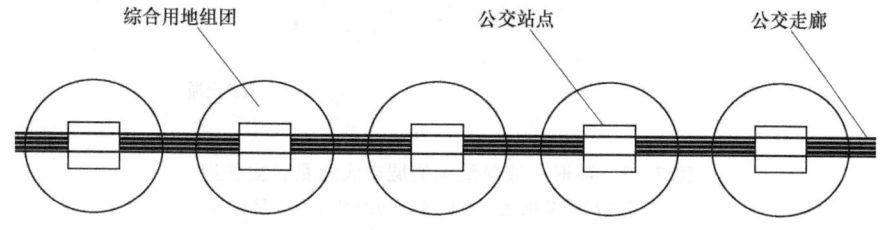

图7-5 城市层面的TOD示意图

在社区层面，TOD模式通常以公共交通站点为中心，在其周围设置商业、公共设施、商务等性质用地以形成核心区，核心区外侧布置居住用地（见图7-6），即通过在公交站点周围形成高强度、综合的土地利用以及步行友好的设计，减少对小汽车交通的依赖。

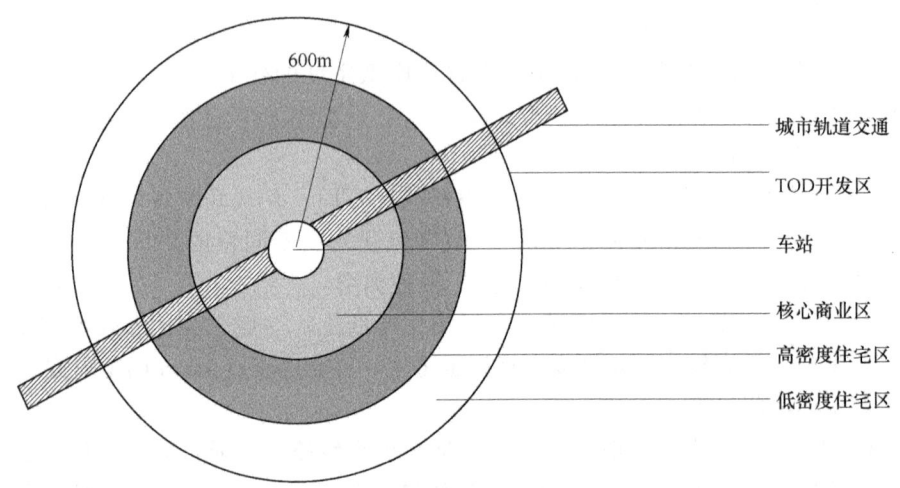

图 7-6 社区层面的 TOD 示意图

3．大运量公交导向发展模式

（1）大运量公交对团状城市空间结构的引导。团状结构的城市规模一般较大，通常有一个强大且功能完备的城市中心，在市中心区边缘，分散分布着城市边缘结构（大小组团），离市中心更远的地方是城市卫星城镇。对于呈团状发展城市，公共交通引导主要通过"环形＋放射"结构的大运量交通系统实现，大运量公交线网是由频繁在市中心区直角相交的内外环线线路和放射发散线路所组成，如图 7-7 所示。

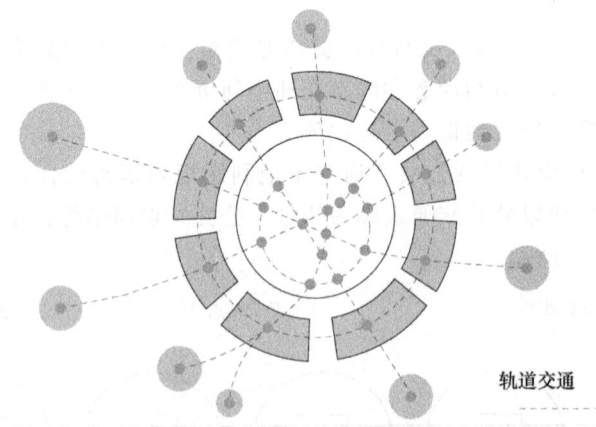

图 7-7 环形＋放射结构的城市大运量公交线网
注：从内到外分别是中心城镇、边缘城镇和卫星城镇

运行在城市中心团块的环形公交线路既能起到截流和分流作用，同时还可提高公交网络和换乘站的密度，刺激中心区域高密度混合开发。放射发散出城市中心的公交线路为城市中心和边缘卫星团块提供了便捷联系，加快了城市卫星城镇发展，减轻了城市中心交通、就业、用地、环境等各方面压力，使城市土地利用平面空间结构趋于合理化。

（2）大运量公交对轴向发展城市空间结构的引导。轴向结构城市通常是具有强大功能的城市中心，在城市中心，城市人口高度密集，商业、金融业、零售业、娱乐业等第三产业发达,为城市居民提供了生活、就业和娱乐场所,对市民和房地产开发商具有很大吸引力。但是由于自然、历史条件因素,城市中心区不能随意扩张,造成城市中心区土地有限且地价高昂,因此房地产开发商对市中心区进行超高强度开发。

大运量公交作为一种具有规模效益的交通方式,可以引导城市沿轴线高密度开发,国外很多城市发展实践证明,放射状大运量公交线路将产生有效的城市轴向拉动力,加大城市轴向发展活力,并最终使城市平面空间发展成类似手掌的形状,如图7-8所示。

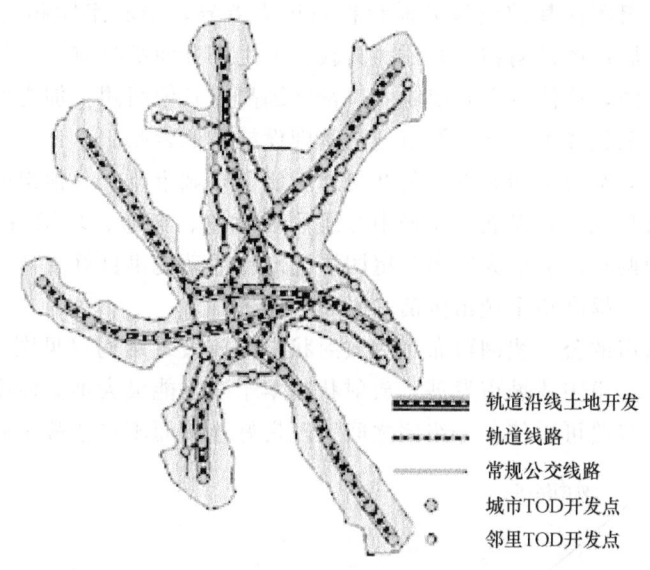

图7-8 放射状大运量公交线路规划

大运量公交主要通过沿线站点的发展影响城市空间形态。根据TOD发展理论,沿公共交通线路各站点组成紧凑环形开发的TOD节点,这些TOD节点将沿轨道交通线依次展开,形成串珠式城市发展轴。在市区内部及周边范围内布置TOD站点,一般间距较小,各相邻TOD节点用地扩展后将连在一起,形成沿大运量公交线路的发展带,而在城市新区或郊区开发节点的间距往往会加大,如图7-9所示。

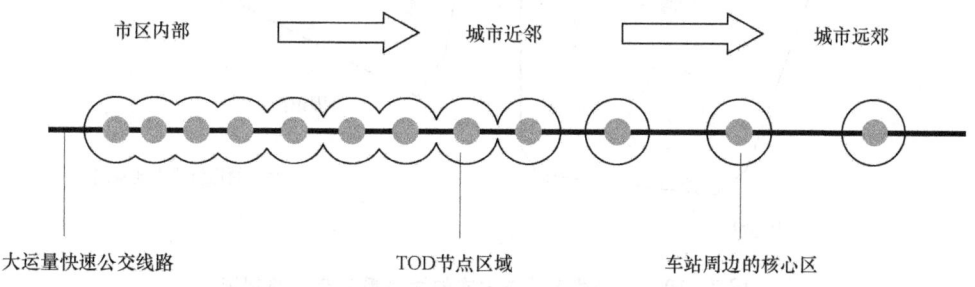

图7-9 大运量公交站点疏密状况示意图

轴向发展城市与放射结构公交线网是一种理想结合模式。放射状公交线路为轴向发展城市提供发展轴,城市建设沿轴线高密度发展。城市扩展轴线之间的开发空地应严格控制开发并实行保护,形成嵌入城市边缘的绿楔,维持城市良好生态环境。放射状公交线路在市中心区与市中心公交线路相交,加大了市中心区公交线网密度,以适应高密度开发的交通需求。

(3) 大运量公交对城市组团式空间结构的引导。组团式结构城市的形成基本上是由于自然条件限制,如江河、山川的阻隔,随着近现代城市规模的扩大,原来老城区已无法满足城市迅猛发展的需要,于是与老城区分离的各个组团跨越江河、山川开始形成。

分组团与中心组团在基础设施方面存在着很大差异,中心组团相对于其他分组团而言,无论在就业、居住还是购物、娱乐、文教、卫生等方面都具有一定的优越性。由于城市中心位于中心组团,这使得中心组团人口密度远高于其他组团,加之城市中心组团开发较早,用地结构复杂且寸土寸金,城市道路基础设施用地紧张。

对于组团式平面空间结构城市,公共交通应该引导城市改善其他组团与中心组团用地的不等价性,加快其他组团发展,减轻中心组团在就业、交通、环境污染等方面的压力,推进城市结构合理调整。从而为城市各组团居民出行活动提供良好支持,引导城市各组团进行合理功能分工,提高整个城市生活水平和工作效率。

组团式结构城市的公交线网可布置为放射状末端放大式结构(见图7-10)或"放射＋环状"结构以引导组团式城市发展。放射状基本干线网能极大地方便中心组团与分组团之间的联系,环状线路可以使各分组团之间实现良好连接而不再依赖中心组团。

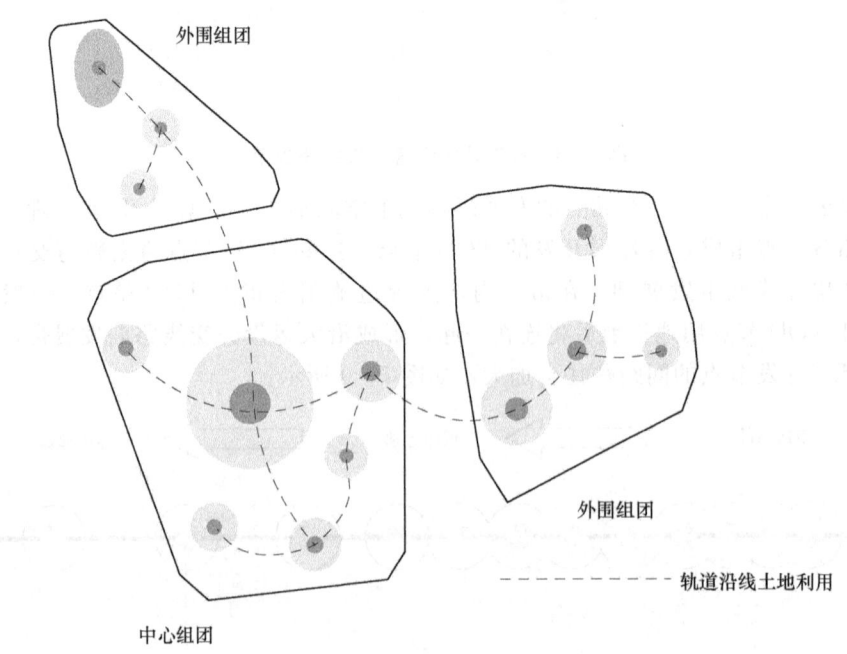

图7-10 放射状末端放大式的大运量公交线路规划

通过在各分组团末端放大的公交线路引导,城市各分组团可进行密集混合的城市开发,使各分组团的居住、就业等社会功能逐渐完备,减少各组团间的交通出行。通过大运量快速公交线路的引导,组团式城市能够实现各组团之间的功能互补,同时每个组团具备功能齐备性和相对独立性,以避免不必要的交通出行,实现各组团集约有序的发展。

三、轨道交通与土地利用的协调发展

1. 轨道交通对沿线土地利用的影响

(1) 对城市空间结构的影响。

1) 促进城市新区建设与旧区改造。城市轨道交通设施的修建,一方面使得城市郊区地块的可达性大大增强,与城市中心区域的相对距离大大缩短,城市居民工作与居住的分离已成为可能;另一方面,与城市区域中心相比,城市郊区土地价格较低,居住环境质量较高。城市轨道交通设施的改善与修建,还能加速中心区域的改造与重建,使病态商业区恢复生机和活力。

2) 促进城市土地利用空间结构优化。随着轨道交通的修建,围绕轨道交通车站可以形成大量具有相当规模的城市次中心或称边缘城市,土地利用模式从单中心转向了多中心。在多中心模式中,各中心之间构成了网络关系,促成了多层次群体组合城市,遏制了城市用地规模的无限扩张,避免了"摊大饼"式的无序发展。城市轨道交通促成了城市中心、次中心土地利用空间结构的圈层模式,使得城市空间结构及其组织更加合理化,充分发挥了各圈层土地的区位优势,极大地提高土地资源的利用效率。

(2) 对土地利用模式的影响。

1) 促进地下空间开发。城市轨道交通作为城市地下空间开发建设的重要环节,在推动促进地下空间开发建设的过程中发挥了重大作用。

2) 促进土地利用集约化。城市轨道交通大大降低了城市居民出行的时间成本以及通勤费用,因此城市人口大量迁入城市轨道交通的服务区域之内,从而使住宅、商业、办公用地的分区集中布置,产生明显的集聚效应,土地利用效率得以大大提高。

3) 促进沿线土地高密度开发。城市交通设施与城市土地利用形态有着非常密切的关系,城市主要交通方式的运量越大,所形成的城市内聚力就越强,城市常常呈紧凑的形态,城市轨道交通可以促进沿线土地的高密度开发。

4) 改变沿线城市土地利用结构。随着城市轨道交通的建设,将为人们提供快速出入市中心的交通手段,从而能使居住区、商业区、工业区在地域上分开,使居住地疏散出市中心。城市轨道交通沿线区域土地的使用类型,也将按照市场规律发生改变,不仅可以强化市中心的金融、贸易、服务业等功能,而且也将为城市新城的形成提供强有力的交通支持。

(3) 城市轨道交通对土地价格的影响。

1) 影响区内的土地价格呈长期上升趋势。整体来说,轨道交通的建设产生了"一线带活一片"的效应,使得沿线区域的土地升值。轨道交通线路走到哪里,房地产开发就会热到哪里,因此,影响区内的土地需求是巨大的,土地价格也必然呈长期上升趋势。

2) 影响区内的土地价格具有强烈的区位性。轨道交通从根本上提高了运输效率,缩短了出行时间,改变了城市土地的可达性,从而也改变了土地的区位特性。

3) 城市轨道交通的开发利益及受益对象。轨道交通提高了周围地区的可达性,降低了其到市中心的交通成本,因此带来周边土地价格(地租)的增值。通常将轨道交通沿线

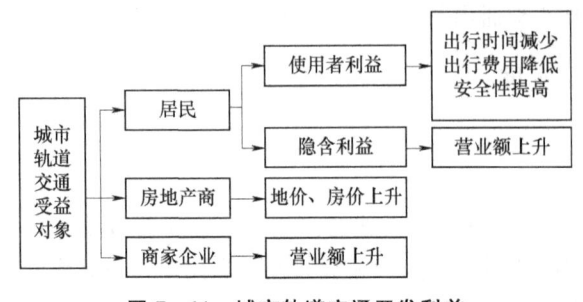

图 7-11 城市轨道交通开发利益
受益对象与受益形式

地区土地所有者、商家企业等所获得的额外收益称为城市轨道交通开发利益，城市轨道交通开发利益的受益对象和受益形式如图 7-11 所示。

2. 轨道沿线珠链式的土地利用模式

轨道交通通过良好的可达性带动沿线土地升值，使土地向高收益的使用类型转变，在土地机制和人为规划的双重作用下，大量商业设施和公共设施将聚集在沿线两侧，外围则布局高密度的综合居住区，加之轨道车站周围地区的高密度开发，形成"珠链式的土地利用模式"。这一模式是以平衡城市开发量为前提，实现车站核心区内高强度综合开发以及核心区外良好的生态环境。

实现这种模式的具体策略是城市建设开发围绕轨道站点展开，在地价规律的作用下，推动功能分区和地域结构的演化，引导轨道交通沿线土地"珠链状"开发——以车站为中心，多用途混合用地、公共广场及商业和服务设施围绕车站分布，形成社区核心，核心外围布置居住或其他建筑。区域外、轨道走廊两侧进行低密度的开发或者生态绿地的开发，以平衡城市的总开发量。"珠链状"的土地开发是实现土地利用与地铁运营良性互动的理想模式，在平面布局上呈现以轨道线为轴、以车站为节点的珠链结构，在立面形态上呈现在车站附近建筑最高最密集、在站间逐步降低高度和密度的波浪形式。这一模式保证核心内的高密度综合开发，确保核心外的低密度生态环境（见图 7-12）。

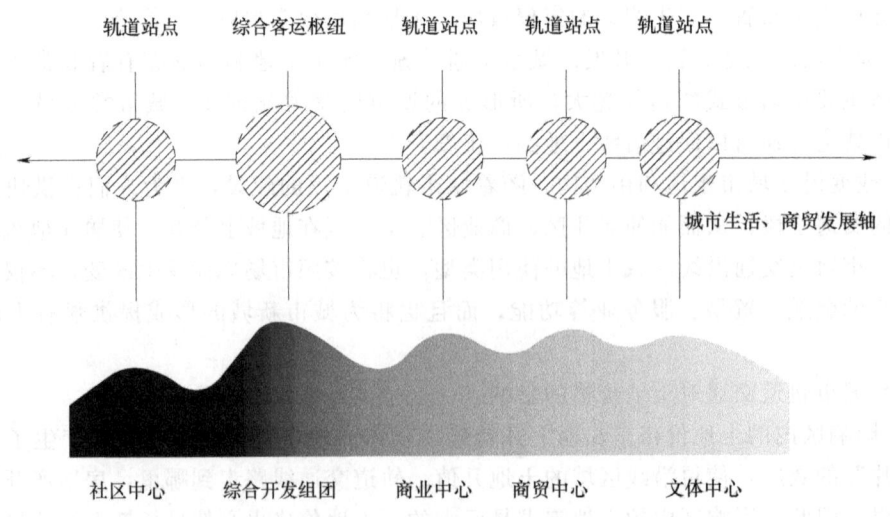

图 7-12 轨道沿线珠链式的土地利用模式示意图

3. 城市轨道交通与土地利用协调规划

从宏观层面上讲，城市轨道交通线网规划要与城市规划、城市发展结构及土地利用形态相协调。从中观层面上讲，要做好城市轨道交通沿线的土地利用规划，在城市轨道交通站点周围重点开发，在站点之间一般强度开发，在沿线形成"珠链状"发展格局；从微观的层面上讲，要提高站点周边土地的利用效率，加强土地利用与轨道场站的结合，做到轨道场站设施与周边物业的一体化开发。

（1）加强城市轨道交通与城市发展结构及土地利用形态的结合。城市轨道交通线网规划应要与城市总体规划相配合，支持形成合理的城市结构，支持城市发展与城市结构调整战略目标的实现，并与城市的发展走廊相适应。在进行城市轨道交通线网规划时，一定要根据城市规划发展方向留有向外延伸的可能性，要能够适应城市的未来发展，处理好满足需求和引导发展的关系。

在城市轨道交通干线与城市布局的结合上，应尽量穿过各级城市中心和活动片区，以及城市近期重点发展地区，与城市的主要发展轴线结合。用城市轨道交通连接城市中心商业区，提高通往城市中心商业区的走廊上公共交通的使用率。

（2）形成轨道交通走廊"珠链状"发展格局。城市轨道交通站点附近要成为高度集中的城市活动中心和空间结点，使城市在城市轨道交通沿线形成高效率的、"珠链式"的土地开发模式。通过城市轨道交通优化城市土地利用的空间布局，改"平铺式"发展为沿城市轨道交通走廊各个主要交通枢纽为中心的"珠链状"发展格局。

以城市轨道交通建设为契机，对沿线土地的性质、布局和密度等方面做出相应的调整，将有可能实现城市土地利用的优化。构建居民居住生活与出行方式紧密结合的现代化都市空间，提高车站核心区的居住和就业人口量，增加城市轨道交通线路客流。同时，使车站核心腹地的土地因城市轨道交通建设而得以提升的巨大价值能充分体现。

（3）优化轨道交通站点周边的土地利用。根据城市轨道交通沿线区段土地建设成熟程度，以及相关站位开发潜力分析，将城市轨道交通沿线片区分为整体协调区（新开发区）、适当调整区（半成熟建成区及老化区）和局部调整区（成熟建成区）三类，每个片区的规划调整对策如下：

1）整体协调区。这些地方属于新开发区，各种公共设施之间的功能要配合、形式要协调、开发强度要合适。商业、办公、文化和休闲娱乐等公共设施要尽量向城市轨道交通车站靠拢，开发强度适当提高，保证一定的服务功能，并提供一定比例的就业岗位，使居住和就业尽量相对平衡。

2）适当调整区。这些地方土地开发基本成熟，大部分属于旧城区，在这些站点地区的再开发中，仍然应该以商业和公共服务设施为主，辅以少量的居住。适当调整用地功能与开发强度，对城市轨道交通站点附近用地进行用地功能和开发密度的优化调整，并完善与公交、步行系统的接驳设施。

3）局部调整区。这些地方土地开发较为成熟，新开发项目很少。因此，要对邻近地区做审慎调整，重点完善与城市轨道交通和其他公交系统的接驳转换设施。

（4）合理开发利用地下空间。城市轨道交通周边的土地具有很高的开发利用价值，站点附近的地下空间也是城市的宝贵资源。在城市轨道交通场站规划建设过程中，应该对附近的地下空间进行合理的开发利用，例如适当地开发地下商业街，这样可以提高土地利用的效益，增加政府的收益。更重要的是通过地下空间的开发，将城市轨道交通车站和周边物业连接成一个有机整体，建立四通八达的行人交通系统，增加城市轨道交通对旅客的吸引力和客流量,提高周边物业的可达性。

(5)建设舒适安全、环境优美的步行系统。城市轨道交通周边的居民出行到城市轨道交通车站基本上是采取步行的方式。步行系统的完善性与舒适度将直接影响到城市轨道交通对居民的吸引力,直接影响城市轨道交通的客流量和周边房地产价值的高低。因此,必须在城市轨道交通车站与周边建筑物之间建设舒适安全、环境优美的步行系统,减少公交换乘次数并可使公交系统发挥最大的效益。要把步行系统作为综合交通系统重要组成部分,要发展一套以人为本的步行系统规划理念与方法,以便在新建、重建区内执行,在旧区内逐步改造。

第三节 公交系统可持续发展

一、公共交通可持续发展系统组成

公共交通系统可持续发展是在经济合理、技术先进的基础上,建立一种合理的城市公共交通系统发展模式,既能提供快捷、安全、舒适的出行条件,又能最大限度地减少对环境的污染与破坏,同时还能使城市公共交通内在功能不断发挥和完善,形成城市社会经济、城市公交系统、环境资源之间的协调、健康发展。

可持续发展的城市公交系统是要求城市公交系统在满足客运需求的同时,不以破坏生态环境,影响城市公共交通网络持续利用为前提。这样就要求在生态环境允许的范围内发展城市公共交通。只有将城市公共交通对生态环境的破坏限制在生态环境的自我恢复能力以内,才有可能最终实现城市公共交通系统的可持续发展。

城市公共交通可持续发展系统分成城市公共交通生存支持系统、城市公共交通发展支持系统、城市公共交通环境支持系统、城市公共交通社会支持系统和城市公共交通智能支持系统五大系统。

1. 城市公共交通生存支持系统

城市公共交通生存支持系统是实现城市公共交通系统可持续发展的前提条件。该系统包括城市公共交通承载系统(城市道路以及各种轨道)、城市公共交通工具、城市公共交通工具维修厂所等。城市公共交通承载系统是公共交通系统运行的基础,所有的城市公共交通工具的正常运行都必须建立在这个基础上,没有这个基础的支持,公共交通系统的正常运行是很难实现的。

2. 城市公共交通发展支持系统

城市公共交通发展支持系统是实现城市公共交通系统可持续发展的必要条件。它是满足城市公共交通系统可持续发展所必需的能源、资源、资本。城市公共交通发展支持系统是在一定的土地资源基础上形成的,城市公共交通工具的正常运行需要消耗一定的能源;同时,维持城市公共交通系统的正常运作和持续发展需要大量人员和资金。

3. 城市公共交通环境支持系统

城市公共交通环境支持系统是城市公共交通系统可持续发展的约束条件。城市公共交通系统可持续发展的结构体系中,公共交通生存支持系统和发展支持系统的发展必须在环境支持系统的允许范围内，若超过城市公共交通环境支持系统的许可阈值，城市公共交通系统不但达不到可持续发展的战略目标，就连自身的生存也会变得无法保障。

4. 城市公共交通社会支持系统

城市公共交通社会支持系统是城市公共交通系统可持续发展的宏观条件。在以上三个系统都能满足要求的情况下，如果没有合理的政策、没有先进的管理方法、没有大众的参与和支持，那么城市公共交通系统的可持续发展也将寸步难行。

5. 城市公共交通智能支持系统

城市公共交通智能支持系统是实施城市公共交通系统可持续发展的内在动因。任何时间、任何阶段的发展都离不开技术的支持和技术的更新，只有在科技进步、智能交通不断开发的基础上，城市公共交通才能有效地适应社会经济的发展。

二、城市公共交通系统可持续发展模式研究

城市公共交通系统的可持续发展在于建立一种合理的公共交通可持续发展模式，既能提供快捷、舒适的出行条件，促进社会经济的发展、满足客运的需求，又能最大限度地减少城市公共交通环境的污染和城市生态环境的破坏，真正提高人类的生活质量，形成城市经济、人口、公共交通系统和交通环境相互作用的良性循环。

1. 以轨道系统为主体框架，以常规公交为辅的公交系统发展模式

经过多年的实践和论证，普遍认为发展城市轨道交通是满足我国大城市庞大人流上下班和日常频繁出行的需要，是解决我国大城市交通堵塞的主要途径。在城市交通的各种交通工具中，轨道交通具有运量大、速度快、节约土地、保护环境等优势，人口在100万人以上的特大城市，要发展城市轨道交通，以减轻城市环境污染，缓解城市用地紧张的矛盾。以轨道系统为主体框架，以常规公交为辅的城市公共交通系统发展模式适合大城市公共交通系统的可持续发展。

2. 以快速公交系统为主体框架，其他客运交通方式相结合的公交系统发展模式

修建轨道交通首先要有巨大的资金投入，对于中国现在的许多中小型城市来说，要解决它们的城市公共交通问题必须寻求一种实用的、低成本的、大容量的城市公共交通客运方式。在目前广泛使用的城市公共交通方式中，只有常规地面公共交通是最低廉的，即便建造较为昂贵的城市公交专用线网，其投资也不过是轻轨的1/10左右。因此，目前的中小城市，甚至是一些大城市应该发展以快速地面公交系统为主体框架，其他客运方式相结合的城市公共交通系统发展模式，来缓解城市公共交通萎缩的问题。

快速公交系统为主体框架，其他客运方式相结合的城市公共交通系统发展模式，实质是指把城市地面公交以及相关的系统进行优化组合使各系统组成的有机整体发挥最佳功能，达到一种集成的状态。

这种发展模式建设成本少，并且能够在很短时间内形成一个较完善的城市公交路网。有较强的灵活性，计划周期短，能较好地适应城市规划弹性布局的要求。可大幅度提高城市公交的质量与城市交通网络的总容量，为城市的发展与土地利用创造良好的交通条件。

三、城市公共交通系统可持续发展规划

1. 城市公共交通系统可持续发展规划目标

城市公共交通系统可持续发展规划是根据城市发展规模、城市土地利用结构、城市交通环境容量和城市交通环境承载力的要求，在城市公共交通需求预测的基础上，确定出适合该城市公共交通系统可持续发展模式以及在这个模式下各种公共交通出行所需的供给量，使城市公共交通客运能力能够满足城市客运需求特别是城市客运高峰需求，以达到城市公共交通客运能力与城市客运需求之间的一种协调，实现城市公共交通系统可持续发展。城市公共交通系统可持续发展规划具有时空性，既是一个时空过程，又是一个动态反馈调控过程，在对城市公共交通系统时、空、量、序的演变机理深入研究的基础上，建立反馈调控机制，使城市公共交通系统在城市公共交通环境容量调控、城市经济调控和政策调控下实现城市公共交通系统的持续发展和高效协调的运营。

城市公共交通系统可持续发展规划目标有以下几点：

（1）保持城市公共交通环境健康的运行模式。城市公共交通系统的发展必须以健康的交通环境为前提，与其协调发展，而不至于破坏它内在的机制。城市公共交通系统的发展战略应是实施一种可持续、低能耗的公共交通发展模式。

（2）出行方便。公共交通规划必须达到一定的覆盖率，保证大多数居民能比较容易地到达并乘坐。城市公共交通规划的主要内容是线网优化、站点布局优化，以有效地增加公共交通的可达性，减少乘客车外时间。

（3）安全。城市公共交通系统服务的对象是人，城市公共交通系统可持续发展规划中应当充分考虑这个因素，尽量减少城市公共交通系统对出行者的伤害，使乘用公共交通的乘客更安全。

（4）提供人性化空间。城市公共交通系统作为城市的一个子系统，其发展趋势也必然是提供人性化空间。各种公共交通运输工具的设计以及相应的基础设施设计应积极创造人情味，如富有情趣的空间设计、舒适的座椅、方便的上下车设计，以便吸引更多的人使用城市公共交通，同时，还应提供给老弱病残者更多的乘用空间。

2. 城市公共交通系统可持续发展规划原则

（1）公平性原则。城市公共交通系统可持续发展规划中应尽量为所有的出行者提供完全的可达性，其实质就是对可用的时空资源进行合理、有效的动态分配。在营运票价制定时，一定既要兼顾大多数人的利益，又要减少城市公共交通的污染和能源、资源的消耗，不至于影响到将来人的生存环境。

（2）有序性原则。城市公共交通系哪个先发展，哪个后建设，必须有一个科学合理的顺序，否则不是不能满足要求就是造成资源浪费。

（3）协调性原则。城市的总体规划要与城市的公共交通规划实现相互的协调，城市公共交通内部的各种客运方式之间的比例也应该相互协调，即在规划不同的城市公共交通系统时，要根据各个城市的具体情况，规划各种城市公共交通工具的运行线路、数量等，使得它们的运行效率最高，达到一种协调状态。

（4）科学的资源观原则。城市公共交通的发展需要开发和利用一定的资源，包括再生

的和不可再生的资源。可持续发展的城市公共交通系统规划必须重视不可再生资源的科学管理和合理利用,强调再生资源的充分利用。

(5) 整体观原则。可持续发展的城市公共交通规划应将城市公共交通系统视为一个相互作用的有机整体进行全面分析,从整体上、系统上进行调节和控制,还要用动态的观点来分析研究城市公共交通系统规划,以响应需求的形式进行城市公共交通系统的演变。同时,要增加城市公共交通系统的活力、适应能力和承受能力,并保留一定的弹性,为城市公共交通系统今后的发展留有余地。

3. 城市公共交通可持续发展规划思路

城市公共交通系统可持续发展规划应立足于人的可达性,应将城市公共交通系统可持续发展规划与土地利用结构紧密结合,同时要以城市环境理论为指导,将城市公共交通可持续发展规划同城市环境规划结合起来,实现城市公共交通持续的向前发展,而不至萎缩不前,具体思路如图 7-13 所示。

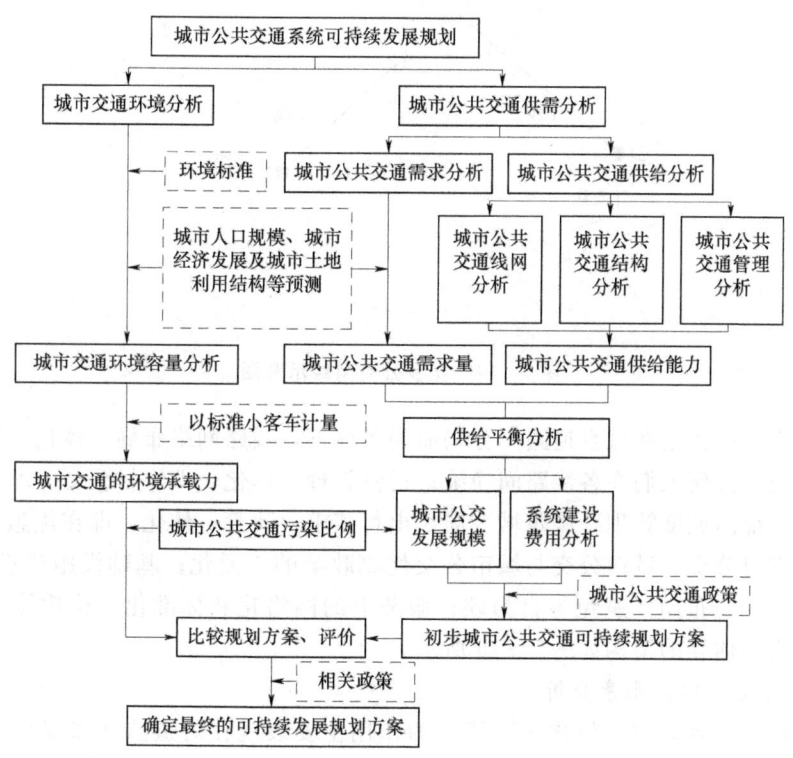

图 7-13 城市公共交通系统可持续发展规划思路

第四节 城乡公交一体化

一、城乡公交一体化的内涵与实施内容

1. 城乡公交一体化的内涵分析

城乡公交一体化,是城乡社会经济一体化的需要,通过城乡公路和城市道路客运诸元

素的合理配置，将管理经营机制、网络布局、站场建设、车辆运行等有机结合成为一体，使城市公交、城间客运、出租客运、城市与农村之间以及城市周边农村的各种客运整体协调发展，通过对各种运力的合理调控，实现统一、高效、协调发展的公共客运系统模式，实现城乡出行者的有序流动和市场的有序运行，最终达到方便居民出行、促进社会经济发展的目的。城乡公交一体化就是将城区公交、城镇公交以及农村公交作为一个有机整体进行考虑（见图 7-14）。

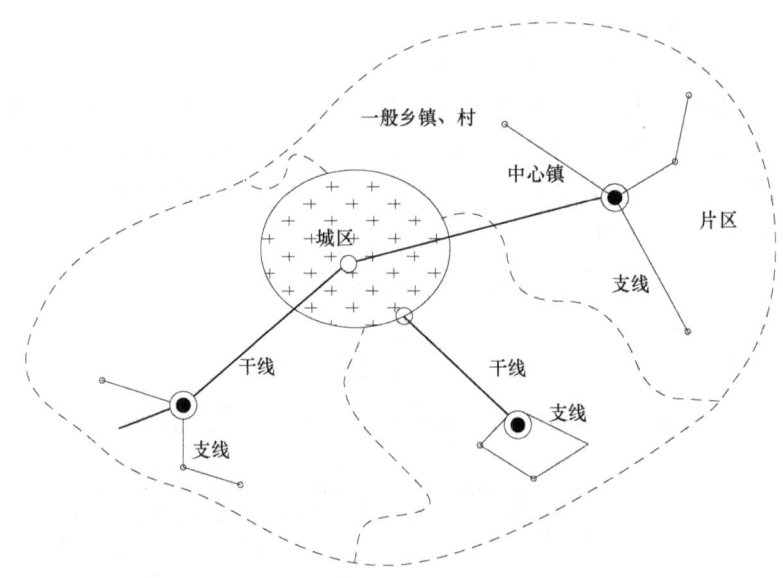

图 7-14 城乡公交网络示意图

城乡公交一体化是在城乡道路十分畅通的条件下，线路网络布局一体化，即城乡客运网络统一构建，方便人们在各线路间换乘；运营管理一体化，即农村公交、城镇公交和城市公交由统一部门调度管理，满足城乡居民出行需求；政策一体化，即在优惠政策上通盘考虑，避免农村公交、城镇公交与城市公交优惠政策的二元化；基础设施建设的统一化，即统一规划、统一布局，避免各自为政；服务上的网络化和标准化，构建统一的服务网络。城乡公交一体化的架构如图 7-15 所示。

2. 城乡公交一体化要素分析

（1）线路。城乡公交一体化中，线路的作用主要表现在对道路加以规划建设的基础上，通过对线路的合理布局，实行科学的经营管理，充分发挥城乡公交的运输效益，扩大城乡公交的服务范围。在路网结构不断优化的同时，合理组织交通流，对线路加以合理利用，可以更好地提高道路的利用水平。

（2）场站。公交场站是公交客运网络的节点，是组织客运运输必不可少的生产要素，是城市公共交通经营主体与乘客发生运输交易活动的场所，在新的城乡公交客运系统中更是培育和发展道路运输市场的载体。在城乡公交一体化系统中考虑的场站具有公共性、衔接性、公益性，其服务对象是应考虑城乡公交线路沿线特别是城市郊区范围内的其他集中居民的出行需求。如何合理、科学、有效地布设城乡公交场站是发挥城乡公交功能、改善

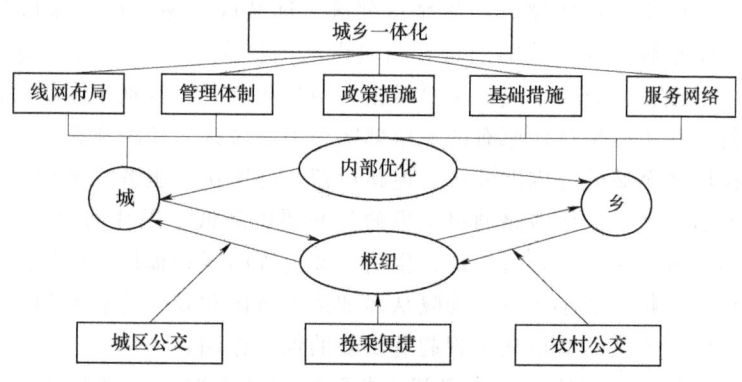

图 7-15 城乡公交一体化框架

公交企业运营效益、提高公交吸引力的先决条件。

（3）车辆。在设计线路和停靠站点后，应根据线路客流情况及道路状况合理安排车辆，在客流较多的线路可以采用与城区公交同类型的大巴公交进行营运，在客流较少的线路或客流有明显潮汐变化的路段所在的线路应选用中小型公交客运车辆进行营运，以经济、合理又能满足乘客的出行需求的方法提供公交客运工具和安排公交运行时间间隔。

（4）管理。管理是城乡公交一体化系统中不可被忽视的因素。人、车、路、站如何各得其所，在很大程度上取决于管理这一系统要素。

3. 城乡公交一体化实施内容

实施城乡公交一体化，宜对城、乡公交的规划管理等实现统一，建立起一体化的管理体系。城市公交一体化实施内容如图 7-16。

二、线路布设

1. 城乡公交线网分级

由于城乡公交与城市公交的不同特点，一体化的公交线路应分级规划、布设，而不能实行一刀切。对城乡公交线网进行合理分级，设置不同等级的线路，有利于针对不同等级线路采取不同的运营标准，科学合理地配置有限的资源，提高公交运营效率，可为居民出行提供不同层次的服务以满足居民的出行需求。城乡公交线网分级首先从各线路所承担的功能上区分，然后针对不同的线路功能、居民出行要求对线路采取不同的运营标准。结合土地利用情况和道路等级及功能特点，将城乡公交线路分为三级。

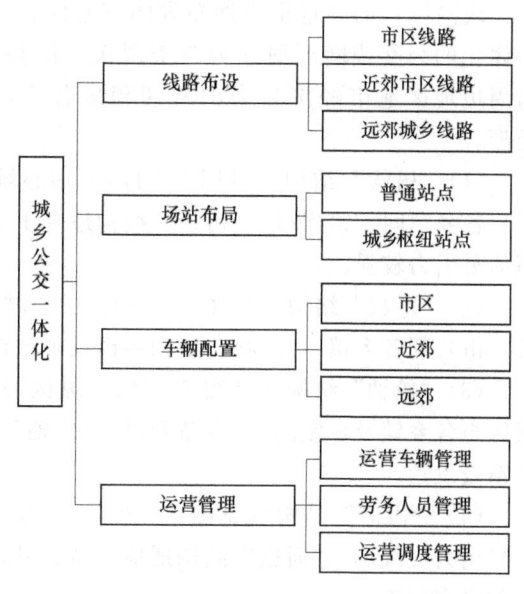

图 7-16 城乡公交一体化实施内容

(1) 一级城乡公交客运线路。连接城市郊区、远城区至城市中心城区的道路客运线路。一级公交线路是城、乡连接的通道,当城市范围扩大时一级线路将成为城市公交线路。一级线路属于城乡公交主干线,主要承担大型集散点之间特别是中心城区和郊区中心之间的居民出行,其主要是替代原有的城市郊区至中心城区的长距离客运。线路主要沿原有或新建的连接城区至城区外围即郊区的道路运营,速度快,服务水平高,能服务沿线及沿线附近大中型居民区。该级线路通过优惠的公交票价降低了以往居民客运出行的成本,为市域范围内中心城区和城市郊区经济、生活、文化等的联系提供了便捷通道,同时由于与原有郊区农村客运相比减小了发车间隔从而加速了城区和郊区的联系和交流,为城市各区的共同发展及城市郊区的城市化进程起着重要的促进作用。

(2) 二级城乡公交客运线路。连接郊区各区之间及大型中心镇至各区的道路客运线路。二级线路属于城乡公交次干线,主要承担城市外围郊区各区之间或大型中心镇至各区的居民出行,其主要承担中短距离的居民出行。二级线路对一级线路起着补充作用,与一级线路要有良好的换乘,能有效接驳一级线路的客流。

(3) 三级城乡公交客运线路。连接各乡镇至行政村的若干条道路客运线路;三级线路直接将村—村和村—乡(镇)连接起来,是直接服务于乡村居民的公交线路。三级线路属于城乡公交支线,属于远期城市经济特别是城市郊区经济发展到较好的情况下以满足村镇之间、镇镇之间的居民出行需求的公交线路,解决非公交干线沿线及沿线附近的居民的出行需求和解决村、镇至城区的出行中的换乘需要。该级线路主要承担短距离的居民出行,目的是减少使用者步行距离,实现真正意义的零换乘;同时,可以降低发车间隔,填补郊区村镇居民区、各功能区的公交空白,提高公交吸引力,真正实现公交的公益化。

2. 城乡线网布局结构

线网结构的确定是线网布设的核心内容之一,它决定了线网的总体发展方向。虽然一体化的公交线网可划分为三个层次,但基于各城市所辖行政区域大小有别,各城市与周边地区地市经济往来的密切程度各异,公交线网布局结构可以选择如下的四种类型。

(1) "树状"结构(见图 7-17)。中心城区至县(市)城区、县(市)城区至各乡镇、各乡镇间、镇到村。"树状"结构适合于中心城市辐射范围的纵深度较大,对市域城镇的吸引力较强。

(2) "星状"结构(见图 7-18)。中心城区到周边城区、市主城区到各县(市)、各县(市)到各乡镇。"星状"结构突出反映该市对外联系的紧密程度较高。

(3) "轮轴"结构(见图 7-19)。城区公交(中心城区内部公交)、城乡公交(中心城区至各乡镇及乡镇间)、乡镇到村。"轮轴"结构适合于三个层次公交线网中,市内公交体系较发达。

(4) "通道"结构(见图 7-20)。跨区(组团)公交线网、区间公交线网、区(组团)内公交线网。"通道"结构适应于特大城市及大城市的中心城区与郊区间,强调组团间的紧密程度。

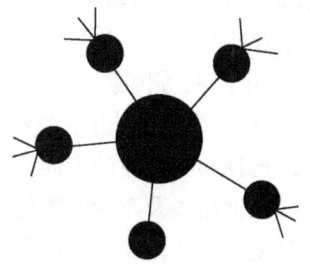
图 7-17 "树状"结构简图

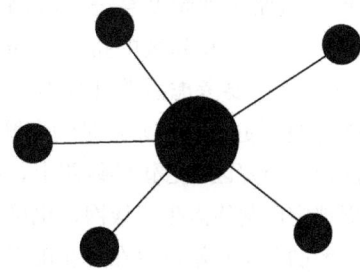
图 7-18 "星状"结构简图

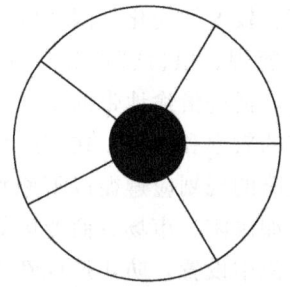
图 7-19 "轮轴"结构简图

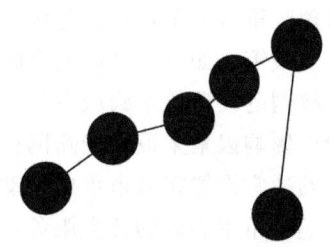
图 7-20 "通道"结构简图

3. 城乡公交线网影响因素及线路规划原则

城乡公交线网规划是一个复杂的过程，受到城乡形态、性质、规模以及道路网布局形态多方面因素的影响，其中主要包括以下因素：

（1）城市空间体系布局。由于城乡公交线网是联系城区与郊区及郊区乡镇、镇村的纽带，因此线网的走向、分布和总体结构取决于郊区及郊区城镇空间体系布局，同时郊区城镇的经济产业发展及分布情况在一定程度上决定了客流产生量和与主城区的联系量，也是郊区城镇公交客运走廊形成的主要影响因素。地形、气候等自然条件在一定程度上影响农民外出方式的选择以及线路的延伸，是影响网络整体格局的客观条件。郊区城镇体系的发展方向和城市城区产业的发展方向决定了未来线网发展的方向。

（2）客运交通需求。城乡公交线网规划是在对规划区域内的客运需求量进行分析、预测的基础上对公交线网中线路走向的规划和调整。在一定的服务水平要求下，客运需求量大的区域要求布置的公交线网客运能力较大。理想的公交线网布局应满足大多数交通需求的要求，具有服务范围广、非直线系数小、出行时间短、直达率高（换乘率低）、可达性高（步行距离短）等特点。在客运需求量过小的区域，由于路线客运能力太低是不经济的，因而在实施城乡公交一体化中可以考虑在发车间隔、公交线路走向等方面进行优化补充。在城乡公交一体化实施中，特别是城乡公交线路，应在充分考虑客运需求的基础上考虑道路、管理等相关情况决定线网中线路的主次、走向、优化，并在此基础上形成不同的线网布局。

（3）道路条件。城市道路网特别是城市中郊区道路网是城乡公交线网形态的物质基础。城乡公交线网是以城市郊区公路网和城区道路为依托而布设的固定线路，城市郊区公路网规划和城区道路规划是城乡公交线网规划的基础和前提,在进行城乡公交线网规划时一定要结合该城市城区和郊区的路网布局同时,即便道路网存在,也并非所有的道路都适合公交车辆行驶,还要考虑道路几何线形、路面条件和容量限制等因素。

(4) 场站条件。起、终点站址是约束城乡公交线网规划的重要条件,由于城乡公交车辆主要运营在城区边缘至郊区中心镇的线路上,起、终点站址的选择影响线路的走向及线路的客运吸引量。根据拟定的起终点生成线网,也可在路线优化后,根据路线及车辆配置确定起终点站及其规模。一般的公交车站可以在路线确定后,根据最优站距和车站长度的限制等情况确定。

(5) 政策因素。城市公共交通系统作为一种公益性事业,要使原有的郊区公路客运营运模式转换为城市公交营运模式,原有的客运营运人(营运车主、营运企业)等的利益都要受到较大的影响,郊区的居民出行、土地价格等都有较大的变化,因此城乡公交线网与城市的交通管理政策(如车辆管制与优先、服务水平管理、票价管理等)、社会公平保障政策、土地发展政策(如通过开辟公交路线诱导出行,促进沿途地带的发展)等有关。

城乡公交线网的设置关系到城乡公交一体化实施的效率和效益,在实施城乡公交一体化中应综合考虑影响因素来设置线路网。城乡公交线路的规划应遵循以下原则:

(1) 起点站适宜设置在城市重要活动中心附近,如医院、市场、商业区等地点,且提供乡镇居民直达城市中心区的公交服务,起点站避免集中设置,防止形成新的"中心站"。

(2) 终点站尽量设置在集镇的中心或者客运汽车站,以方便群众的出行。

(3) 由于城乡间出行距离较长,因此对公交的依赖性强,在公交规划中须首先满足这部分出行需求,尽量使用最短路径。

(4) 线路进入城市中心区后尽量减少过多的绕行。

(5) 城区内站点停靠应与城市公交线网一致,以集中利用站点资源,提高公交资源的利用效率,方便居民换乘。

(6) 部分线路可考虑利用城市公交线路延伸的方法来提供服务。

4. 线网布局方法与衔接模式

(1) 线网布局方法。

首先,根据城区用地和农村交通需求点的分布情况,在市区内部、各乡镇间,确定主要公交枢纽点和农村客流集散中心。城区内部的枢纽点是指大型客流集散点,分为确定型枢纽点与待定型枢纽点。确定型枢纽点一般指交通枢纽点,如长途客运站、火车站、机场、客运港口、公交站场;待定型枢纽点是城市范围内集散量大的地点,诸如集贸市场、大型商场等,区域内各中心镇作为农村客流的集散中心(见图 7-21)。

然后,进行城区线路与乡村线路规划。在城区内部,以主要公交枢纽为"纽","编织"网状模式的城区公交初始线网,再根据客流分析优化确定,即城乡公交第一层次线路;以城区的公交枢纽和农村客流集散中心为"纽","编织"中心城区与乡镇的"城乡公交网络",形成辐射状模式的城乡公交网,便于客流换乘,即城乡公交第二、三层次线路。

最后,沿线路布设站点,进行标准化建设,统一管理。

(2) 线网衔接模式。如何实现城乡公交与城区公交的无缝衔接、合理换乘以提高运输效率,在很大程度上取决于线网衔接模式的选取。根据城市的面积和人口规模、城市的布局形态、土地利用、城市交通的畅通情况、对外客运枢纽分布等因素,城乡公交在城区内

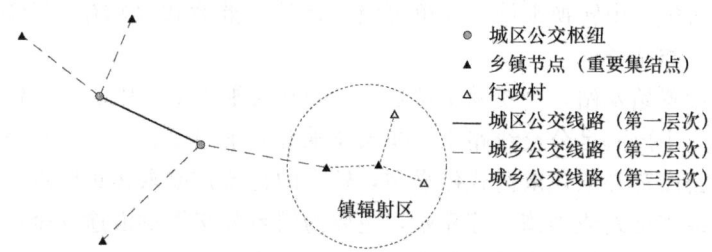

图 7-21 城乡公交线网规划解析图

一般分为分布方向边缘式和穿越式两种衔接方式。

分布方向边缘式主要是指进入城区的线路避开城市中心区域,在城市中心区边缘建设公交换乘枢纽与城区公交衔接,换乘枢纽多为对外客运枢纽,线路按照进城方向选择较近的枢纽衔接。此方式的优点是对城市内部交通的干扰最小,与城区公交不产生重叠,并能够达到骨干线高速、直达的服务目标。其缺点是由于经过市中心区的乘客都要换乘,因此会因换乘的增加而失去客流,对增强中心区强大的吸引力不利。这种模式对于衔接对外客运枢纽较多的城区规模较大的城市较为适宜(见图 7-22)。

穿越式主要是指进入城区的线路利用城区内部的主干道路直接从市中心区穿过,合用部分城区公交站台,一般在城市中心或穿越的另一侧城区边缘建设公交换乘枢纽。此方式的优点是提高城乡公交直达率,减少换乘系数,增加中心城区的可达性与吸引力。其缺点是对城市内部交通产生压力,加剧了城区的交通拥挤,且易与城区公交线路产生不良客流竞争。这种衔接模式适用于城区规模、交通量较小且城区道路条件允许的中小城市(见图 7-23)。

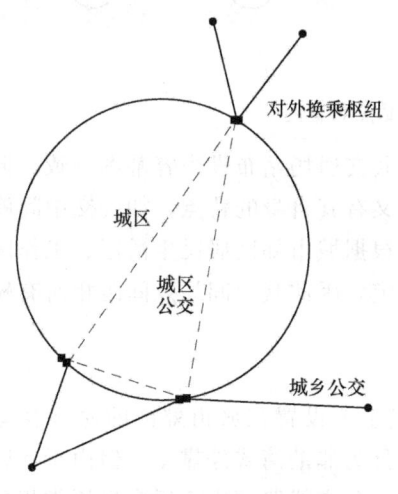

图 7-22 分布方向边缘衔接图

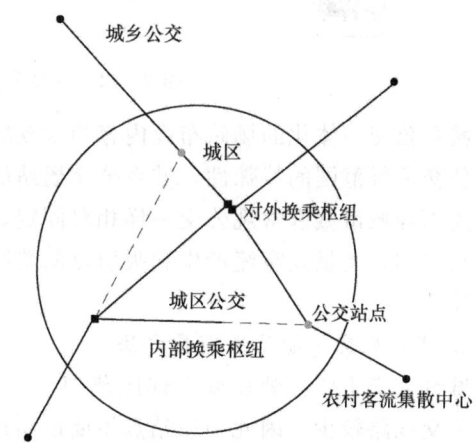

图 7-23 穿越式衔接图

三、场站布局

1. 场站体系

公交场站是确保客运车辆正常营运的必要条件。根据城乡公交发展的需要,需要建设完善城乡公交枢纽站、中转换乘站、乡镇等级客运站、港湾式停靠站、沿途简易停靠点、终点站回车场等六类站场。

市和县城市设置始发站，主要满足城乡乘客中转换乘需要。中心乡（镇）政府所在地设置中转换乘站，主要满足公交线路中转换乘及乘客候车需要。一、二级公路和中间有双实线或隔离带的公路都必须建港湾式停靠站，较大的行政村或乘客集中点，也应根据客流需要设置乡镇等级客运站或港湾式停靠站，主要为城乡公交提供沿途安全停靠点，方便乘客候车。在城乡公交线路沿途合理设置简易停靠点，主要为城乡公交车提供临时停靠点，引导和方便乘客候车。设置终点站回车场，主要为城乡公交车提供终点停车、回车场地以及乘客候车功能，除终点站是中转换乘站外，其他城乡公交终点站都应设置回车场。图7-24为城乡公交典型站点布置图。

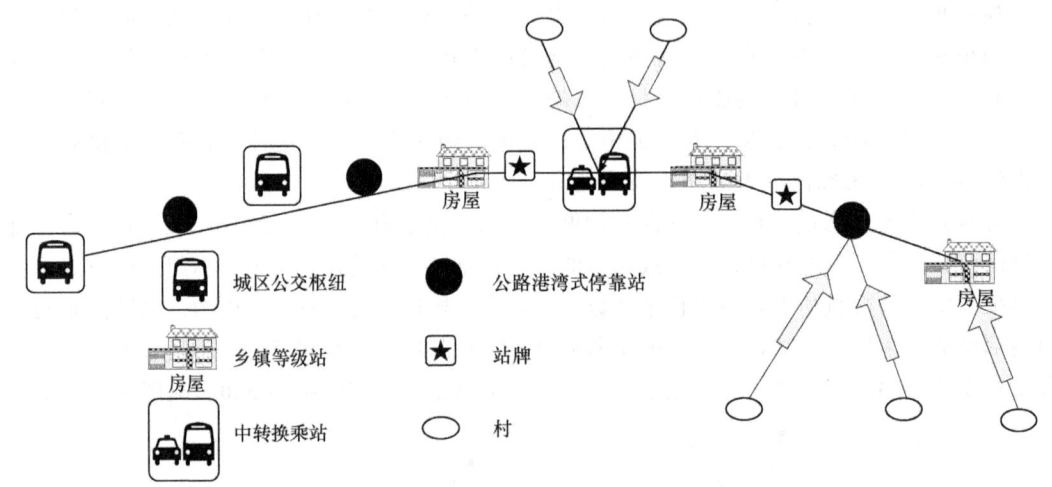

图7-24 城乡公交典型站点布置图

城乡公交一体化的场站布设内容和常规城市公共交通场站布设内容基本一致。但由于城乡公交运行范围的特殊性，城乡公交场站的布设又有其自身的特点，如公交中间停靠站的距离不像城市城区常规公交一样相对固定，而是根据城市郊区居民生活区、工作区所产生和吸引的客流量及客流产生和吸引点的情况来确定，因此其中间站点间距相对有较大的可变性。

2. 城乡公交中途站点布局方法

城乡公交主要行驶在城市郊区范围，中途站点主要设置在城市郊区的原有客运道路上，公交线路较少，因此中途站点主要以路边停靠且为非港湾式停靠站。但由于郊区客流的不稳定性，居民生活区、工作区的分散性，在城乡公交线路网中不适宜采用常规公共交通场站布设方法。可根据城乡公交客流的特点将城乡公交中途站点分为固定停靠站和临时停靠站。固定停靠站是公交行驶中按线运行，到站停车；临时停靠站，即招呼站，是根据郊区线路路段上乘客的需要设置的临时停靠点供该停靠点附近的居民乘车使用。

城乡公交中途站点固定停靠站布设应遵循的原则如下：

（1）固定停靠站应设置在公共交通线路沿途所经过的各主要客流集散点上，一般设站于城区边缘带的大型商业或生活区附近。

(2) 固定停靠站应沿街布置,站址宜选择在能完成车辆的停和行两项任务的地方。

(3) 交叉口附近设置固定停靠站时,一般设在过交叉口 50m 以外处,在城区车辆较多的主干道上,宜设在 100m 以外处。

(4) 城乡公交中途固定停靠站在进入城区后应按城市常规公共交通公交路线的站间距来设置,可采用原城区公交停靠站。

(5) 城乡公交中途固定停靠站在城市中心城区外的间距应按客流集散点的情况来进行设置,站间距一般大于城市常规公交路线的站间距。

城乡公交中途站点的临时停靠站主要为郊区路线中长距离范围内没有固定客流的公交线路而设置,其目的是为了解决城乡公交线路沿线及附近的村镇居民点的居民乘车问题。一般建议在人口超过 500 人的行政村、居民点或大型商业区、企业厂址附近设置。

3. 城乡公交枢纽布设方法

城乡公交枢纽一般是城市市域范围的客流集散点,是连接城市不同分区、实现不同等级公交线路协调衔接,保证客流畅通的功能体,与城乡公交线路一起为乘客出行提供"无缝式"中转和换乘服务。城乡公交枢纽主要为公交线路之间的客流转换场所,在城市的轨道交通等其他交通方式的服务延伸至郊区后将成为公交线路之间和公交与其他交通方式客流转换的场所,因此,合理的城乡公交枢纽对改善城市交通系统、提高运输效益和解决换乘问题具有重要的意义。

城乡公交系统中由于乘客的出行需求、出行目的和线路功能等级的不同,在客流转换中对公交枢纽的要求也不同。为构筑良好的城乡公交一体化的网络体系,建立层次分明、配合良好的线网和健全的枢纽,并合理分配这些公交枢纽点的公交运力,结合城市规划和土地开发利用情况,宜将城乡公交枢纽按规模和功能分类,与城乡公交分级线网体系一起形成完善的、合理的、协调的、适应性强的城乡公交网络体系。

为构筑城乡公交一体化的网络体系,建立层次分明,配合良好的线网和健全的枢纽,并合理分配枢纽点的公交运力,将城乡公交枢纽分为三级。

(1) 一级城乡公交枢纽。一级公交枢纽布设在中心城区的土地利用集中、客流量大、地位突出的重点区域。主要衔接中心城区内部的骨架线网,能够与二类公交枢纽以及城市重点发展片区、边缘集团、城市居住、就业集中地和其他大型客流集散点实现客流直达输送,成为中心城市内部客流交换中心。

(2) 二级城乡公交枢纽。二级公交枢纽布设于中心城区的边缘带,面向乡(镇)衔接第二层次的骨架线路,面向中心城市内部衔接骨架线路及基本线路,从而成为沟通中心城内外,衔接一类枢纽和三类枢纽的大型换乘枢纽。二类公交枢纽客观上"锚固"了"城乡"间的线网,是城乡公交一体化网络的关键节点,需要重点建设。

(3) 三级城乡公交枢纽。三级公交枢纽设在出行需求大,客流量较为集中的乡(镇)区中心,是乡(镇)区至中心城区骨架公交线路、乡(镇)区内公交线路以及乡(镇)区间公交线路客流的换乘节点。三类公交枢纽作为乡(镇)区公交线网的衔接中心,有利于乡(镇)区公交客运市场的培植和挖潜,是对城乡公交一体化网络体系的有力支撑。

四、车辆配置

城乡公交一体化客运车型的选择应当体现城市发展的阶段和特色,注重市场培育对车型的不同要求。车辆选型时可适当提高车型档次,具体车型选取要考虑车价与票价的协调,权衡好车辆成本(包括维修保养、投资回报期等)和居民的承受能力。注重车辆自身性能的提高,在保证安全的前提下提高舒适性,考虑站场容纳能力和车辆实载率,选取适宜车长,明确投放更新。与企业经营方式相适应,展现车型优势,树立品牌,注重环保和信息化建设。

车辆运力配置主要考虑以下影响因素:

(1) 城乡公交客运需求量。公交客运需求量是指城乡居民出行需要乘坐公交车的人数,用以表示城乡居民对公交服务的利用规模,也是公共交通投放运输工具、编制生产经营计划和线路运营作业计划的主要依据。

(2) 公交乘客周转量。公交乘客周转量是指公交线路上各乘客被运送距离的总和,表示公交运输的总工作量。乘客周转量越大,要求配备的公交车辆越多。

(3) 公交线路长度。城乡公交线路布局应能充分发挥运载工具的运能,尽可能使乘客出行方便,提高公交服务水平。

(4) 车辆营运周转速度。公交车辆营运周转速度,是指车辆在线路上来回周转一趟的平均速度,它不仅反映了公交车辆在线路上的运营时间,也反映了公交车辆在首末站的停驻时间。车辆的运营周转速度高,则在路线上的周转就快,车辆投入相对减少。

(5) 发车间隔。发车间隔是指线路起点站相邻出发的两辆公交车发车的时间间隔。公共交通要按一定的行车间隔准时地沿规定路线来回行驶,时间间隔短,发车频率高,则车辆投入增多。因此,所配备公交车车辆数既要完成客运任务,又能按规定时间间隔在路线上周转。

五、运营管理

1. 管理体制障碍分析

城市公交与公路客运在管理上存在差异,具体见表 7-1 所示。

表 7-1 城市公交与城乡客运管理体制的差异

项目	城市公交	城乡客运
主管部门	建设部(逐步改为交通部)	交通部
管理模式	定班、定时、定线、定站、订票	定线、定班、定时,强调"车进站,人归点"
性质	公益性	盈利性
税费	普遍不缴纳公路规费,缴税较少	需缴纳客运附加费、养路费、运管费、工商税、营业税等
财政	享受政府补贴	无任何补贴
荷载人数	按照车内面积核定	按照座位数核定,不允许超载
营运模式	区域经营	线路经营
服务范围	线路沿线(地毯式)	线路端点(跨越式)
线路确定	由政府规划	行政审批
经营特征	由归属政府的企业集约化经营	经营主体分散,市场作用明显

现行管理体制的作用,将统一的客运市场"分而治之",对城市公交与城乡客运,采用了两套标准和政策,从而使管理体制的弊端逐步显现出来:

(1) 职能交叉,互相牵制。使城乡客运衔接差、相互配套差,严重阻碍了城乡公交一体化的进一步发展。

(2) 交通资源很难得到有效整合和充分利用。由于相互衔接差,相互不配套,一个完整的统一体被肢解后,必然导致资源浪费,企业效益和社会效益无法达到最优。

(3) 由于多家管理的体制与现代市场机制不适应。二者之间必然导致冲突,而解决的办法只有沿用行政手段偏多的刚性调控方法,必然导致市场竞争失序、信息传递不灵、价格反映不敏,最后导致管理失效,从而阻碍城乡客运的发展。

2. 公交一体化经营模式

(1) 公交化改造,集约化经营。按照"公平、公正、公开"的原则,采取线路置换、公司收购、参股经营、淘汰、转移、服务质量招投标等做法对城乡之间的农村客运进行公交化改造,取消挂靠车,重新购置公交客车,实行公司化经营、公交化服务。

(2) 经营主体。城乡客运一体化具体经营企业应由具备较高经营资质、管理规范、经营实力与抗风险能力较强的客运企业具体负责实施。为此应打破城乡地域分割,可组建城乡公共交通股份制公司,专业从事城乡公交一体化经营工作。

(3) 片区经营。根据行政区域和线路走向,把经营区域划分为若干片区,每个片区由有限的客运企业经营,经营线路以中心城区为集散点向外辐射,线路长短不等,有机结合,远郊区、中心镇(乡)、村等级辐射。片区经营主体相互协调,统筹安排本区域内的线路、车辆,负责片区客运线路的运营,片区与片区之间实现各种运营方式的有效衔接。

(4) 发车班次。根据乡村客流的不均衡性,确定班次频率,保证一定的客运班车规模,提高线路营运的经济效率。在客流量比较大的线路采取三个结合一个衔接的方式,即固定班次和滚动班次相结合,计划班次和计划外加班相结合,高峰期配足运力和平峰期均衡安排相结合,镇、村班次和城区长途班次衔接。对于偏远地区客流量少的线路,利用小型客车穿梭于村落内部,采取不定线路、不定班次、不定站点、不定票价、一票到达等灵活的运营方式。

3. 扶持政策

(1) 税收和交通规费政策。在税费上对公交实行"减"、"免"、"缓"的政策,如对公交运营的油料、养路费等实行优惠政策;在收费的路、桥上,公交车辆享受免费的政策。

(2) 票价政策。要制定科学合理的票价政策必须兼顾成本、易于接受、便于操作、公正合理的原则,同时也要与经济发展水平相结合。

(3) 财政政策。公共交通建设的投入要以政府投入为主,其发展应当纳入政府公共财政体系,统筹安排,重点扶持。

(4) 法规政策。城乡公交一体化实施要坚持政策法规的一体化,即对城市公交和农村客运采用统一的法律法规体系。遵循"依法行政、依法治交"的原则,规范运输经营行为,形成较完善的城乡公交运输法规体系。

4. 保障措施

(1) 科学的发展规划。城乡公交规划应参考规划居住人数、公路建设规划和新农村规划中各节点的规模，预测未来的人口、经济、用地，制定符合客观实际，适度超前，而又具有明显可操作性的发展规划。详细地制定各个布置点的公交发展规划，使城乡公交在班线、运力和场站建设工作中能规范、有序地发展起来。

(2) 场站设施一体化建设。场站设施一体化建设主要是指城乡公交客运站点的选址、规模、等级、服务功能等由交通主管部门统一规划、合理布局，使各站点能与其他运输方式和各种客运服务方式有效衔接，与城乡规划相配套。

(3) 广开建设资金渠道。公共交通是一项社会公益事业，仅靠政府投资和票价收入无法使公交正常运营和形成稳定客流，进而导致公交效益差、服务水平低下，形成恶性循环。应广纳社会资金、多渠道融资，转变观念，发挥自身优势，自我开发，实现创收。

(4) 服务体系的一体化。确定标准化的服务体系，增强从业人员的服务意识和责任意识，树立城乡公交的品牌形象。建立和完善对城乡公交运营企业的监督和考核机制。

(5) 客运信息一体化。建立公交乘客信息系统，为乘客提供实时信息，为出行提供更大便利，从根本上改善乘客出行信息获得困难的状况。建立营运车辆运行管理信息系统，为城乡公交经营企业提供实时调度和经营管理服务，为驾驶员提供自动导航和维修救援服务并预防超速和疲劳驾驶，为行业管理部门打击无证经营、跨线经营、站外揽客等违规经营行为提供技术支持。

(6) 加强宏观调控。城乡公交一体化管理机构要在法规政策制定、经营方式确定、运价制定管理、利益分配、线路发展、站点规划布局、车型选择等方面予以调控。

参 考 文 献

[1] 张生瑞,严海.城市公共交通规划的理论与实践[M].北京:中国铁道出版社,2007.
[2] 陈小鸿.城市客运交通系统[M].上海:同济大学出版社,2008.
[3] 毛保华,姜帆,刘迁,等.城市轨道交通[M].北京:科学出版社,2002.
[4] 裘瑜,吴霖生.城市公共交通运营管理实务[M].上海:上海交通大学出版社,2004.
[5] 赵海蓉.可持续发展的城市公共交通模式研究——以上海市为例[D].华东师范大学,2007.
[6] 吴世江,史其信,陆化普.基于交通效率的城市公共交通路网布局模型[J].土木工程学报,2005,(1):117~120.
[7] 戴帅,刘小明,陈艳艳.基于站距的公交网络优化模型[J].北京工业大学学报,2007,(6):608~612.
[8] 韩印,李维斌,李晓峰.城市公交线网调整优化PSO算法[J].中国公路学报,1999,(7):100~106.
[9] 葛宏伟.城市公交停靠点交通影响分析及优化技术研究[D].东南大学,2006.
[10] 谭满春,徐建闽,毛宗源.城市公共汽车停靠点选址模型[J].公路交通科技,1999,(6):59~61.
[11] 吕林.城市公交站点优化设计方法研究[D].东南大学,2006.
[12] 孙松伟.城市轨道交通客流预测模型及方法研究[D].西南交通大学,2008.
[13] 崔明杰.城市轨道交通线网规划方法研究[D].西南交通大学,2008.
[14] 魏金丽.城市轨道交通线路站点布设研究[D].长安大学,2006.
[15] 王志臣,王丽娟,高峰.城市轨道交通换乘效率评价[J].城市交通,2008,(1):74~76.
[16] 诸葛恒英.北京城市轨道交通换乘效率研究[D].北京交通大学,2007.
[17] 杨志团.城市轨道交通线网规划中线路敷设方式的探讨与研究[J].铁道工程学报,2007,(11):65~68.
[18] 王蓉蓉.地铁换乘车站设施规模确定问题研究[D].北京交通大学,2006.
[19] 王聪.城市地铁出入口规划与建筑设计研究[D].天津大学,2006.
[20] 李志.城市轨道交通的综合效益评价[D].西南交通大学,2006.
[21] 郭可佳.BRT适用条件和实施关键因素研究[D].北京交通大学,2007.
[22] 张守军.城市BRT系统规划理论与方法研究[D].北京交通大学,2007.
[23] 华文静.大城市快速公交线网布局规划研究[D].东南大学,2005.
[24] 王亿方.快速公交系统规划方法研究[D].东南大学,2005.

[25] 杨运平. 巴士快速公交系统专用道设置与路口优先通行技术研究 [D]. 湖南大学, 2006.
[26] 王波. 快速公交 (BRT) 系统设计的若干问题研究 [D]. 西南交通大学, 2004.
[27] 杨远样. 快速公交 (RBT) 站点的优化布局研究 [D]. 西南交通大学, 2006.
[28] 王多全. 快速公交系统运营管理技术研究 [D]. 西南交通大学, 2008.
[29] 丁舒平. 城市出租车发展规划关键技术及应用研究 [D]. 合肥工业大学, 2008.
[30] 武欣. 城市出租汽车发展相关问题研究 [D]. 西南交通大学, 2008.
[31] 夏楷. 城市客运出租车发展研究 [D]. 华中科技大学, 2007.
[32] 朱婷婷. 出租车行业的政府规制研究 [D]. 华东政法大学, 2008.
[33] 陈明艺. 出租车数量管制的合理性分析及评估机制研究 [J]. 中国物价, 2006 (8): 45~49.
[34] 瞿何舟. 城市公共交通不同层次整合研究 [D]. 西南交通大学, 2005.
[35] 张学尽. 城市轨道交通与常规公交换乘协调性研究 [D]. 西南交通大学, 2004.
[36] 康伟中. 城市交通枢纽布局研究 [D]. 西安建筑科技大学, 2005.
[37] 王建聪. 城市客运枢纽换乘组织关键问题研究 [D]. 北京交通大学, 2006.
[38] 沈巍. 大城市公交优先发展战略研究 [D]. 东南大学, 2006.
[39] 成伟. 城市大运量快速公交导向发展模式研究 [D]. 重庆大学, 2007.
[40] 贺艳. 城市轨道交通沿线土地利用对其客流的影响 [D]. 北京交通大学, 2007.
[41] 王劲恺. 城市公共交通系统与土地利用一体化研究 [D]. 长安大学, 2004.
[42] 杨励雅. 城市交通与土地利用相互关系的基础理论与方法研究 [D]. 北京交通大学, 2007.
[43] 马荣国. 城市公共交通系统发展问题研究 [D]. 长安大学, 2003.
[44] 张剑锋. 城乡公交一体化若干问题研究 [D]. 北京交通大学, 2007.